Zu diesem Buch

Was ist das: ein Mann? Worin besteht das eigentliche Wesen der Männer? Wie erlebt eine Frau Männlichkeit – bei sich selbst und bei anderen Männern? Wenn heute die Frauen ihre weibliche Rolle neu zu definieren beginnen, entdecken sie auch das andere, das männliche Geschlecht neu.

Forschung und Wissenschaft, Theorie und Literatur lieferten bisher nur magere Erkenntnisse über den Mann. In der patriarchalischen Tradition wurde der Mann stillschweigend als «der Mensch» schlechthin angesehen, die Frau, das Weibliche, war die Abweichung von der Norm.

Um das spezifisch Männliche in den Blick zu rücken, mußte Phyllis Chesler ihr Thema methodisch unorthodox angehen. Herausgekommen ist dabei ein literarisch originelles, ungewöhnliches Buch, «ebenso lebendig wie zwingend», urteilt Ronald D. Laing darüber. «Streckenweise eine sehr schmerzliche, aber dann auch wieder eine heitere Lektüre für alle, die sich noch einen Funken Humor bewahrt haben.»

Phyllis Chesler stützt sich auf ihre eigenen Erlebnisse und Erfahrungen, auf mythologische und historische Quellen, auf Biographien und Autobiographien, auf Darstellungen der bildenden Kunst und Gestalten der Literatur sowie auf die Aussagen von Hunderten von männlichen Interview-Partnern, die nach ihren Gedanken, Gefühlen, Erinnerungen und Wünschen befragt wurden.

Phyllis Chesler, 1940 in New York geboren, promovierte in Psychologie an der New School for Social Research in New York und arbeitet heute am Psychology Department des Richmond College der City University of New York; Tätigkeit in der Einzel- und Gruppentherapie.

Als rororo von der Autorin lieferbar
«Mutter werden» (rororo 4655)
«Frauen – das verrückte Geschlecht?» (rororo sachbuch 7063)

Phyllis Chesler

Über Männer

Deutsch von
Klaus Laermann

rororo
Rowohlt

Die Originalausgabe erschien 1978 unter dem Titel
«About Men» im Verlag Simon and Schuster, New York
Umschlagentwurf Manfred Waller (Foto: Helen Marcus)

Veröffentlicht im Rowohlt Taschenbuch Verlag GmbH,
Reinbek bei Hamburg, März 1982

Gesamtherstellung Clausen & Bosse, Leck
Printed in Germany
980-ISBN 3 499 17477 4

Danksagung

Ich danke Elaine Markson für ihr diplomatisches Geschick, für ihre Geduld sowie dafür, daß sie einfach da war. Ich danke Vincent Varga, der sich mutig und umsichtig um vieles gekümmert hat. Ich danke Pat Meehan für ihre Wahrnehmungsfähigkeit und blitzschnelle Auffassungsgabe. Ich danke Loni Evans für ihr Engagement im Hinblick auf dieses Buch. Ich danke Alice Mayhew für ihre ungemein wirkungsvolle Mitarbeit. Emily Boxer, Eve Metz und Frank Metz danke ich für ihre Warmherzigkeit, Urteilsfähigkeit und Sorgfalt.

Ich danke Barbara Goodstein für ihre intelligente Hilfe bei der Beschaffung von Informationen aus dem Gebiet der bildenden Kunst. Ich danke Betty Dodson dafür, daß sie mich ihre Kunstbücher hat anschauen lassen. Ich danke Laura de Ponte für ihre Sensibilität, ihren Humor und ihre zuverlässige Hilfe als Sekretärin. Ich danke Jacqui Baker dafür, daß sie beim Tippen des Manuskripts geholfen hat. Schließlich danke ich den Männern, die ich befragt habe, sowie jenen, deren Bücher etwas haben deutlich werden lassen, was noch weithin verborgen ist.

Für Nachmy,
der mich mit seiner Schönheit und
Freundlichkeit bezaubert hat.

Inhaltsverzeichnis

Vorwort

Wie die meisten Frauen habe ich mein Leben lang Männer beobachtet und «interviewt». Das begann zuerst mit meinem Vater. Als ich dieses Buch zu schreiben anfing, wurden die Fragen, die ich Männern über sie selbst stellte, direkter. Die Männer ihrerseits wurden angesichts meiner Fragen häufig unruhig und schwiegen. Frauen und Mütter flüstern, wenn Männer zu Hause schweigen – «Woran denkt er nur?», «Warum spricht er nicht mit mir?» Doch Männer sind noch geschickter darin zu schweigen, wenn sie von einer «fremden» Frau befragt werden, die ihnen gegenüber nicht durch Blutsbande oder ein Heiratsgelübde zu Mitleid oder Verschwiegenheit verpflichtet ist.

Als Psychologin und Autorin wurde ich häufig als eine Frau wahrgenommen, die einen beängstigenden Autoritätsanspruch erhebt. Doch verlor dies an Wichtigkeit, wenn es mir gelang, den Männern das Gefühl zu vermitteln, daß sie sich wohl fühlten, wenn ich in der Lage war, sie spüren zu lassen, daß sie weder bedroht noch verurteilt wurden, und wenn ich schließlich mit den traditionellen weiblichen Signalen der Körpersprache wortlos mit ihnen kommunizieren konnte.

Das männliche Bedürfnis nach mütterlichem Mitleid und nach Anerkennung ist so groß, so unbewußt, so durchdringend, daß sein Schatten auf jede Begegnung oder jede Beziehung fiel, die ich mit Männern gehabt habe. Jeder von ihnen fragte sich, ob ich ihm als Frau Verständnis, Sinn für seine Wichtigkeit und Bedeutung sowie ein Gefühl der Anerkennung entgegenbringen würde. Ein jeder war unsicher, ob ich das, was er mir sagte, mit dem Mitleid einer Pietà oder dem bedingungslosen Glauben einer Magdalena auffassen würde.

Wie gut ich die Rolle der mütterlichen Frau spielte, entschied allein darüber, wie angestrengt, erleichtert oder erfüllt sich die meisten Männer fühlten, wenn ich sie befragte oder wenn sie sich auf mich einließen. Nur sehr wenige Männer konnten mit mir sprechen, ohne sich dieser Dynamik unbewußt irgendwie auszusetzen. Sehr wenige nur konnten, auch wo diese Dynamik vollständig fehlte, frei und ungeschützt reden. Aus diesem Grund ist es beinahe unmöglich, daß das Wissen, das eine Frau über Männer besitzt, «objektiv» oder steril ist. Dieses Wissen bezieht sich auf das Verhältnis der Geschlechter zueinander und hat stets etwas Intimes und «Subjektives».

Wenn sie von einer Frau über sich selbst befragt werden, lassen es viele Männer nur widerwillig zu, daß ihre Antworten auf Band aufgenommen werden. Sie sind nervös, wenn Aufzeichnungen von einem Gespräch gemacht werden; sie halten ihre Informationen zurück und haben Angst, etwas von sich preiszugeben. Vor allem aber finden es Männer aufregend, absurd, beleidigend oder lächerlich, *als Männer* interviewt zu werden, als Akteure eines «männlichen» Lebens und als Vertreter von nur einer Hälfte des «menschlichen» Lebens.

Die meisten Männer sind vor allem in bezug auf Frauen daran gewöhnt, daß sie es sind, die die Fragen stellen und ein Verhör durchführen. Die meisten erwachsenen Männer haben sich vorab darauf eingestellt, die «Antworten» von Frauen zu kennen – oder zumindest gewohnheitsmäßig zu glauben, daß sie sie kennen sollten. Von Frauen gestellte Fragen, die sie nicht beantworten können, frustrieren und verwirren sie oder bringen sie in Verlegenheit. Wenn sie interviewt werden, kommt ihnen das vor, als seien sie wieder kleine Jungen, die von ihrer Mutter ins Kreuzverhör genommen werden.

Wenn ich Fragen stellte, um von den Männern selbst zu hören, was sie über sich sagten, dann ließ das alte Sehnsüchte und Gewohnheiten wach werden – bei ihnen sowohl wie bei mir.

Denn schließlich sind Männer gewöhnt, bestimmte Dinge über sich *nur* Frauen zu enthüllen. Die meisten Männer erwarten von Frauen im allgemeinen, daß sie männliche Geheimnisse hüten, männliche Schwächen lieben und männliche Grausamkeit verzeihen. Frauen sollen die Unsicherheit und Einsamkeit der Männer mildern und ihnen irgendeine Form von Behaglichkeit und unmittelbarer Selbstwertschätzung zuteil werden lassen.

Selten erwarten Männer unbewußt ein solches unbedingtes Entgegenkommen voneinander. Erwachsene Männer erwarten Verständnis oder Entgegenkommen nur von einzelnen anderen Männern – nie von Männern im allgemeinen. Und auch dann geschieht dies «vertragsmäßig» auf der Grundlage eines *gegenseitigen* Verständnisses.

Es war seltsam und eigenartig, Männer zu «interviewen» – fremde Männer und – in der Erinnerung – die Männer, mit denen ich in einer Ehe oder in Liebesbeziehungen gelebt hatte. Es war, als wären mir alle Männer plötzlich vollkommen fremd geworden, als hätte ich entdeckt, daß ein naher Angehöriger ein Wesen von einem anderen Stern sei. Ganz offensichtlich konnte keine Ideologie, weder die Psychoanalyse noch der Marxismus, weder der Existentialismus noch die Frauenbewegung, meine Fragen über die psychische Natur des Mannes hinreichend beantworten.

Für eine Frau, für jede Frau kommt diese Entdeckung mit ihrer furchtbaren Klarheit psychologisch der männlichen Entdeckung des 19. Jahrhunderts gleich, daß Gott tot ist. Auf einmal war mir der Mann, der Gott der Frau auf Erden, für tot erklärt worden. Der Mann als menschliches Wesen dagegen blieb unbekannt, sich selbst gewiß und – auf andere Art – auch mir als einer Frau.

Ich habe dieses Buch geschrieben, um Männer zu verstehen.

Zunächst habe ich mich an Bücher gehalten, die bereits von Männern über Männer geschrieben worden waren. Sie waren für mich von begrenztem Nutzen. Nur einige Männer, hauptsächlich Lyriker und Romanciers, konnten authentisch über sich selbst sprechen. Nur wenige Männer schrieben über das männliche Leben im Bewußtsein davon, daß es sich vom weiblichen unterscheidet. Folglich werden meine tiefsten Fragen über die männliche Psyche am besten durch Mythen, Fabeln, religiöse Schriften sowie durch die Malerei und durch Skulpturen beantwortet.

Seit meiner Kindheit bin ich der Überzeugung, daß Gemälde und Skulpturen etwas Wesentliches, und zwar wesentlich Nichtsprachliches, am menschlichen Bewußtsein erfassen. Umstrittene und qualvoll verdrängte Wahrheiten über die menschliche und über die männliche Psyche werden durch Bilder oft leichter erlebt und verstanden.

Einige der Fotografien in diesem Buch sind Reproduktionen von bekannten «Meisterwerken», über deren Bedeutung wir selten nachdenken. In unserem täglichen kulturellen Leben reflektieren wir nicht routinemäßig über die bekanntesten oder selbstverständlichsten Bilder oder Ereignisse. So wird etwa Michelangelos «Schöpfung», die eine männliche oberste Gottheit in dem Augenblick zeigt, in dem sie dem ersten Menschen der Welt das Leben schenkt – oder ihn gebiert –, gewöhnlich nicht als Ausdruck eines intensiven männlichen Verlangens danach angesehen, Leben verleihen zu können und mit einer liebenden väterlichen Gottheit wiedervereint zu sein, obwohl das Bild doch gerade dies deutlich zum Ausdruck bringt.

Zu Beginn meiner Arbeit glaubte ich, daß ich eine Version meines Buches «Frauen, das verrückte Geschlecht» für Männer schreiben würde. Doch Bücher sind sehr eigenwillig. Wie sehr ich mich auch immer abmühte, dieses Buch zu einer geradlinigen Darstellung der männlichen Psyche werden zu lassen, so sehr wurde die Künstlerin in mir durch Bilder von Männern verführt, durch finstere Patriarchen und goldene Krieger, durch die romantischen Dichter Europas und durch die Herren des Todes in unserem Jahrhundert – und schließlich durch die Bilder der Männer, die ich in meinem eigenen Leben kennengelernt habe.

Überall in diesem Buch und insbesondere in den autobiographischen Porträts habe ich mir aus meiner intimen weiblichen Bekanntschaft mit Männern in Erinnerung gerufen, was sie mir über ihre Väter und über ihre Söhne eröffnet und was sie mir – privat – von sich selbst und anderen Männern erzählt haben. Diese Männerporträts sind Charakterskizzen in Tagebuchform. Es sind Erinnerungen an Männer, die ich gekannt und geliebt habe, Erinnerungen an Männer, die mich durch ihren Tod, durch ihre Ambivalenz, durch Angst und durch Grausamkeit verraten haben . . . und die ich meinerseits verraten habe, indem ich aufgehört habe sie zu lieben, oder weil ich ihnen niemals ihre Schwäche im Angesicht der Liebe vergeben konnte.

In meinen Gedanken an Männer stieß ich auf das Thema des Gartens Eden. Ich war über die historischen und psychologischen

Praktiken der väterlichen Kindesmorde und des Kannibalismus ebenso entsetzt wie über das Schweigen, das diese Praktiken umgibt. Ich habe inzwischen einige Sensibilität für ein spezifisch männliches Gefühl der Schuld und des Verdammtseins entwickelt, das Frauen nicht in gleicher Weise erleben. Denn häufiger als Frauen scheinen Männer von der Vorstellung gequält zu werden, aus dem Paradies und einem Zustand der Unschuld vertrieben worden zu sein.

Beim Nachdenken über Männer stießen meine Gedanken auf das Verhältnis von Vätern und Söhnen. Wie verhalten sich Söhne gegenüber ihren Vätern? Was empfinden Väter angesichts der Tatsache, daß sie genetisch ersetzt werden? Sie haben zwar größtes Verlangen danach, fürchten sich gleichzeitig aber ganz ungeheuerlich davor. Wie kann diese Dynamik je aufgelöst werden? Und wird sie aufgelöst?

Wir sind nicht daran gewöhnt, Männer dafür verantwortlich zu machen, wie Kinder aufwachsen. Es ist sehr viel leichter, Müttern für alle negativen Ereignisse die «Schuld» zuzuschieben – von männlicher Gewalttätigkeit und männlicher «Schizophrenie» bis hin zu weiblicher «Promiskuität» und weiblichem Masochismus. Unsere selbstgerechten Schmähungen bleiben – im Leben ebenso wie in der psychiatrischen oder psychologischen Literatur – der schlechten Behandlung von Kindern durch ihre *Mütter* vorbehalten. Schlechte Behandlung seitens der *Väter* können wir irgendwie leichter verleugnen, hinwegerklären oder zumindest «verstehen», weil wir sie auf «die Last der Arbeitslosigkeit» oder auf einen angeblich biologisch bedingten «männlichen Jähzorn» zurückführen.

Aber ich wußte, daß eine Feindschaft zwischen Vätern und Söhnen besteht, daß Eltern ihre Kinder schlecht behandeln, daß sie sie vergewaltigen oder zum Inzest nötigen und daß Männer ihre Frauen schlagen. Ich wußte all dies, nachdem ich Männer darüber hatte reden hören, nachdem ich die wenigen Untersuchungen gelesen hatte, die es darüber gibt, und natürlich nachdem ich über Jahre hin in der Sensationspresse die Darstellungen von Tragödien in den Gettos oder Schlafstädten gelesen hatte.

In bezug auf Väter und Söhne war es in diesem Buch mein Ziel, die mythischen, historischen und psychischen Dimensionen der heutigen massenhaften Beziehungen zwischen Männern nachzuzeichnen und dabei eine Geschichte darzustellen, die den Mord an Erwachsenen und Kindern ebenso umfaßt wie den Krieg zwischen den Völkern. Diese Geschichte wird psychisch in vielen Vater-Sohn-Beziehungen wiederholt.

Es gibt selbstverständlich «gute» Vater-Sohn-Beziehungen, die wechselseitiges Vertrauen, Respekt voreinander und gegenseitigen Schutz bieten. Doch wir hören zuwenig von ihnen in unserem eigenen Leben und nur zu viel über sie in den sentimentalen Filmen aus Hollywood. Worauf es aber ankommt, ist, daß wir noch weniger, ja zu wenig über «schlechte» Vater-Sohn-Beziehungen sowohl in der populären wie in der psychiatrischen Literatur erfahren. Erst nachdem wir die Tiefe und Bedeutung der Ambivalenz, Feindseligkeit und Mordsucht zwischen Männern verstanden haben, können wir die Ausnahmen von der Regel hochschätzen und von ihnen lernen. Es wird dann hoffentlich überaus klar, wie entscheidend es für alle Männer ist, voll in eine Familie mit Frauen und Kindern integriert und nicht nur als Eigentümer oder Unterhaltspflichtige anwesend zu sein, sondern als verständige und zartfühlende Ernährer zu leben.

Wie traurig, daß Männer die gesamte Zivilisation auf das Prinzip der Vaterschaft, auf ihr rechtmäßiges Besitztum an Kindern und ihre vorgebliche Verantwortung für sie gründen und dann niemals wirklich dahin gelangen, ihre Söhne oder Töchter sehr gut kennenzulernen und – aus welchen Gründen immer – kraft ihrer Vaterrolle an ihrem Leben wirklich teilzunehmen . . .

In meinen Gedanken über die Männer beschäftige ich mich damit, wie Männer sich gegenseitig empfinden und behandeln. Gibt es so etwas wie Bündnisse zwischen Männern? Können Männer wirklich Freundschaften schließen? Erfahren und praktizieren Blutsbrüder oder Männer, die zueinander in ein bruderschaftliches Verhältnis getreten sind, wirklich die Ideale der Brüderlichkeit?

Trotz der vielen Darstellungen von Wettbewerb und Feindseligkeit zwischen Männern in Direktionsetagen, in Gettos oder auf dem Schlachtfeld muß daran erinnert werden, daß Männer sich auf bestimmte Art miteinander «verbünden» und daß Frauen dies nicht tun.

Wenn ich höre, daß ein Mann einem anderen Mann verzeiht, der ihn verletzt hat, daß ein Mann die Fehler eines anderen Mannes wiedergutmacht, daß Männer, wenn auch nur vorübergehend, ihre «Meinungsverschiedenheiten» außer acht lassen, um ein gemeinsames «Ziel» zu erreichen, daß Männer, die einen Vaterersatz darstellen, jüngere Männer lehren und beschützen; wenn ich das liebenswert blödsinnige Rohren männlicher Zuschauer angesichts von männlichen Athleten oder irgendwelchen «Helden» höre; wenn ich Männer andere Männer für ihre gute Arbeit oder ihren guten Willen loben höre; wenn ich Männer das Mißgeschick anderer Männer beklagen höre – dann brenne ich vor Scham und werde rot vor Neid. Ich sehne mich nach dem Gefühl der Männer für ihre eigene Macht, ihre Bildung, ihre Vernünftigkeit und ihre Verpflichtung zur Selbstsucht – weil all dies es ihnen zuweilen gestattet, die Risiken einer Solidarität mit ihren Geschlechtsgenossen um jeden Preis auf sich zu nehmen.

Wenn Männer unabhängig von ihrer Klassenzugehörigkeit und Zeitgenossenschaft über große psychische Macht verfügen, warum brauchen es dann so viele Männer, daß ihnen ebenso unablässige wie falsche Versicherungen ihres eigenen Werts gemacht werden? Warum brauchen, wie Virginia Woolf gezeigt hat, Männer die Frauen, um sich in ihnen doppelt so groß zu spiegeln, wie sie in Wirklichkeit sind?

Männer werden, das ist ebenso deutlich wie paradox, von einer wortlosen Angst vor anderen Männern aufgefressen. Während ich über sie nachdachte, stieß ich darauf, wie unterwürfig Männer gegenüber männlichen Tyrannen sein können. Ihre Angst vor Autonomie, ihre Flucht in eine Unterwürfigkeit wird als tödliches Liebesspiel praktiziert – und verleugnet. Ebenso wie zahlreiche Frauen beugen sich Männer dem Druck der Konformität, weil sie die Verwundbarkeit der Freiheit und die Einsamkeit mehr schreckt als die Ungerechtigkeit einer launischen Diktatur.

Sowohl Männer wie Frauen gehorchen Befehlen – auch zu ihrem eigenen Nachteil, ja sogar bis hin zu ihrem eigenen Tod, wenn diese Befehle von männlichen Diktatoren, von Vaterfiguren auf Erden oder im Himmel gegeben werden.

Der wirkliche Aufstand gegen einen Vater erschreckt die Söhne zutiefst. Denn sie haben noch kaum damit begonnen, die Macht ihrer wirklichen Ursprünge, die ihrer Mütter, zu brechen. Ich beschäftige mich mit Verschiebungen der männlichen Wut auf sichere Ziele. Diese Wut und die Probleme, die zwischen Männern entstehen, werden von stärkeren, beneideten und gefürchteten Männern auf schwächere Männer, auf Kinder und auf Frauen verschoben.

Ich suche nach einer Schwachstelle in der ungebrochenen Linie des männlichen Todeskults. Dieser Kult äußert sich in der Verehrung der geopferten oder ermordeten Erstgeborenen, die als Erlöser gelten, sowie in der Verehrung eines Lebens nach dem Tode an Stelle einer Feier *dieses* unseres irdischen Lebens.

Ich denke an die Farbe des Himmels über Hiroshima und Nagasaki – eine Farbe, die ich nie gesehen habe, eine Farbe aber, die die Empfindungen meiner Generation geprägt hat. Ich denke an das eigenartige Rot jenes Himmels, an die rote Farbe des Bluts der schwarzen Kinder in Birmingham/Alabama, an die blutbefleckten Farben des Dorfes My Lai in Vietnam, an die blutleere Farbe des grauen, schwarzen, wortlosen Rauches aus den Verbrennungsöfen von Auschwitz und Dachau über dem Himmel Europas. Alle diese Farben sind gemalt worden von Vätern und Söhnen, von männerbündischen Männern und von Männern ohne Mutterleib.

Was soll ich darüber sagen, wie Frauen in diese Vorgänge verwikkelt sind? Wie soll ich ihre Komplizenschaft im Kampf der Männer gegen sich selbst schildern? Wie soll ich den Vorteil darstellen, den Frauen daraus ziehen, daß die Arena der Öffentlichkeit «männlich» ist? Wie soll ich ihre Indifferenz oder phobische Angst gegenüber dieser Öffentlichkeit darstellen, die allein darüber entscheidet, wie gut die Luft ist, die ihre Kinder atmen, wie gehaltvoll die Nahrung ist, die ihre Kinder zu sich nehmen, ob ihre Kinder weiterleben oder sterben, und ganz gewiß, ob und wie sie selbst überleben. Doch dies ist kein Buch über Frauen. Ich werde mich in ihm nicht allzusehr über weibliche Untugenden verbreiten – obwohl ich die komplizierten und häufig tragischen Beziehungen zwischen Müttern und Söhnen sehr wohl sehe.

Während ich über Männer nachdachte, begann ich zu begreifen, daß Blut für sie ein Symbol der Gewalt und des Todes, nicht aber ein Zeichen normaler biologischer Ereignisse ist. Folglich haben sie eine irrationale Angst vor Blut und insbesondere vor weiblichem Blut. Weibliches Blut wird von ihnen gefürchtet, in besondere Bereiche verwiesen, bestraft und auf eine eigenartige Weise beneidet. Es ist für sie das wunderbare Blut der Geburt und das tabuisierte Blut der Menstruation, ohne die kein Kind geboren würde.

Der Entzug sexueller Hinwendung als sexuelle Bestrafung der Frauen, die keine Kinder mehr austragen können, ist ein grausamer Witz. Er hängt mit dem männlichen Uterusneid zusammen. Sobald die Macht des Mutterleibs nicht mehr besteht, sobald sie aufhört, den Männern gefährlich oder nützlich zu sein, können diese es wagen, sich zu rächen, indem sie das verletzen oder übergehen, um das sie zuvor hatten werben oder das sie hatten in Fallen locken müssen. Solche Motive sind verantwortlich für unsere Tradition der Schwiegermutterwitze sowie für die erotische und geistige Abwendung der Männer von «älteren» Frauen. Das Buch, das Sie gerade zu lesen beginnen, handelt von den psychosexuellen Grundlagen der männlichen Persönlichkeit unter vier verschiedenen Gesichtspunkten: unter einem mythologisch-poetischen Gesichtspunkt, unter dem Gesichtspunkt der bildenden Kunst, unter einem autobiographischen Gesichtspunkt und schließlich unter einem eher traditionellen psychologischen oder psychoanalytischen Gesichtspunkt.

Ich schreibe dieses Buch weder mit einer tyrannischen noch mit einer schmeichlerischen Einstellung Männern gegenüber. Ich schreibe über sie ohne blinde Verachtung ihnen gegenüber, ohne irrationale Angst vor ihnen und ohne eine ebenso irrationale Verehrung für sie.

Ich schreibe über sie voll Mitleid, Trauer und Prophezeiungen. Ich schreibe voll Verzweiflung angesichts des körperlichen und geistigen Blutbads, das uns umgibt. Ich schreibe in dem steten Glauben, daß der Kultt des Todes, der das patriarchale Bewußtsein und das menschliche Handeln so lange beherrscht hat, schwächer wird, wenn wir ihn verstehen.

Teil I

Spiegelungen aus dem Garten Eden

1. Väter und Söhne

Nimm Isaak, deinen einzigen Sohn, den du liebhast, und geh hin in das Land Morija und opfere ihn dort zum Brandopfer auf einem Berge, den ich dir sagen werde . . . Und Abraham reckte seine Hand aus und faßte das Messer, daß er seinen Sohn schlachtete.

Da rief ihn der Engel des Herrn vom Himmel und sprach . . . Lege deine Hand nicht an den Knaben . . . denn nun weiß ich, daß du Gott fürchtest und hast deines einzigen Sohnes nicht verschont um meinetwillen.

1. Mose, 22,2; 10–12

Den Ertrag deines Feldes und den Überfluß deines Weinberges sollst du nicht zurückhalten. Deinen ersten Sohn sollst du mir geben.

2. Mose 22, 29

Zur selben Zeit baute Hiel von Bethel Jericho wieder auf. Es kostete ihn seinen erstgeborenen Sohn Abiram, als er den Grund legte, und seinen jüngsten Sohn Segub, als er die Tore einsetzte, nach dem Wort des Herrn, als er geredet hatte durch Josuah, den Sohn Nuns.

1. Könige 16, 34

Wird wohl der Herr Gefallen haben an viel tausend Widdern, an unzähligen Strömen von Öl? Soll ich meinen Erstgeborenen für meine Übertretung geben, meines Leibes Frucht für meine Sünde?

Micha 6, 7

UNBEKANNTER MEISTER *Abraham opfert Isaak*

Dieses Mosaik vom Boden einer Synagoge des 6. Jahrhunderts in Israel ist wunderbar klar. Der kleine Isaak sieht aus, als versuchte er zu fliehen. Obwohl im Mittleren Osten die Sitte, den erstgeborenen Sohn Gott – oder den Göttern – zu opfern, weit verbreitet war, will *dieser* Erstgeborene am Leben bleiben. Isaak nicht zu opfern, ist die erste klare Entscheidung gegen das Menschenopfer im Alten Testament.

Es ist wichtig, sich daran zu erinnern, daß Isaak einem «Wunder» sein Leben verdankt. Er ist das erste und einzige Kind Abrahams und wurde lange nach jener Zeit geboren, in der seine Mutter Sarah

Kinder hätte empfangen können. Dennoch wird die Mutter, als es um den geheiligten Opfertod geht, weder von Gott noch von ihrem Mann gefragt.

Das Alte Testament erwähnt und verbietet immer wieder die Praxis des Menschen- und Kindesopfers. Auf sie wird zweimal im zweiten Buch Mose und ganz deutlich in den Büchern Josua, Richter, Könige 1 und 2, Micha, Chronik 1 und 2, Jeremias und Hesekiel Bezug genommen.

HAEMON *Vater, ich bin dein, und Du entwirfst für mich in deiner Weisheit die Gesetze, denen ich folge.*
KREON *Ja, dies, mein Sohn, sollte das feste Gesetz deines Herzens sein – in allen Dingen dem Willen deines Vaters zu folgen. Wer unnütze Kinder zeugt, was hat er anderes in die Welt gesetzt als Schwierigkeiten für sich selbst und viel Triumph für seine Feinde?*
Sophokles, Antigone

FRANCISCO GOYA *Saturn verschlingt seinen Sohn*

Goyas Gemälde eines Vater-Sohn-Kannibalismus ist grausam, erschreckend und irgendwie «unnatürlich». Wir sind eher daran gewöhnt, nicht Väter, sondern Mütter, monströse Göttinnen und nicht Gottvater-Monstren dargestellt zu sehen, wie sie ihre Söhne «verschlingen».

Saturn oder Chronos ist der legendäre Vater aller griechischen und römischen Götter. Wie andere legendäre Väter ist er davor gewarnt worden, daß einer seiner zahlreichen Söhne ihn von seinem Thron stürzen werde. Er macht sich also daran, sie alle, einen nach dem anderen, zu töten und kannibalisch zu verschlingen. Nur Zeus (auch Jupiter genannt), der von seiner *Mutter* versteckt wird, überlebt.

Die Rebellion von Söhnen gegen die Willkürherrschaft der Mütter ist verständlich. Rätselhaft und tragisch ist jedoch die irrationale und hingebungsvolle Flucht eines Kindes in die Arme eines Vatergottes, dessen Fähigkeit, seinen kleinen Sohn oder seine Tochter zu tyrannisieren oder zu «verschlingen», zumindest ebensogroß, wenn nicht größer ist als die Fähigkeit einer Mutter, ihrem Kind Leid zuzufügen. Es ist für Männer psychologisch gefährlich, leugnen zu wollen, daß sie von Vätern, Vaterfiguren oder männlichen Tyrannen gequält oder verwundet worden sind. Mindestens ebenso gefährlich ist es für Männer, die psychische Macht zu verleugnen, die ihre Mütter ihnen gegenüber einmal besaßen oder noch immer besitzen.

Weltweit versuchen Söhne heute mit der Ambivalenz, Feindseligkeit oder Unbeherrschtheit ihrer *Väter* fertigzuwerden. Es bleibt eine Hauptaufgabe des nächsten Jahrzehnts, diese uralte und gewöhnlich unbewußt verlaufende Auseinandersetzung zu einer Lösung zu bringen, ohne das Überleben unseres Planeten zu gefährden.

Du bekamst für mich das Rätselhafte, das alle Tyrannen haben, deren Recht auf ihrer Person, nicht auf dem Denken begründet ist.

Ich war ja schon niedergedrückt durch Deine bloße Körperlichkeit. Ich mager, schwach, schmal, Du stark, groß, breit. Ich kam mir jämmerlich vor, und zwar nicht nur vor Dir, sondern vor der ganzen Welt, denn Du warst für mich das Maß aller Dinge.

Hierbei kommt verschärfend in Betracht, daß Du damals jünger, daher frischer, wilder, ursprünglicher, noch unbekümmerter warst als heute und daß Du außerdem ganz an das Geschäft gebunden warst, kaum einmal des Tages Dich mir zeigen konntest und deshalb einen um so tieferen Eindruck auf mich machtest, der sich kaum je zur Gewöhnung verflachte.

Unverständlich war mir immer Deine vollständige Empfindungslosigkeit dafür, was für Leid und Schande Du mit Deinen Worten und Urteilen mir zufügen konntest, es war, als hättest Du keine Ahnung von Deiner Macht.

Schrecklich war mir zum Beispiel dieses: «Ich zerreiße Dich wie einen Fisch», schrecklich war es auch, wenn Du schreiend um den Tisch herumliefst, um einen zu fassen, offenbar gar nicht fassen wolltest, aber doch so tatest, und die Mutter einen schließlich scheinbar rettete. Wieder hatte man einmal, so schien es dem Kind, das Leben durch Deine Gnade behalten und trug es als Dein unverdientes Geschenk weiter.

Franz Kafka, Brief an den Vater

Ich kann euch nicht unsympathisch finden, aber ich habe euch folgendes zu sagen: Über kurz oder lang werdet ihr euch alle umbringen . . . Ich bin nur das, was in jedem einzelnen von euch lebt . . . Mein Vater ist das Gefängnis. Mein Vater ist euer System . . . Ich bin nur, was ihr aus mir gemacht habt. Ich bin nur eine Widerspiegelung von euch . . . Ich habe aus euren Mülltonnen gefressen, um nicht ins Gefängnis zu kommen. Ich habe eure abgelegte Kleidung getragen . . . Ich habe mein Bestes getan, um in eurer Welt zurechtzukommen, und jetzt wollt ihr mich töten. Doch ich schaue euch an und sage mir: Ihr also wollt mich töten? Ha! Ich bin doch schon tot, mein ganzes Leben über bin ich tot gewesen. Dreiundzwanzig Jahre habe ich in Gräbern zugebracht, die ihr errichtet habt . . . Meine Kinder haben alles, was sie getan haben, aus Liebe zu ihrem Bruder getan . . . Ihr hofft, mich zu zerbrechen? Das ist unmöglich! Ihr habt mich vor zwanzig Jahren zerbrochen. Ihr habt mich vor Jahren getötet . . .

Charles Manson in seiner Aussage vor Gericht, zit. nach: Vincent Bugliosi und Curt Gentry, Helter Skelter

UNBEKANNTER MEISTER *Majestät*

In dieser Skulptur mit dem Titel «Majestät» sehen wir, wie sich das Gewaltverhältnis zwischen Vater und Sohn aus der katholischen Sicht darstellt.

Die Themen des väterlichen Kindesmordes und des Kannibalismus, die ich als eine alternative oder parallellaufende Interpretation des Mythos vom Sündenfall im Garten Eden betrachte, entstehen zwar schon in heidnischer und alttestamentarischer Zeit, aber sie beherrschen auch die Ära des Christentums von Beginn an.

Jesus Christus, ein Jude und Gottes Sohn auf Erden, wird *mit seiner Einwilligung* für Gott und nur für ihn geopfert. Es ist dies ein ungewöhnliches Zeichen kindlichen Gehorsams von seiten eines Erwachsenen. Christi Kreuzigung bezeichnet eine neue Ära der Vater-Sohn-Beziehungen, einen großartigen Triumph väterlichen Willens sowie die ausschließliche Verantwortlichkeit von Männern für die Angelegenheiten der Öffentlichkeit und des Geistes. Christus verfolgt ein neues Ziel. Er will alle Menschen von der Erbsünde erlösen und ihnen die Möglichkeit geben, ins Königreich des Himmels zu gelangen.

Christi Leib wird in unseren Kirchen bei der Kommunion in Form der Hostie verzehrt, sein Blut symbolisch im Wein genossen. Bei einem ebenso vertrauten wie geheiligten Ritual sollen wir das Blutige des ursprünglichen Opfers vergessen, den wahrhaft hohen Preis, den wir für die Illusion unserer Erlösung bezahlen. Insbesondere sollen wir vergessen, daß hier ein Vater seinen Sohn getötet oder zumindest zugelassen hat, daß er getötet wurde.

Goya hat in seiner «schwarzen Periode» einen heidnischen Vatergott dargestellt, der seinen Sohn buchstäblich aufißt und verschlingt. Das ist ein schrecklicher und entsetzlicher Anblick. Wenige von uns aber schaudern vor Ekel, wenn sie eine Kirche betreten oder Kreuzigungsszenen in irgendeinem Museum der westlichen Welt sehen.

Kinderknochen, auf Altartempeln liegend, in öffentlichen Gebäuden eingemauert, die Flüsse Ägyptens hinuntergeschwemmt, ausgebleicht von Wind und Sonne auf allen Bergen Chinas, Griechenlands, Afrikas.

Ein Gespenst geht um in der Bibel; es ist das Gespenst eines verlorenen Sohnes, eines erstgeborenen Sohnes, eines über alle Maßen geliebten Sohnes, eines ermordeten Sohnes. Der erste Sohn, Adam, wurde von seinem Vater getötet; der letzte Sohn, Gott selbst, wurde von seinem Vater, Gott selbst, geopfert.

Der «Sündenfall» – was hätte er anderes sein können, als daß Kinder von Früchten der sexuellen «Erkenntnis» aßen? Hat Adam seinen ersten Sohn, während der noch im Blut seiner Geburt schrie, roh gegessen? Und war Eva so unschuldig wie Jokaste?

Ein Vater, der seinen Sohn tötet, tötet seine eigene Lebenslinie. Er handelt wie ein Kopf, der seinen eigenen Schwanz frißt. Ein solcher Mann handelt, als würde er ewig leben, als wäre er Gott – oder ein Tier. Aus diesem Grund wurden die Menschen dazu verdammt, in dem Wissen zu leben, daß sie sterben müssen.

Es war notwendig, selbst Abraham zu lehren, daß ein Tier an die Stelle des Menschenopfers treten konnte.

Aus dem Stamm der Männer entsprangen die Söhne: eine bemerkenswerte Anerkennung väterlicher Verantwortung, ein erster, heftiger Schlag gegen das Verbrechen des Kindesmords. Eine Urkunde für die Söhne, die davongekommen sind.

Und Abraham war 130 Jahre alt und zeugte einen Sohn,
ihm gleich nach seinem Bilde,
und nannte ihn Seth; und lebte danach 800 Jahre.

1. Mose 5, 3–4

Wie deutlich und wie buchstäblich! 800 Jahre – wohl kaum – doch sehr viel länger als 130 Jahre.

Merke: Wenn es für Väter natürlich und selbstverständlich wäre, für ihre Söhne zu sorgen, würden sie nicht so viele Gesetze brauchen, die ihnen dies zu tun befehlen. Väter müßten dann nicht erst durch das Angebot von Unsterblichkeit, weltlicher Macht oder göttlicher Liebe dazu verleitet werden.

Kindesmord von seiten der Väter und Kannibalismus – die ursprünglichsten Sünden.

WILLIAM BLAKE *Nebukadnezar*

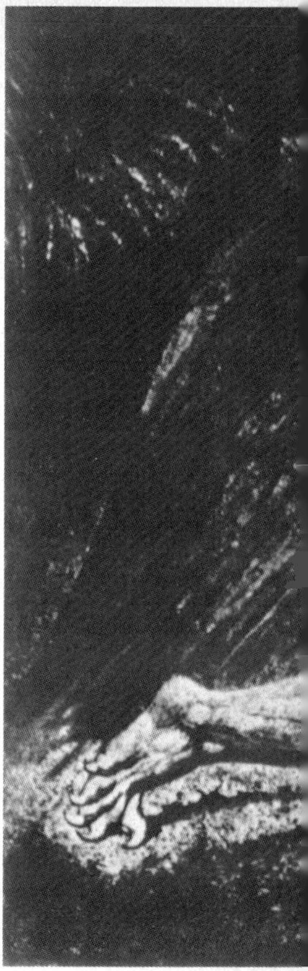

Blakes Gemälde des «verrückt» gewordenen Königs Nebukadnezar gibt den gespenstischen, ängstigenden, furchterregenden Anblick wieder, von dem ich mir vorstelle, daß ihn Väter bieten, die ein Kind zu Tode geschlagen haben. Es ist der Anblick eines Heiligen als Tier, eines Königs, dessen Verstand zerrüttet ist.

Hat Adam so ausgesehen? Oder Orest, der seine Mutter umgebracht hat? Sind solch tödliche Ursünden so wenig wiedergutzumachen, daß Männer gezwungen waren, die Erbsünde auf Frauen zu projizieren? Haben sie gespürt, daß es nicht in ihrer psychischen Macht steht, mit einer solchen Schuld zu leben? Haben sie gespürt, daß es nicht in ihrer Macht steht, ohne das Wunder Christi und ohne die Gnade Mariens eine solche Schuld zu tilgen?

Ein Erstgeborener, ein Sohn. Er, der den Mutterleib der Jungfrau öffnet, ist derjenige, der am meisten ersehnt und gefürchtet ist. Er erinnert an den eigenen Tod, denn er stellt einen Ersatz des Vaters dar – ein weiteres Maul, das gestopft werden muß.

Ein Sohn sagte: «Mein Vater wünschte mir nie den Tod. Ich bin ihm sehr ähnlich – in Wirklichkeit war immer wieder ich es, der sich nach *seinem* Tod sehnte.»

(Auftritt Ödipus. Ab Laios) Wie leicht wir vergessen, daß es Laios, der Vater, war, der den Tod seines Sohnes befahl; wie leicht wir vergessen, daß Ödipus aus dem Haus seiner Stiefeltern floh, um nicht seinen Adoptivvater zu töten; wie leicht wir schließlich vergessen, daß Ödipus zögerte, sich gegen den Angriff des Fremden zu verteidigen – eben jenes Fremden auf der Landstraße, der sein wirklicher Vater war.

Selbst wenn heute Väter ihre Söhne töten, zu Hause oder im Krieg, sagen die Psychologen: «Aber dieser Vater wollte in Wirklichkeit nur seinen eigenen Vater töten, den Großvater des Kindes. Es handelte sich nur um einen Fall von fehlgeleiteter ödipaler Identität.» Junge Soldaten werden von kommandierenden Vaterfiguren in den Tod geschickt. Wie stolz und wie traurig sind ihre Väter, die ihnen niemals irgendeinen Schaden zufügen wollten.

Freud, der Vater der ödipalen Interpretation, Freud, der mir das Netz gegensätzlicher Begriffe vermacht hat, in denen die Wahrheit eingefangen werden soll. Freud, der Sohn, konnte sich an den Terror der väterlichen Gewalt ebensowenig erinnern, wie Freud, der Vater, sich zu solchen Gewalttaten bekennen konnte.

Erst gestern habe ich einen männlichen Psychiater gebeten, mir die Angst der Männer vor männlicher Gewalt zu erklären. Er sagte mir, daß *das* überhaupt nicht das Problem sei. Nein, was ihm wirklich Angst mache, sei die Banden von weiblichen Teenagern, die den ganzen Bürgersteig einnehmen! Nein, sagte er, während er seine Pfeife anzündete, vor *Frauen* haben die Männer am meisten Angst.

Und allmählich begann ich zu verstehen, daß Söhne, die von ihren Vätern verletzt worden sind, sich niemals davon erholen, dies niemals bekennen oder erinnern können. Ich begann zu verstehen, warum Frauen die Sehnsucht von Knaben niemals befriedigen können, die liebeshungrig nach ihren Vätern sind, warum Frauen niemals den Kummer von Männern vertreiben können, die durch ihre Väter dazu verleitet worden sind, das Unmögliche zu wollen: Rache, Wiedervereinigung und Erlösung. Der wohlwollende Schutz eines allmächtigen Gottes gegen andere Männer, gegen den ursprünglichen, den weiblichen Elternteil, ist ein magisches Amulett der Männer, ein Schutz der Söhne gegen die heiß in ihnen aufsteigende Scham ihrer kindlichen Verwundbarkeit.

WILLIAM BLAKE *Die Seele vereinigt sich mit Gott*

Auf diesem außerordentlichen Gemälde von William Blake sehen wir eine der seltenen Darstellungen des tief verdrängten männlichen Wunsches nach einer Wiedervereinigung von Vater und Sohn, von Mensch und Gott.

Blakes Bild zeigt uns, wie männliche Kinder vor Freude, voll Vertrauen und in erwartungsvoller Unterwerfung ihre Arme erheben. Gewöhnlich tun sie dies gegenüber Mutterfiguren; hier aber geschieht es angesichts *der* Vaterfigur. Gibt es für Männer etwas Schändlicheres in der Darstellung oder in ihrer Wirklichkeit von Männern, als sich anderen Männern zu unterwerfen? Wird es irgendwie weniger gefürchtet, gilt es als nobler, von «überlegenen» Männern übertroffen oder durch sie versklavt zu werden – statt von einer «unterlegenen» Frau übertroffen zu werden?

Blakes Bild gibt *die* männliche Vorstellung von Transzendenz, Vergeistigung, Erlösung und Wiedervereinigung mit einem göttlichen Vater wieder. Nirgendwo ist auf ihm eine Frau zu sehen. In einem gewissen Sinn ist es eine extreme Darstellung der unerfüllten Wünsche sterblicher Söhne nach unsterblichen und allmächtigen Vater-Göttern. Vielleicht regen sich diese Wünsche in ihnen, weil sie von ihren irdischen Vätern oder Führern betrogen worden sind.

Für mich ist das Zusammentreffen der beiden Figuren auf dem Bild homosexuell getönt. Es stellt eine vollständige Verleugnung der Rolle der Frau als fürsorgliche Mutter dar. Die Mutter, mit der die Söhne sehnsüchtig würden vereint sein wollen, wenn sie diese Vereinigungssehnsucht nur ohne Angst vor väterlichen Strafen empfinden *dürften*, kommt auf dem Bild nicht vor. Wollen Söhne sich wirklich mit ihren Vätern paaren? Ist die Scham, von ihren Vätern verlassen zu werden, so groß, daß das «ödipale Dilemma» nur vermittels erotischer Verbote, und auch dann nur in einem «geistigen» Sinn, «aufgelöst» werden kann, der die Frau vollständig ausschließt? Wenn dies so ist, wie grausam ist dann das gesellschaftliche Tabu und die zivilisatorische Entrüstung über die männliche Homosexualität. Wie grausam ist es dann aber auch für Frauen, von sexuellen Praktiken, die nicht unter Strafandrohung stehen, und von Autorität in den öffentlichen Ritualen des Geistes ausgeschlossen zu sein.

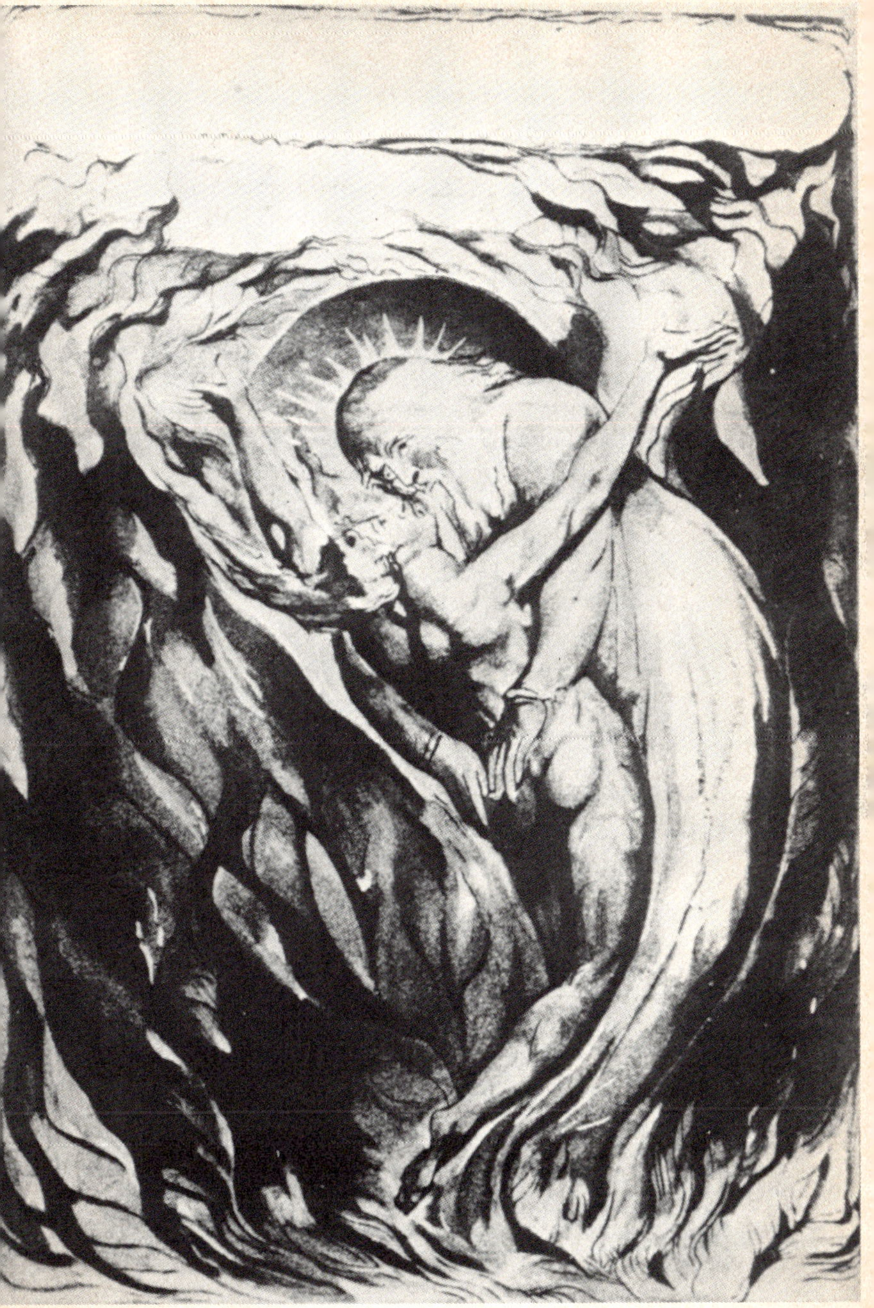

Wenn ein Mann eine Frau tötet, dann hat er nicht die Absicht, dies zu tun. Mord ist, wie Männer wissen, eine Angelegenheit zwischen Männern; er stellt eine endlos umkehrbare Verkettung von Heroen und Göttern, Königen und Gefangenen, Gewinnern und Verlierern, Vätern und Söhnen her.

Gedemütigte, vergessene, von ihren Vätern verwundete Söhne, wer sonst könnte den Mythos der jungfräulichen Geburt erfunden haben? «Meine Mutter würde niemals mit meinem Vater, diesem lächerlichen Tyrannen, diesem gemeinen Angeber schlafen.» – «Meine Mutter hat nur mit meinem wirklichen Vater geschlafen, der im Himmel ist.»

CESARE RIPA *Böse Gedanken*

Auf diesem Holzschnitt tötet ein Mann ganz offensichtlich Säuglinge, indem er sie zerschmettert. Das Bild aber trägt den Titel «Böse *Gedanken*». Obwohl uns hier Cesare Ripa diese Tat so anschaulich vor Augen führt, wird sie herabgemildert, indem sie anders benannt wird. Oder man kann es auf diese Weise sehen: Wenn ein patriarchalischer Gott seinen Sohn oder seine Tochter opfert, so tut er es zu unser aller Wohl. Er verfolgt einen «höheren» und darum heiligen Zweck – und begeht nicht *wirklich* die Bluttat, die er in Wahrheit vollzieht.

Stalin, Hitler, Nixon – großartige, mittelmäßige, vom Verfolgungswahn besessene, gedemütigte Charaktere. Als Söhne wurden sie in klassicher Weise von ihren Vätern verletzt, noch mehr als die Männer, die sich ihnen unterworfen haben oder unterwerfen.

Schlachtrufe enterbter Söhne erheben sich überall in Gettos und Kolonien. Hungernde, aufständische Barbaren stehen vor den Toren des alten, tödlich gefürchteten Königs.

Aus Wut und Hunger rufen sie nach dem Opfer des Vaters. Sie sagen: «Laßt uns eine neue Religion der Brüderlichkeit gründen, und wenn Blut vergossen werden muß, soll es das Blut des Vaters, nicht das der Söhne sein.

Die Schuld der wehklagenden Söhne und der geblendeten Väter ist wahrhaft unerträglich. Sie brennt, frißt sich ein, sie explodiert – wie die Waffen, mit denen Väter und Söhne einander ins Fleisch schneiden, um sich loszuwerden.

Das Antlitz unserer Erde ist halb zerfressen durch die Syphilis der Gier. Klippen fallen ins Meer und Felsbrocken treten plötzlich hervor, wo gestern noch Weizenfelder wuchsen. Reiche Leute legen ihr Geld in Gold an und ziehen nach Brasilien, das die atomare Verseuchung, wie man ihnen versichert, zuletzt erreichen wird.

Knaben stromern auf meinen Dächern herum, verstümmeln oder töten kleinere Kinder. Was versteht eine 5 Jahre alte Leiche davon, wenn die Folgen ihres Handelns sie ereilen? Sie versteht nicht mehr, als das großäugige Rotwild versteht, das von einem Mann in einem weiten, wollenen Jagdhemd niedergestreckt worden ist, nicht mehr als die Frau, die gerade von Soldaten vergewaltigt und ermordet worden ist.

Ebensowenig verstehe ich, was Männer dazu bringt, über Jahrhunderte hinweg zusammenzusitzen und jedes Stück der Totemmahlzeit immer wieder durchzukauen. Sie sind unfähig, auf den Geschmack ihres eigenen Fleisches zu verzichten – oder ihn anzuerkennen . . . All diese Großtaten des Kannibalismus, diese berühmten letzten Abendmahle, in Gold auf Samt gestickt.

Mein ist das Jahrhundert des Todes. Mein ist das Jahrhundert der Knaben, die früh zur Reife gelangt sind auf Grund der Strahlen, denen sie ausgesetzt waren.

Der Menschensohn (Man's Son) Manson ist davon überzeugt, daß er und nicht Rockefeller König sein sollte. Der Sohn ist gekommen, den Vater zu töten und in der Rückkehr sein eigenes Opfer zu wiederholen.

Ich frage mich, ob die Parzen noch bei ihrer
Arbeit sitzen – oder ob sie ihr Gewebe für
immer aufgegeben, Nadel und Faden einfach
hängengelassen haben, während sich die
Maschen, die sie gewebt haben, wieder auflösen.

DOMENICO GHIRLANDAIO *Ein alter Mann mit seinem Enkel*

Dieser Großvater aus dem 15. Jahrhundert schaut mit einem Blick voller Zuwendung, Nachdenklichkeit, Liebe, Traurigkeit und Zärtlichkeit seinen Enkel an. Es ist ein beinahe «mütterlicher» Blick, der nichts fordert, der in sich selbst ruht, der zutiefst zufrieden und ganz vollkommen ist.

Einen Ausdruck wie auf dem Gesicht dieses Großvaters sehen – oder erinnern – kleine Jungen selten auf den Gesichtern ihrer Väter. Es ist ein Ausdruck, mit dem viele Väter nur dann auf ihre Söhne blicken, wenn diese schlafen oder noch sehr klein sind.

51 Väter und Söhne

UNBEKANNTER MEISTER *Vierge ouvrante – geschlossen*

Wie Eva hält die Jungfrau Maria eine Kugel, einen Apfel, in der Hand, der ebenso die Welt wie die schöpferische weibliche Herrschaft über die Welt darstellt. Anders als Eva hat sie sich selbst dadurch erlöst, daß sie den Apfel nicht gegessen hat. Anders als Eva hat sie sich dadurch erlöst, daß sie einen göttlichen Sohn, einen Erlöser der übrigen Menschen, zur Welt gebracht hat, den sie mit vorweisender Gebärde in ihrer rechten Hand hält, während sie den nicht gegessenen Apfel in ihrer linken hält.

UNBEKANNTER MEISTER *Vierge ouvrante – geöffnet*

Der Schrecken kleiner Jungen, denen ihre Mütter verboten sind, der Schmerz der Männer ohne Mutterleib, die Wut verleugneter Abhängigkeit. Wie können Männer jemals den Tod besiegen ohne Männer mit Mutterleib, ohne selbst Kinder zur Welt zu bringen? Wie können sich Männer jemals auf eine wirkliche Nähe zu Männern mit Mutterleib einlassen, wenn sich jeder von diesen in eine verbotene Mutter verwandeln kann? Darum sitzen, so idiotisch das klingt, alte Männer mit grauen Bärten als unliebenswürdige Einhörner im Bauch, ja sogar im Schoß unbefleckter Jungfrauen, und sind dort für immer gefangen. Darum töten Väter ihre Söhne; denn sie können mit dieser Maßnahme die Macht der Männer ohne Mutterleib über eben diesen Mutterleib verächtlich unter Beweis stellen.

2. Männer ohne Mutterleib

56 Spiegelungen aus dem Garten Eden

ICH: *Es bekommt doch nur eine Frau ein Kind.*
HANS: *Ich krieg ein Mäderl . . .*
ICH: *Du möchtest gerne ein Mäderl haben.*
HANS: *Ja, nachstes Jahr krieg ich eins . . .*
ICH: *Du kannst aber kein Mäderl bekommen.*
HANS: *O ja, ein Bub kriegt ein Mäderl und ein Mäderl kriegt einen Buben.*
ICH: *Ein Bub bekommt keine Kinder. Kinder bekommen nur Frauen, Mammis.*
HANS: *Warum denn ich nicht?*

Sigmund Freud, Analyse der Phobie eines fünfjährigen Knaben, in: Ges. Werke, Bd. VII, London 1941, S. 322.

Couvade ist eine bei vielen Rassen zu beobachtende Sitte, derzufolge der Vater eines neugeborenen Kindes sich für eine bestimmte Zeit ins Bett legt, nur die vorgeschriebene Nahrung zu sich nimmt, weder schwer arbeitet noch zur Jagd geht usw., während seine Frau, die gerade ein Kind geboren hat, ihre gewöhnliche Tätigkeit fortsetzt . . . Es ist also die Praxis eines männlichen Wochenbetts.

Theodor Reik, Ritual. Four Psychoanalytic Studies

ANONYMUS *Die Erschaffung Evas*

Der anonyme mittelalterliche Illustrator der Erschaffung Evas vermittelt uns das klarste Bild von dem unbewußten Schöpfungsmythos in der Vorstellung der meisten Juden und Christen. Es zeigt einen weißen, männlichen Gott, der den ersten Menschen auf wunderbare Weise erschafft und damit eine lange Ahnenfolge jüdischer Väter ins Leben ruft, die ihrerseits Söhne zeugen. Dieser selbe Gott erschafft auch die zweite jüdische Frau. Denn nach dem Mythos ist Lilith, die aus dem Garten Eden fortlief, die erste Frau gewesen.

Auf unserem Bild sehen wir Eva aus dem Körper des schlafenden Adam auftauchen. Sie beugt bereits bittend ihre Knie und betet zu einem patriarchalischen Gott, der die Geburt ihres Körpers und ihres Geistes vornimmt und ausführt.

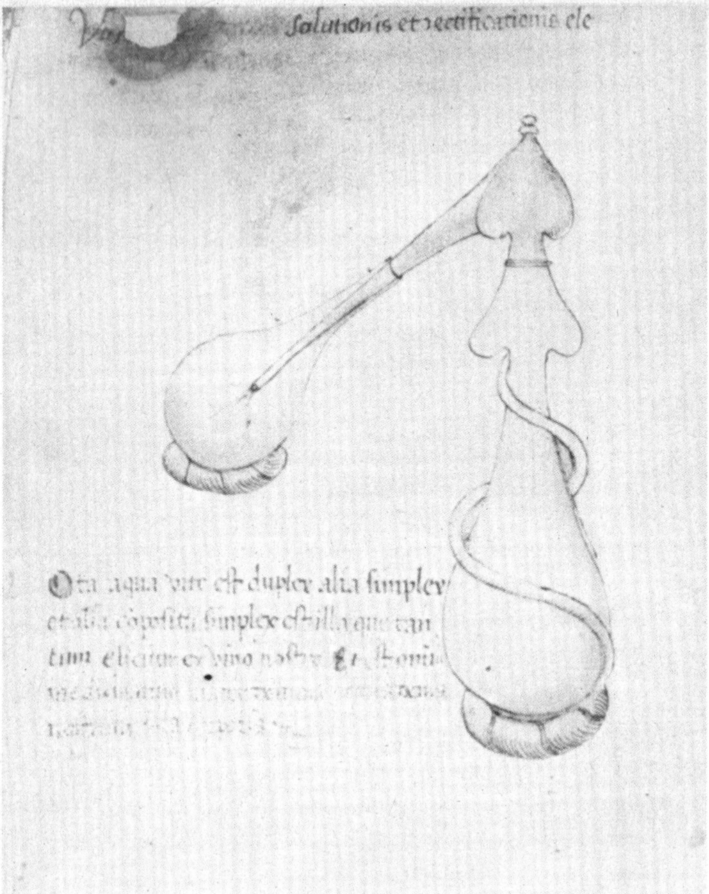

Wie viele Männer kennen den kleinen Mann aus dem Märchen? Wie viele sehnen sich nach den Reichtümern des Königs und nach dessen Tochter, nach dem Geheimnis der weiblichen Geburt? Des Müllers Tochter kennt den Namen des kleinen Mannes: Rumpelstilzchen, der Mann ohne Mutterleib, der Mann, der stets weniger als neun Monate lang anschwillt, der Mann, der verschwindet, sobald seine Wut verraucht ist.

Gequält und verzehrt vom Uterusneid haben Männer die Alchimie erfunden. Sie träumten davon, etwas aus dem Nichts zu spinnen, Gold aus Stroh, neues Leben aus dem alten.

UNBEKANNTER MEISTER *Alchimistisches Gefäß*

Etwas aus «nichts» zu machen, wie Frauen neues Leben natürlich und ohne Anstrengung aus nichts machen . . . so zumindestens erscheint es Männern. Vielleicht haben Männer eine geheimnisvolle, unsichtbare männliche Gottheit des Sperma erfinden müssen, um ein Gegengewicht zu der scheinbaren Leichtigkeit zu besitzen, mit der weibliche Gottheiten und/oder Frauen Kinder zur Welt bringen.

Die männliche Naturwissenschaft und vor allem die männliche Alchimie hat ihre Wurzeln zum Teil in dem Uterusneid der Männer, in ihrem Verlangen, etwas Wunderbares aus männlichem Erfindungsgeist zu schaffen. Männer haben uns jedoch mit ihrer Naturwissenschaft bis an die Grenze einer vollständigen Zerstörung der Menschheit, unserer Fortpflanzungsfähigkeit und unseres Planeten gebracht. Verdrängter und unaufgelöster Uterusneid ist eine gefährliche Gefühlsregung.

Männer haben die Zivilisation nach dem Bild einer immerwährenden Erektion geschaffen. Ihr Zeichen ist ein schwangerer Phallus.

Die Männer sagten: «Jetzt haben wir's. Im Anfang war das Wort. Wir werden diese fabelhafte Lüge so oft und mit solcher Kraft wiederholen, daß jeder sie glaubt. Bald wird niemand mehr die Täuschung bemerken.»

«Hört zu, Kinder, Tatsache ist: Eure wirkliche Mutter bin ich – Euer Vater!»

Gott Vater brachte Adam zur Welt, und aus dem Menschen Adam entstand Eva; Gott Vater war es, der Christus schuf.

MICHELANGELO *Die Schöpfung*

WILLIAM BLAKE *Elohim erschafft Adam*

Michelangelos «Schöpfung» und William Blakes «Elohim erschafft Adam» sind beide durch und durch künstlerischer Ausdruck männlichen Uterusneids.

Blake, ein mystischer Künstler, stellt ein Ereignis der jüdischen Mythologie dar. Seine Konzeption der Erschaffung Adams durch Gott ist in schockierender Weise erotisch. Michelangelo, der aus einer klassischen homosexuellen Tradition der Griechen sowie aus einer frauenfeindlichen Tradition des Katholizismus heraus arbeitete, ist in seiner Darstellung subtiler. Er hebt in ihr sowohl die

Körperformen wie auch das «Geistige» stärker hervor, aber weniger die Erotik.

Michelangelos «Schöpfung» ist ein so großartiges, außerordentliches und zwingendes Werk, daß wohl niemand sich je fragt, wie denn ein Kind ohne das Zutun einer Frau geboren werden kann und wo am Ende die Mutter dieses männlichen Gottes steckt.

Die großartige Macht der Kunst und der Namengebung zeigt sich darin, daß beide uns blind machen für die einfachsten und alltäglichsten Wahrheiten, die uns geläufig sind. Sie erlauben uns, ja, sie verlangen sogar von uns, unsere eigene Wirklichkeit und *uns selbst* in dem Glauben zu übersteigen, daß die Vollendung des Geistes mit unserem persönlichen, sterblichen Bewußtsein unvereinbar sei.

Auch die männlichen Götter der Heiden brachten Kinder zur Welt, doch taten sie es sehr männlich – ohne irgendwelches Blut zu vergießen, ohne zu sterben.

Zeus brachte Athene zur Welt, indem sie seinem Haupte entsprang. Er sagte das Wort, und sie erschien - aus den gefährlichen unteren Regionen seines Körpers nach oben verschoben – in der erhabenen Sphäre des männlichen Auges, Ohrs und Gehirns.

Wir werden noch einen Schritt weiter gehen, meine Kinder. Wir werden uns beschneiden und unser Blut vergießen wie die Frauen. Auch für unser Fleisch werden wir ein Gelübde ablegen, wir werden unseren eigenen Bund mit unserem Gott schließen, um zu beweisen, daß auch wir willens sind, uns zur Aufrechterhaltung unserer Rasse zu opfern.

Werden Juden darum verfolgt – weil sie, beschnitten, alle Männer an ihren Uterusneid erinnern? Oder geschieht es, weil sie sich weigern zu glauben, daß die Sünden eines Mannes durch das Blut eines anderen Mannes abgewaschen werden können?

Evas wirkliche Sünde bestand darin, Kain großzuziehen, den ersten Mann, der seinen Bruder tötete. Diese Büchse der Pandora war niemals wieder zu schließen – ganz gleich, wie viele Opfergaben, Beschneidungen oder Übertritte zum Christentum jüdische Männer darbrachten oder auf sich nahmen.

Und so erfanden die Männer Maria, jene Frau, die den Mann großzog, der all seine Brüder erlösen sollte. Er sollte den geopferten Isaak erretten und ein noch universalerer Joseph sein; er sollte das geheiligte männliche Blut vergießen, auf daß es nie wieder würde vergossen werden müssen. Eine großartige Illusion, eine männliche Verwirrung angesichts des mütterlichen Blutes.

Christliche Männer bestanden nicht auf der Beschneidung, sondern auf der Kreuzigung. Wenn weibliches Blut nötig war, um menschliches Leben zu erzeugen, dann war männliches Blut nötig, um dieses menschliche Leben göttlich zu *erlösen.* Am Kreuz sollte die Seite des Herrn mit einer Lanze in Höhe des Uterus geöffnet werden. Dieser männliche Tod sollte verehrt und gefeiert werden – als ewiges Leben.

Was bringen Frauen schon anderes zur Welt als Leichen?

Der Busen Gottes. In den Kirchen besingen ihn
die Leute. Die Milch aus der Brust unserer
Mutter ist gottgegeben wie bei allen
Säugetieren. Doch die Mutterschaft eines
Mannes ist ein kostbares Geschenk, ein
göttliches Wunder, eine freiwillig übernommene
Last: das Blut unseres Erlösers.

POUSSIN NICOLAS *Das Urteil Salomons*

Die Geschichte von der Weisheit des Königs Salomon ist mehr als nur die Geschichte von der Liebe einer Mutter zu ihrem Sohn – einer Liebe, die so groß war, daß die Mutter sogar bereit war, ihren Sohn einer Feindin zu überlassen, wenn er nur überleben konnte. (Diese «Feindin» war übrigens eine Frau, die gerade ein totgeborenes Kind zur Welt gebracht hatte und sich möglicherweise in einem qualvollen Wahnzustand befand, als sie das neugeborene Kind der anderen Frau raubte.) Wichtiger an der Geschichte Salomons ist der Umstand, daß sie das patriarchale Verlangen danach unter Beweis stellt, daß Väter ihren Söhnen bessere Mütter sein sollten, als es Frauen sind.

Nur männlichen Richtern und Königen, die durch eine männliche oberste Gottheit inspiriert sind, kann man zutrauen, ein männliches Kind zu retten, das Frauen sonst getötet hätten oder hätten töten lassen. Nur ein männlicher König wie Salomon ist in der Lage, den Streit zweier Prostituierter über einen Säugling zu beenden; nur ein

männlicher König kann das Rachebedürfnis von Frauen stillen, von denen zumindest eine in Kauf genommen hätte, daß ein männliches Kind in Stücke gerissen worden wäre.

Die berühmte Erzählung von Salomon ist eine ebenso ironische wie lehrreiche absichtsvolle Täuschung. Überall in den ersten fünf Büchern Mose besteht eine der wenigen «bedeutenden» Handlungen, die den Ahnfrauen des jüdischen Volkes erlaubt sind, darin, ihre Söhne zu retten. Moses wird von seiner Mutter und seiner Schwester Miriam vor dem Todesdekret des Pharao gerettet; Jakob wird von seiner Mutter Rebekka sowohl vor dem Zorn seines Vaters Isaak wie vor der Mordwut seines Bruders Esau gerettet. Sogar noch zur Zeit des Königs Salomon wurden männliche Kinder von Männern Gott geopfert oder zur feierlichen Grundsteinlegung von Tempeln rituell getötet.

Aber die Macht des Mythos ist so groß, daß wir uns an die «mütterliche» Objektivität und Weisheit Salomons erinnern und uns zugleich die Boshaftigkeit von Frauen vor Augen führen, denen der Besitz von Kindern, die sie haben wollen, verweigert wird.

Hört, meine Kinder, die Kirche ist unser aller wahre Mutter. Auf die Namengebung in der Taufe kommt alles an. Ungetauft könnt ihr nicht in den Himmel kommen. Nur Männer in Röcken können Knaben zu Männern machen.

Hört, meine Kinder, die moderne Medizin ist unser aller Hebamme.
Auf die Wissenschaft kommt alles an. Nur Männer in Schürzen können die weiblichen Geheimnisse zerschneiden, ohne den Tod zu riskieren.

Hinter verhangenen Balkonen und hinter ihren Schleiern hervor beobachten die getrennt sitzenden Mutterleibsmänner schweigend die feierliche Prozession aus Samt und Gold, die Majestät der Couvade.*

Die Mutterleibsmänner sind zufrieden. Sie brauchen ihre Söhne nicht mehr in den Uferböschungen, unter Fremden, zwischen Tierfellen oder auf Bergen zu verstecken. Jetzt werden sie von den Männern ohne Mutterleib, von den Vätern, beschützt.

* In orthodoxen jüdischen Synagogen sitzen die Frauen traditionellerweise von den Männern getrennt. Ihr Platz ist häufig auf Balkonen, hinter Wandschirmen oder Vorhängen, damit sie die Männer beim Gebet nicht stören.

Von ihren Vätern in Karmesinrot gekleidet und vor Silber starrend, wird sie von ihnen auf ihren Schultern getragen: die Tochter des Menschen. Während sie ihr «Heilig, heilig, heilig» singen, bringen die Väter sie zur Bundeslade. Langsam enthüllen sie sie, entfalten mit großem zeremoniellem Aufwand ihre Schenkel – die Rollen der Thora – und treten ins Königreich eines weiblichen Himmels ein.

Hoch droben verteilen die Mutterleibsmänner Mandeln, Rosinen und Küsse.

UNBEKANNTER MEISTER *Der Baum Jesse*

Beschneidung, Kreuzigung, das Königreich des Himmels – trotz allem brauchten Könige und Krieger blutsverwandte Schwestern, deren eigenes Blut, wenn sie es selbst vergießen, das einzige ist, das Männer zu schätzen wissen: das Blut von Jungfrauen und das Blut der Geburt.

Friedensverträge zwischen Männern wurden am besten mit dem magischen Fleisch noch kindlicher Bräute besiegelt.

Zeig uns das Blut,
zeig uns das Kind,

dann werden wir, die Großväter, Onkel und Verwandten, unsere Waffen weglegen.

Aber noch glauben die Männer nicht an ihre eigene List. Daher schufen sie das Geld. Horapallo, ein antiker Theoretiker, erkärte, daß

der Skarabäus ein
Geschöpf ist, das sich selbst hervorbringt
und nicht von einem
weiblichen Wesen empfangen wird.
Wenn das Männchen den Wunsch verspürt,
sich fortzupflanzen, nimmt es
den Dung eines Ochsen
und gibt ihm eine Form,
die so kugelförmig ist
wie die Form der Welt.

Im alten Ägypten wurde die erste Münze der Welt in der Form eines Skarabäus geprägt.

Von den Prägungen in Form des Skarabäus bis zu den Münzen, die das Porträt von Königen tragen, stets sind Geldstücke den Männern heilig gewesen. Geld ist ihre Art, sich zu vermehren, sich auszubreiten und ihre Lebenslinie zu verlängern.

Priester und Könige ließen ihr eigenes Bildnis auf Münzen prägen. Sie schufen eine endlose Zahl von Erinnerungsstücken an sich selbst, das Wunder einer metallischen Zeugung.

Geld erfüllt das Verlangen der Alchimisten, Stroh in Gold zu verwandeln – aber es braucht dazu nicht des Müllers Töchter. Durch Geld findet die Suche des Helden nach dem goldenen Vlies Erfüllung – aber es braucht dazu keine liebeshungrigen Königinnen, die für immer umworben werden wollen.

Ohne Frau war der arme König Midas ein toter Mann. Er hatte keine Königstochter zur Ehefrau, und ein jedes, was er berührte, wurde ihm zu nutzlosem Gold. An ihm zeigt sich die Verbindung von Macht und Ehrgeiz, von Königtum und Heldentum, von Vater und Sohn.

Seither hat das Geld Maschinen erfunden. Jetzt
ist das technologische Paradies in die Reichweite
des Zugriffs männlicher Erotik gerückt.
Kommunistische wie kapitalistische
Astronauten schleppen sich wie schwangere
Frauen auf dem Mond herum, während
Wissenschaftler auf der Erde in babyblauen
Reagenzgläsern, die die Farbe von Knaben und
die Farbe des Todes tragen, neues Leben zu
schaffen versuchen.

HANS PETER ALVERMANN

Unterwegs in eine Zukunft ohne Liebe oder Leid

Diese Skulptur von Alvermann bietet eine ebenso entsetzliche wie futuristische Darstellung männlichen Uterusneids. In dieser Darstellung fehlt nicht nur die Frau als Mutter, sondern der Phallus hat sogar den Gegenstand seines Uterusneids zerstört. Im Kinderwagen ist kein Kind. An seiner Stelle erhebt sich ein übergroßer Phallus.

Eine Skulptur wie diese überzeugt mich von den Gefahren, die von der Genmanipulation und der künstlichen Zeugung von Säuglingen ausgehen. Sie erinnert mich an wissenschaftliche Exzesse von Männern, die auf Grund ihres Uterusneids paradoxerweise bereit sind, zahllose Menschen zu opfern.

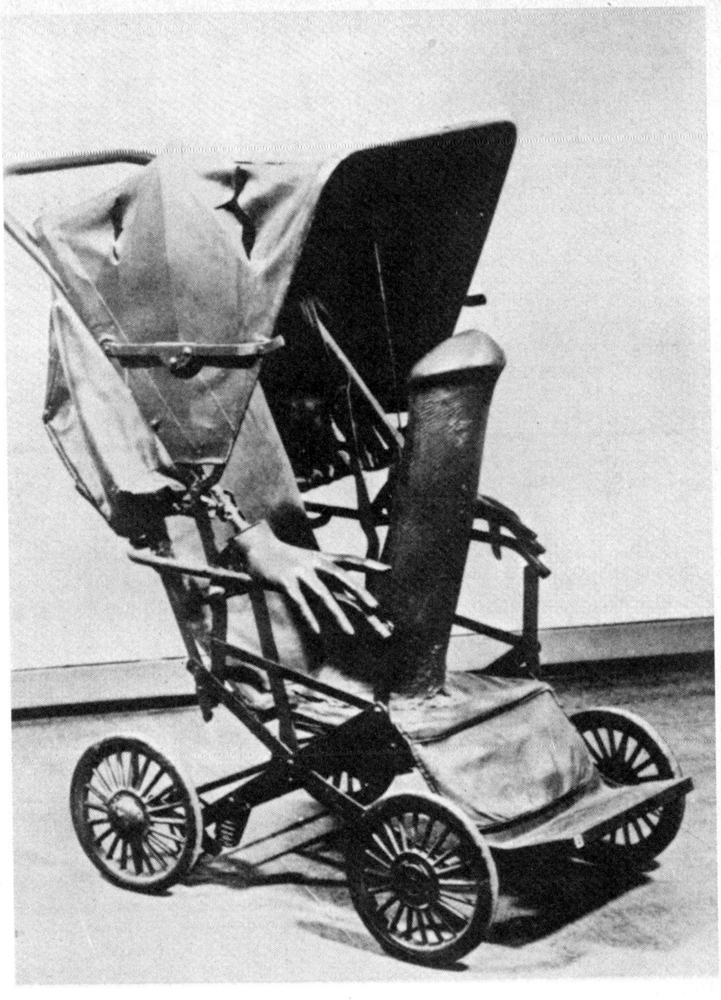

Nicht zufällig bringen Bücher über pornographische oder erotische Kunst in vielen ihrer Darstellungen einen Uterusneid zum Ausdruck. In einer öffentlichen Diskussion mit mir bemerkte Margaret Mead, daß Männer über Sexualität lachen, während Frauen über die Liebe und den Tod sprechen.

Im marmonen Schweigen der Museen hängen Bilder von Frauen in schöner Nacktheit und schöner Kleidung. Sie wurden von großen Künstlern gemalt, die den weiblichen Körper liebten. Merkwürdig, wie wenige von ihnen schwanger sind.

JEAN-LÉON GÉROME *Pygmalion und seine Statue*

Der Sage zufolge lebte der Bildhauer Pygmalion auf der Insel Zypern. Er hatte sich ganz seiner Kunst gewidmet und verachtete die «sexuell ausschweifenden» Frauen um ihn her. Pygmalion war ein Misanthrop, der mit niemandem sprach und vollkommene Skulpturen herstellte. Einmal hatte er die Statue einer Frau aus Elfenbein gemacht, die so «schön» war, daß er sich in sie verliebte. Die Göttin Aphrodite hatte Mitleid mit Pygmalion. Sie verwandelte die «sexuell ausschweifenden» Frauen seiner Umgebung in Felsen. Und als Pygmalion das kalte, elfenbeinerne Fleisch seiner Statue umarmte, verwandelte Aphrodite sie zum Leben.

Wie weit ist diese Sage in ihrer Bedeutung von der Darstellung «perfekter Frauen» als Roboterfiguren entfernt, wie dies jüngst in einem Hollywood-Film zu sehen war? Und wie weit entfernt ist sie von der Umgestaltung der Eliza Doolittle durch Professor Higgins in «My Fair Lady» entfernt, einem Musical, das auf G. B. Shaws Dramatisierung der Pygmaliongeschichte zurückgeht?

Der ebenso fröhliche wie geistlose Erfolg, den dieses ausgezeichnete Musical in Amerika gehabt hat, legt die Vermutung nahe, daß trotz einer Zunahme der Geburten nach dem Zweiten Weltkrieg die Männer daran erinnert werden mußten, daß *sie* allein das, was Frauen hervorbringen, «perfekt» machen oder zu machen *versuchen* – insbesondere wenn es darum geht, ihren eigenen rechthaberischen Junggesellenbedürfnissen zu entsprechen.

3. Mütter und Söhne

UNBEKANNTER MEISTER *Abguß der Venus von Willendorf*

HANS BELLMER *Puppe*

Die «Venus von Willendorf» ist eine der ältesten bekanntgewordenen Figurinen von Mutter- oder Fruchtbarkeitsgöttinnen. Sie wird ungefähr auf die Zeit von 23000 vor Christus datiert. Im 20. Jahrhundert zeigt uns Hans Bellmer mit seiner Skulptur, was aus der ursprünglichen Muttergottheit und Venus geworden ist. Sie wird jetzt als «Puppe» bezeichnet. Ihre glänzenden Brüste sind emporgeschoben bis zur äußersten Grenze. Das sind nicht die Brüste einer

stillenden Frau. Ihre Figur ist ein kopfloser Torso, der (nicht auf Grund von Erfordernissen der Zeit, sondern weil der Künstler sich dazu entschlossen hat) unfähig ist, sich von der Stelle zu bewegen.

Bellmer hat in seinen Skulpturen und Zeichnungen sehr häufig einen weiblichen Torso dargestellt. Diese Gestalten sind durchweg verstümmelt und kopflos; häufig hängen sie in einer Kreuzigungspose mit den Beinen nach oben von Bäumen herunter. Zuweilen tragen sie unschuldige weiße Söckchen und Sandalen aus Lackleder an den Füßen.

. . . und die 10 oder 15 Betrunkenen schleppten Tralala zu einem Autowrack auf dem unbebauten Grundstück Ecke 57th Street und rissen ihr die Kleider vom Leibe und stießen sie hinein und ein paar prügelten sich um den Vortritt und allmählich bildete sich eine Art Schlange und alle brüllten und lachten . . . und es kamen mehr vielleicht 40 oder 50 und vögelten sie und stellten sich hinten wieder an und tranken Bier und brüllten und lachten und einer rief der Wagen stinkt nach Möse und so wurden Tralala und der Sitz herausgehoben und auf die Erde gelegt und sie lag nackt auf dem Sitz . . . und sie trank indes sie ihre Brüste mit der anderen Hand in schaukelnde Bewegung setzte und einer zwängte ihr die Bierdose in den Mund und alle lachten und Tralala fluchte und spuckte ein Stück Zahn aus und ein anderer rammte ihr wieder die Bierdose in den Mund und sie brüllten auf und wieherten und der nächste bestieg sie und ihre Lippen waren jetzt gespalten und Blut tröpfelte ihr übers Kinn und einer wischte ihr mit einem biergetränkten Taschentuch über die Stirn und man gab ihr eine neue Dose Bier und sie trank und brüllte daß sie die größten Brüste der Welt hätte und ein weiterer Zahn brach ab und der Riß in ihrer Lippe verbreiterte sich und alle lachten und sie lachte und trank und trank und bald war sie gänzlich hinüber und sie schlugen sie ein paarmal ins Gesicht und sie murmelte und drehte den Kopf doch es gelang ihnen nicht sie wieder zu sich zu bringen und so fuhren sie fort sie zu vögeln und sie lag bewußtlos auf dem Autositz auf der Erde auf dem unbebauten Grundstück und bald waren sie das leblose Stück leid und die Schlange löste sich auf . . . und die Jungs die herumgestanden und zugesehen und gewartet hatten bis sie endlich drankamen ließen ihre Enttäuschung an Tralala aus und rissen ihre Kleider in kleine Fetzen drückten ein paar Zigaretten auf ihren Brustwarzen aus bepißten sie wichsten über ihr stießen ihr einen Besenstiel zwischen die Beine und gingen dann angeödet fort und ließen sie liegen zwischen Flaschenscherben und rostigen Konservendosen und dem übrigen Abfall und Jack und Fred und Ruthy und Annie fielen in ein Taxi und lachten immer noch und sahen alle aus dem Fenster als sie an dem verlassenen Grundstück vorbeifuhren und sahen sich Tralala an die nackt dalag bedeckt von Blut Urin Samen und ein dunkler Fleck breitete sich langsam zwischen ihren Beinen wo das Blut hervorsickerte auf dem Autositz aus . . .

Hubert Selby, «Tralala» aus: Last Exit to Brooklyn

Was haben sie ihnen angetan?

Barbara Gobel, von ihren Gefängniswärtern als
«das schönste Mädchen von Würzburg» beschrieben,
1629 im Alter von 19 Jahren verbrannt.
Frau Peller, von den Folterern der Inquisition vergewaltigt,
weil ihre Schwester 1631 den Hexenrichter
Franz Buirmann zurückwies.

Was haben sie mir angetan?

Schwester Maria Renata Sanger,
Subpriorin des Prämonstratenserklosters
von Unterzell, angeklagt, eine Lesbierin zu sein.
Das Dokument, das ihre Folter bezeugt,
ist mit dem Siegel der Jesuiten und den Worten
Ad Majorem Dei Gloriam –
zum größeren Ruhm des Herrn – unterschrieben.

Was haben sie uns angetan?

Emerzianne Pichler, gefoltert und 1679 zusammen
mit ihren zwei kleinen Kindern verbrannt.
Agnes Wobster, 1567 ertränkt, während ihr kleiner Sohn
gezwungen wurde, ihrem Verfahren beizuwohnen.
Veronica Zerritsch, 1754 im Alter von 13 Jahren gezwungen, in der heißen Asche ihrer hingerichteten Mutter zu tanzen, dann selbst lebendig verbrannt.
Frau Dummler, 1630, als sie schwanger war, in heißem Öl zu Tode gekocht.

Was haben sie getan?

Robin Morgan, Auszüge aus «The Network of the Imaginary Mother», aus: Lady of the Beasts

Mariko Sato (25 Jahre alt): erdolcht, zerhackt und erschossen. Ihr Körper war unterhalb der Gürtellinie entblößt, in eine Decke eingewickelt und in einer Wohnung in San Francisco in einen Koffer gestopft worden.

Lucy Ann Gilbride (52 Jahre alt): aufgeschlitzt und erschlagen in ihrer Wohnung in San Rafael.

Cassie Riley (13 Jahre alt): geschlagen, entblößt, vergewaltigt und ertränkt in Union City.

Mary E. Robinson (23 Jahre alt): durch achtzehn Messerstiche von ihrem Freund getötet. «Sie nannte mich einen Feigling», sagte er. «Sie sagte, ich hätte Angst, für meine Rechte zu kämpfen.» San Francisco.

Sonya Johnson (4 Jahre alt): vergewaltigt und erschlagen, möglicherweise erdrosselt. Sie galt elf Tage lang als vermißt, bis man ihren Körper fand und identifizierte. San José.

Arlis Perry (19 Jahre alt): erstochen und erdrosselt. Mit Altarkerzen in einer Kirche auf dem Gelände der Universität Stanford vergewaltigt. Man hatte sie unterhalb der Gürtellinie entblößt.

Maude Burgess (83 Jahre alt): nackt sowie an Armen und Beinen mit Bettüchern gefesselt in ihrem Bett aufgefunden. Man hatte ihr einen Kissenbezug über den Kopf gezogen. San Francisco.

Darlene Davenport (16 Jahre alt): entblößt und zerhackt. Auf einem Parkplatz in Oakland aufgefunden.

Auszüge aus dem Kapitel über «Morde an Frauen» in: Crimes against Women: The Proceedings of the International Tribunal, hg. von Diana E. H. Russell und Nicole Van de Ven

SEBASTIANO DEL PIOMBO *Das Martyrium der hl. Agatha*

Die Hölle besitzt keinen Schrecken, der so groß wäre wie die Verächtlichmachung eines Menschen . . . Agatha wird seit dem dritten Jahrhundert als eine jungfräuliche Märtyrerin aus Catania in Sizilien verehrt. Eine umstrittene Legende behauptet, daß Agatha die sexuellen Anträge eines gewissen Quintian zurückgewiesen habe, der sich daraufhin ihr gegenüber in besonders christlicher Weise verhalten habe. Während ihrer Foltern wurden ihr unter anderem ihre

Brüste abgeschnitten; in der Malerei wird sie häufig dargestellt, wie sie ihre glockenförmigen Brüste auf einem Tablett trägt. Agatha wurde die Schutzheilige der Glockengießer.

Wer gern glauben möchte, daß der weibliche Körper und die Mutterschaft wirklich verehrt werden, findet in diesem Gemälde eine der wenigen phantasievollen «Urkunden» für die Folter und den Mord an Millionen von Frauen, seien sie nun «Jüdinnen», «Christinnen», «Hexen» oder der gefangengenommene Besitz männlicher Feinde gewesen.

Agathas Brüste – deren Bestimmung es wäre, Kinder zu stillen – werden besonders grausam von Männern verstümmelt, die bezeichnenderweise angesichts dessen, was sie tun, keine Gefühlsregung zeigen. Sie sind emotional an ihrem Handeln nicht mehr beteiligt als die Bomberpiloten des 20. Jahrhunderts über Asien.

Was, ja, was wollen die Männer?

Den Leib ihrer Mutter: die verbotene Frucht aus dem Garten Eden. Neun Monate hindurch essen sie von ihr – und werden schuldbeladen geboren. Jeder Sohn hat sich bereits mit seiner Mutter verbunden. Er wurde von ihr beherbergt und wie in den Armen eines Baums gewiegt. Jeder Sohn ist bereits bei seiner Geburt durch das Blut seiner Mutter geblendet. Die Blendung des Ödipus kommt viel später – und vergebens.

Der Sohn einer Mutter muß all dem aus dem Wege gehen, was ihn mit einer Erinnerung an das Paradies, an das verlorene Paradies überschwemmt.

Was, ja, was wollen die Männer?

Sie wollen die Vergewaltigung, die Zerstückelung und den Mord an dem ursprünglicheren Elternteil vergessen, verleugnen oder erneut durchleben. Muttermord, nicht Vatermord, ist das erste und noch nicht anerkannte Verbrechen. Die Tötung des Vaters kommt später und braucht (wenn überhaupt) nur einmal zu geschehen, um erinnert, bedauert und geklärt zu werden. Die Tötung der Mutter dagegen muß als eine Sühne für etwas, das nicht ungeschehen gemacht werden kann, immer und immer wiederholt werden.

Mutter, Mutter, warum habe ich dich verlassen?

Obwohl Magrittes Gemälde mit dem Titel «Die Vergewaltigung» vielfach in Büchern über pornographische oder erotische Kunst reproduziert worden ist, war ich nicht in der Lage, eine Reproduktionserlaubnis für dieses Bild zu bekommen. Kein anderes Bild aber hätte besser illustrieren können, was ich zeigen möchte. Magrittes Bild stellt das Gesicht und den Nacken einer Frau dar.

rororo aktuell

Herausgegeben von Freimut Duve

Frauen aktuell

Herausgegeben von Susanne v. Paczensky

Baumgartner-Karabak, Andrea/
Landesberger, Gisela
Die verkauften Bräute
Türkische Frauen zwischen Kreuzberg und Anatolien (4268)

Benard, Cheryl/Schlaffer, Edit
Die ganz gewöhnliche Gewalt in der Ehe
Texte zu einer Soziologie von Macht und Liebe (4358)

Bick, Martina (Hg.)
Warum sollen wir Dicken uns dünne machen?
Klagen gegen den Schlankheitsterror. Frauen schreiben auf (4729)

Boßmann, Dieter
Mütterfeindlichkeit
Von der Schande, Kinder zu haben.
Frauen berichten (4539)

Edding, Cornelia
Jede kann helfen
Was tut eine Beratungsgruppe konkret?
Ein Arbeitsbuch (4434)

Egidi, Karin/Bürger, Gislind
Das Gefühl der Befriedigung
Was Sexualforscher nicht erfassen können, sagen die Frauen selbst (4730)

Enders, Ute/Block, Irene/Müller, Susanne
Das unsichtbare Tagwerk
Mütter erforschen ihren Alltag (4828)

Häusler, Ingrid
Kein Kind zum Vorzeigen?
Bericht über eine Behinderung (4524)

Hering, Heide
Weibs-Bilder
Zeugnisse zum öffentlichen Ansehen der Frau.
Ein häßliches Bilderbuch (4536)

Janssen-Jurreit, Marielouise (Hg.)
Frauenprogramm – Gegen Diskriminierung
Gesetzgebung – Aktionspläne – Selbsthilfe.
Ein Handbuch (4426)

Jochimsen, Luc
Sozialismus als Männersache oder Kennen Sie «Bebels Frau»?
Seit 100 Jahren ohne Konsequenz (4350)

«Wir wollen gleiche Löhne!»
Dokumentation zum Kampf der 29 «Heinze»-Frauen. Hg. von Marianne Kaiser (4623)

Kressin-Harrendorf, Julia
Im Amt ohne Würde
Erfahrungen mit dem Sozialstaat
(Arbeitstitel/4841 – in Vorbereitung)

Paczensky, Susanne v. (Hg.)
Frauen und Terror
Versuche, die Beteiligung von Frauen an Gewalttaten zu erklären (4277)

Wir sind keine Mörderinnen!
Streitschrift gegen eine Einschüchterungskampagne (4635)

Perincioli, Cristina
Die Frauen von Harrisburg oder «Wir lassen uns die Angst nicht ausreden» (4719)

Pro Familia Bremen (Hg.)
Wir wollen nicht mehr nach Holland fahren
Nach der Reform des § 218 – Betroffene Frauen ziehen Bilanz (4272)

Thiam, Awa
Die schwarzen Frauen sind anders
(Arbeitstitel/4840 – in Vorbereitung)

Thomas, Carmen (Hg.)
Annette/Barbara/Carmen/Carola/Gabi/Katharina/Magda/Monika/Rosi/Susanne/Yvette
Die Hausfrauengruppe oder Wie elf Frauen sich selbst helfen (4359)

Weiss, Ruth
Frauen gegen Apartheid
Zur Geschichte des politischen Widerstandes von Frauen (4351)

Wiegmann, Barbelies
Ende einer Hausfrauenehe
Plädoyer gegen eine trügerische Existenzgrundlage (4530)

978/2

Solcher Heimsuchungen und Klagen wegen haben Männer das Inzesttabu erfunden. Es verbietet das erotische Bild der Mutter, der alten Göttin, die ihrem Sohn als Liebhaberin gefährlich wird. Sie ist feuerspeiend, behaart und ungeheuer groß wie der Drache, den Söhne erschlagen müssen, um Männer zu werden; denn darin besteht ihr Heldentum.

Das Inzesttabu führt zum Verlassen der Mütter, zum Verzicht auf alternde Ehefrauen und zum Terror heterosexueller Nähe. Seinetwegen lernen Männer, das Objekt ihrer ursprünglichen Begierde zu ermorden und die Anzeichen ihres ersten Liebesmahls zu verbergen.

Nach dem Inzesttabu muß Sexualität ebenso wie Mord außerhalb der menschlichen Familie vollzogen werden. Die Söhne müssen lernen, nur auf fremdem Gebiet so kräftig zuzuschlagen wie die Krieger und so mächtig wie die Götter, ohne dabei jemals ihre Rüstung abzulegen und sich irgendwelche Blößen zu geben. Geraten sie in Gefangenschaft, dürfen die Söhne sowenig wie möglich von sich preisgeben. Sie müssen leugnen, den Gegner anklagen oder täuschen – und (soweit sie können) voll Schrecken vor dem flüchten, was sie am meisten begehren.

Die zahllosen, immer wieder verblassenden und verschwindenden Tätigkeiten Gottes und der Männer erfordern immer neue Verrichtungen. Sie führen zu einer zwanghaften Flucht in alle Ewigkeit, zu einsamer, männlicher Wanderschaft.

Wenn Männer Frauen umarmen, berichten sie häufig von einem Gefühl, als würden sie ersticken. Voller Schrecken fliehen sie vor der Nähe der Frau und vor der Möglichkeit, in eine Falle zu laufen und Vater zu werden. Sie fliehen ebenso vor der Möglichkeit, ihren Samen ohne Gewinn, ohne Profit und ohne familiäre Sicherheit zu verschwenden.

Durch die Stimmen ihrer Künstler behaupten Männer, daß Frauen den Tod darstellen, daß hinter jeder verführerischen Versucherin und hinter jeder jungfräulichen Tochter eines wohlhabenden Vaters der grinsende Schädel ihres eigenen Todes erscheine. Ich aber behaupte dagegen, wie Munch auf dieser Zeichnung, daß das Gegenteil mindestens ebensosehr wahr ist.

Wie oft haben Frauen Männer umarmt und sind im Kindbett gestorben? Wie oft haben Frauen Männer umarmt, ohne schwanger zu werden, und wie oft haben sie bei einer außerehelichen Schwangerschaft den Tod durch Entzug der gesellschaftlichen Anerkennung und des sozialen Schutzes in Kauf genommen? Wie oft sind Frauen auf Grund von Armut oder männlicher Gleichgültigkeit zu einer ungewollten Abtreibung gezwungen worden? Wie oft haben Frauen für das Vergnügen an Kindern mit Einsamkeit, mit sexuellen und emotionalen Entbehrungen sowie mit ihrem sozialen Tod bezahlt?

Und wie oft finden sich Frauen, während sie Männer umarmen, in den Armen des Todes wieder? Geisterhafte Embryos und Figuren wie Samenfäden umgeben Munchs Vision dieses Kusses, jede von ihnen treibt körperlos, totgeboren – niemals geboren dahin.

Das Inzesttabu. Wer erfährt männlichen Terror unter dem Mantel der Launenhaftigkeit, Langeweile und Wut schärfer und deutlicher als Frauen nach dem Geschlechtsakt? Wie fröhlich, wie *erlöst* scheinen Männer zuweilen, wenn sie von einer fremden Frau nach Hause gehen. Es ist, als hätten sie durch einen ebenso plötzlichen wie geheimen Besuch bei der verbotenen Spielgefährtin ihrer Kindheit (die sie in Wirklichkeit überhaupt nicht besucht haben) den Tod selbst betrogen.

«Andere Frauen» sind stets nur unfertige und kindliche Abbilder der ursprünglichen Einen; es handelt sich bei ihnen um billige, zu baldigem Verbrauch bestimmte Kopien nach einem fremden Muster.

Nein, Söhne heiraten nicht ihre Mütter, ältere, «weisere», allmächtige und mit allem vertraute Frauen, die das verkörpern, was ihnen ihre eigenen Mütter einmal gewesen sind. Söhne heiraten Hausfrauen, «kleine» Mütter, fremde Mütter, Frauen, die glücklich in die Falle der Mutterrolle gegangen sind – schwerlich die verbotene Brust, kaum den schrecklichen Drachen, fast nie den Baum der sexuellen Erkenntnis, niemals die, die ihre Freiheit eintauschte, um ihren Sohn zu beschützen, als jener in Windeln lag, verwundbar und der Eifersucht seines Vaters hilflos ausgeliefert war.

Sobald eine Ehefrau «alt» wird – so alt wie seine Mutter einst war –, muß ein Mann sein Interesse an ihr verlieren. Nur nach dem Blut fremder und immer jüngerer Frauen darf er ohne inzestuöse Schuldgefühle streben.

Für einen Mann ist es eine Erlösung, ja, es ist sogar sehr biblisch, in hohem Alter Söhne zu haben.

SALVADOR DALÍ *Shirley Temple*

Dalís «Shirley Temple», eine Kindfrau als Schauspielerin, wird nicht wie Nabokovs Lolita dargestellt, sondern als eine Sphinx, als Kali, die schwarze Göttin, als ein Wesen, das gerade auf Grund seiner Unschuld Männern gefährlich wird. Dieses weibliche Kind beherrscht eine Todeslandschaft voll Schädeln und Knochen, in der eine Fledermaus und ein uraltes Schiffswrack ins Auge springt. Wir sind hier nicht weit von der zunehmenden Kinderprostitution entfernt und von einer kommerziellen Ausbeutung der Pornographie mit Kindern in Filmen und Illustrierten. Sehr *kleine* Mädchen sind bereits verführerisch und gefährlich, weil sie, sobald sie erwachsen sind, die menschliche Fortpflanzung garantieren. Weil aber alles Leben stirbt, können Frauen nur Leichen hervorbringen. *Sie* sind es, die den Tod hervorrufen. Darum müssen Männer religiöse Ideologien schaffen, die Unsterblichkeit und ein Leben nach dem Tode gewährleisten oder zumindest versprechen.

Mütter können ihre Söhne unter Tränen verabschieden oder voller patriotischer Inbrunst in ihr Leben als Mann entlassen, aber sie können sie nicht daran hindern, fortzugehen. Das ist auch gar nicht nötig. Ganz gleich, wie weit ein Sohn fortzieht, er wird niemals sein Zuhause wirklich verlassen.

Niemals wird ein Mann eine Frau finden, die willens und in der Lage ist, ihm noch einmal das Leben zu schenken.

Den Sohn, den eine Mutter beschützt hat, hat sie zugleich dadurch verdorben, daß er, ohne Aussicht, ausbrechen zu können, von etwas Verbotenem abhängig ist – vom Bild ihrer selbst in anderen Frauen. Auf immer gehört ein Sohn seiner Mutter, ganz gleich, wie viele andere Frauen er verläßt, ganz gleich, bei wie vielen anderen er bleibt.

Diese Rache eines weiblichen Eunuchen, diese wirklichste und wahrhaftigste Heirat der Mutter hat etwas eigenartig Subtiles und Tragisches.

GIOVANNI DA BOLOGNA *Der Neptun-Brunnen*

Diese Meeresjungfrau, diese ausdrücklich sexuell konzipierte Skulptur nach Art einer antiken Göttin ist in meinen Augen von einer bezwingenden sinnlichen Macht. Bemerkenswert ihr Ort als eine von vier Frauen, die den Sockel der Statue des Neptun schmücken.

Neptun oder Poseidon (sein Tempel in Sounion in Griechenland hat mich überaus beeindruckt) wird wie die meisten strahlenden Patriarchen durch die Anstrengung von Frauen aufrechterhalten, deren frühere Macht und gegenwärtige Arbeit unbemerkt bleiben.

BRONZINO *Allegorie auf Venus und Cupido, Zeit und Torheit*

Bronzinos «Allegorie» ist das beste Gemälde, das ich finden konnte, das eine wahrhaft erotische Beziehung zwischen einer Mutterfigur (einer «älteren» Frau) und der Figur eines Sohnes (eines «jüngeren» Knaben oder möglichen Liebhabers) darstellt. In Wirklichkeit oder in Ersatzbildungen tritt ein Inzest zwischen Mutter und Sohn sehr selten auf; er ist überaus stark tabuisiert. Wenn die Väter einmal zu Zwecken der Liebe oder Fortpflanzung durch die Söhne «ersetzt» würden, dann würde ein Teil des männerbündischen Waffenstillstands zwischen Vätern und Söhnen darauf basieren, daß das Recht auf die Mütter aufgegeben würde. Dadurch würde zugleich eine Rivalität und der Wettbewerb um die Mütter ebenso vermieden wie die angebliche Ersetzbarkeit älterer Männer durch jüngere. Im Patriarchat sind es Frauen, nicht Männer, die «ersetzbar» oder austauschbar sind. Tatsächlich ist der Inzest zwischen Vater und Tochter das vorherrschende psychosexuelle Verhaltensschema zwischen den Geschlechtern in der modernen Gesellschaft.

Bronzinos Venus und Cupido *sind* ein liebliches Paar . . . Freud schrieb: «Einer Mutter wird unbegrenzte Befriedigung nur durch ihre Beziehung zu einem Sohn zuteil. Dies ist insgesamt die vollkommenste und von jeder Ambivalanz freieste aller menschlichen Beziehungen.»

4. Phallische Sexualität

DR.: *Hast du dir je gewünscht, als Mädchen geboren zu sein?*

JUNGE: *Ja.*

DR.: *Warum hast du dir das gewünscht?*

JUNGE: *Mädchen müssen keinen Penis haben.*

DR.: *Sie müssen keinen Penis haben?*

JUNGE: *Sie können Kinder kriegen ...*

DR.: *Warum glaubst du, daß Mädchen keinen Penis haben müssen?*

JUNGE: *Weil sie Kinder kriegen müssen ... und Kinder kommen nicht aus dem Penis ... Kinder kommen aus der Vagina ...*

DR.: *Dein Penis ist dir angenehm, nicht wahr? Du hast keine Angst vor ihm, wenn er groß und steif wird, oder?*

JUNGE: *Nein.*

DR.: *Gut! Er soll groß und steif werden, wenn du ihn kitzelst. Das ist ein ungeheurer Vorteil, wenn man ein Junge ist, denn Mädchen können das nicht machen, weißt du.*

JUNGE: *Hm, hm.*

DR.: *Sicher, sie können Kinder kriegen, doch nur bei Jungen kann der Penis so nach oben stehen.*

Berichtet von Richard Green in: Sexual Identity Conflict in Children and Adults

«Ich erinnere mich», sagte sie, «wie du vorgabst, nicht zu bemerken, daß du eine Freundin streicheltest, die neben dir saß, während ich auf deiner anderen Seite saß.»

«Was ist dagegen einzuwenden?»

«Nichts, außer daß du später mit großer Heftigkeit darauf bestanden hast, du hättest so etwas niemals getan und würdest in meiner Gegenwart auch niemals so etwas tun. Ich glaube, du hast es doch getan. Du hast gewußt, daß du es nicht wahrhaben wolltest, du hast es vor dir selbst zu verbergen versucht und vorgegeben, nicht zu wissen, was du getan hast. Du warst wie die Nazis, die vorgaben, unschuldig zu sein, und sich zugleich an dem Terror ergötzten, den sie durch ihr doppeltes Spiel verursacht hatten. Du hast oft genug mit meiner Naivität gespielt, aber diesmal durchschaue ich dich.»

«Naivität», meinte der alte Mann, «ist nicht Unschuld. Vielleicht hätte wirkliche Unschuld den Teufel eines doppelten Spiels besiegt.»

«Ja, aber ich habe meine Unschuld verloren, nachdem meine Naivität über so viele Jahre hinweg mißbraucht worden ist.»

Hannah Tillich über ihren Mann, Paul Tillich, in ihrem Buch: From Time to Time

Männer haben Gott nach dem Bild ihres erigierten Penis als einen zeugenden, uralten Felsen geschaffen, als einen Stab des Lebens und als ein Bild göttlicher Besessenheit.

Vergrabene weibliche Idole, die so klein waren, daß sie zugleich als Zeltpflöcke dienten, wurden ausgegraben, umgedreht, enthauptet und in Phalli umgeformt. Männer markierten ihre heiligen Übergangsriten mit ihnen; sie waren Säulen des Feuers und der Asche.

UNBEKANNTER KÜNSTLER «*Weibliche Idole*»:
Brüste aus den Dolni Vestonice, ca. 23000 v. Chr.

Die Männer wollten, daß dieser neue Gott der mächtigste und einzige Gott sei. Wie Kinder erprobten, verglichen und maßen sie immer wieder seine Macht und seine Größe an den Wundern ihrer Fruchtbarkeit und ihrer Schlachten.

Der neue Gott der Männer war eifersüchtig, fordernd und ungeduldig – man konnte ihm nicht trauen. Es gab Zeiten, zu denen die Männer ihn brauchten – aber Er war nicht da. Und es gab andere Zeiten, zu denen Er einfach nicht verschwinden wollte – ganz gleich, wer zuschaute. Er war wie alle Väter, wie alle Phalli.

Es wurde beschlossen, daß Männer den geheiligten Samen ihres Gottes nicht mehr zur Befriedigung ihrer selbst, ihrer Eltern, ihrer Brüder, ihrer Schwestern oder ihrer Kinder vergeuden sollten. Wenn Männer nur ihre Frauen, ihre Konkubinen, ihre Sklavinnen und ihre Prostituierten besamen würden – dann würde die Zahl ihrer Kinder und die Anzahl ihrer Tage so groß sein wie die Menge der Sterne am Himmel.

Von heiligem Ehrgeiz erfüllt haben die Männer Gottes Ebenbild auf Erden nachgeahmt – aus Furcht, es zu vergessen. Es fiel ihnen schwer, die heidnische Gewohnheit abzulegen, Götzenbilder anzufertigen.

Männer haben große neue Städte gebaut, die erfüllt sind vom endlosen Widerhall der Bewegung ihres Gottes, seiner Sprache und seines Handelns. Sie erfanden donnernde Werkzeuge, die sich durch Tunnels in die Erde fraßen und mit denen himmelwärts erigierte Gebilde errichtet werden konnten, die als Türme unnatürlich über den Menschen stehen. (Dikatoren leben in den obersten Stockwerken.) Männer erfanden Mikrofone, die die Form eines Phallus haben und unsere körperlosen Stimmen zu einer göttlichen Verkündigung anschwellen lassen.

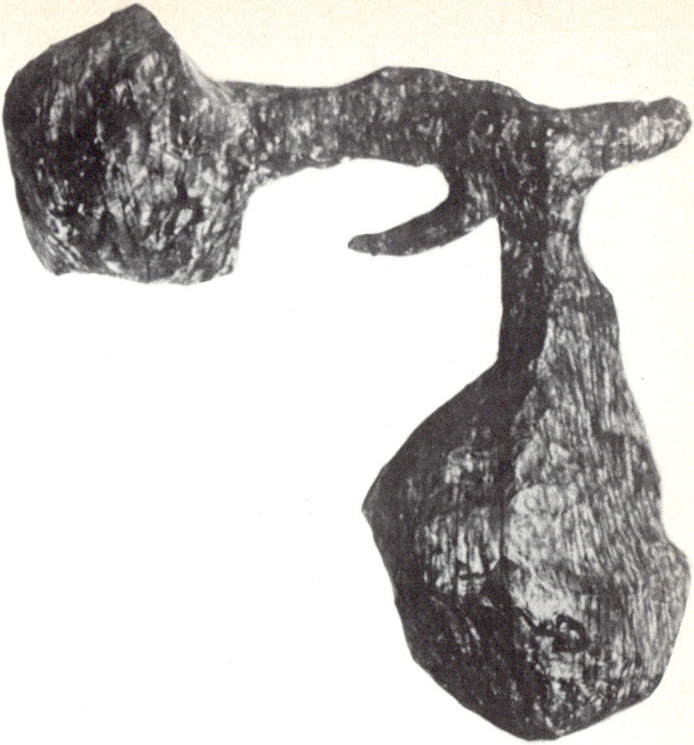

CLAES OLDENBURG *Empire (Papa) Ray Gun*

In einem Buch über die Plastiken von Oldenburg wird diese Skulptur folgendermaßen beschrieben: «Eine Wasserpistole ist ein Kinderspielzeug, aber die ‹Empire (Papa) Ray Gun› ist ein großartiges phallisches Bild. Es ist aus Zeitungen hergestellt, die in Kleister aufgeweicht, über einen Maschendraht gezogen und dann bemalt worden sind. Das Papier, das mit zunehmendem Alter vergilbt ist, hat eine staubige goldene Farbe angenommen, die durch die graue Druckerschwärze hervortritt und dem Werk die Aura eines uralten Mysteriums verleiht. Das Bild der Wasserpistole tritt immer wieder im Werk Oldenburgs auf. Er identifiziert sich mit ihm; es ist ein Symbol seiner Männlichkeit, seiner Weltsicht und seiner Kunst.»

Katholische Kindheit, verkrampfte Körper, schweigende Münder. Jungen lernten früh die verbotene Messe der Masturbation zu zelebrieren. Die Kirchenväter bestraften gnadenlos alles, was sie in Versuchung brachte. Frauen wurden im Feuer der Inquisition verbrannt; ungläubige Türken starben in voller Schönheit durch das Schwert christlicher Begierde.

Protestantische Kindheit, eine männliche Wiederentdeckung vereinzelter Antriebskräfte. Jedermann wurde für sich mit dem steinharten Prinzip der Aufklärung ausgerüstet und bewaffnet. Jetzt gab es kein Halten mehr für die saubere, sichere Klinge des materiellen Fortschritts der Geschichte. Apollo war schon auf dem Weg zum Mond. Die Protokolle der Ältesten von Auschwitz, Hiroshima und My Lai.

Die industrielle sexuelle Revolution. Der profane Penis; nachdem soviel von seinem Samen in profitbringender Maschinerie angelegt worden ist, ist er bereits gesättigt und verbraucht. Die profanen Männer unseres Jahrhunderts brauchen nur auf Knöpfe zu drücken, um so mächtig zu sein wie Gott. Der ist ein selbstgenügsamer phallischer Gigant, ein triumphierend-passives Mann-Kind. Der kollektive Traum zahlloser Jahrhunderte voller Armut ist Wirklichkeit geworden, ein zweiter Garten Eden.

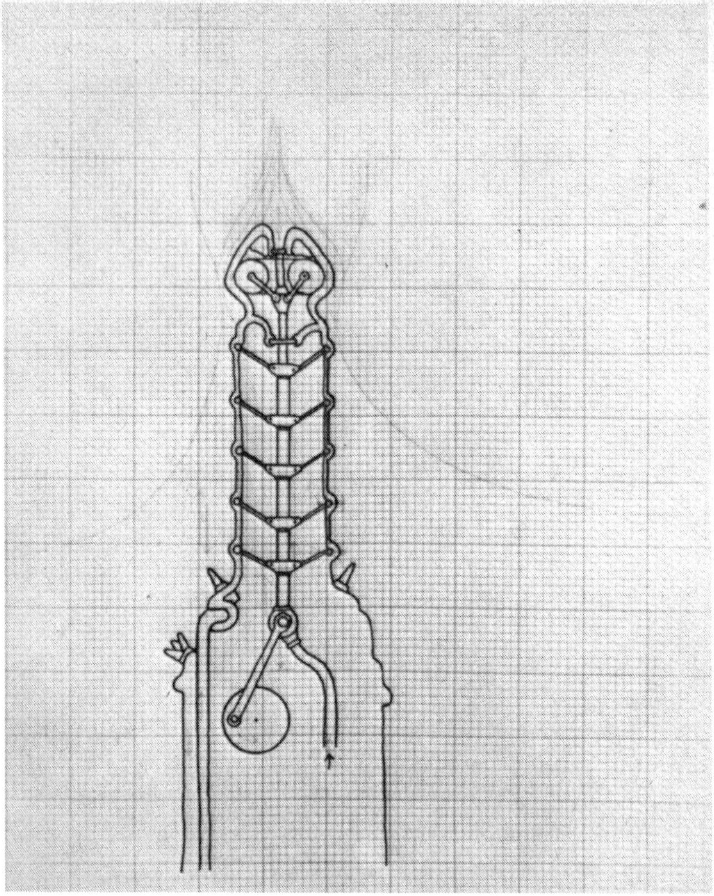

TOMI UNGERER *Ohne Titel*

Ungerers phallisch-mechanisches Objekt ist auf Millimeterpapier gezeichnet. Interessanterweise ist die Zeichnung Teil einer Sammlung «pornographischer» Bilder unter dem Titel «Fornicon». Bemerkenswert sind die kleinen, scharfen «Zähne» des mechanischen Penis. Sie sollen das weiche Erdreich ebenso durchstoßen wie die unnachgiebigen Granitschichten der Erde, unter denen Männer Öl, Gold, Kohle und andere Bodenschätze finden.

Der geheiligte Penis. In Mekka, in Jidda, in Rom, in Jerusalem, in Peking, in New York, in ethnischen Enklaven überall auf der Welt ist er noch in biblischer Weise wirksam, werden Männer genötigt zu heiraten, sich zu vermehren und für Gott zu plündern.

Der geheiligte Penis. Söhne rufen den alten Gott ihrer Väter an, um die Maschinen wieder in ihren Besitz zu bringen, die aus ihrem eigenen Fleisch gemacht worden sind, um ihre *eigenen* Maschinen nach dem älteren Bild der Frau herzustellen, damit sie jährlich Profit abwerfen, leicht zu ersetzen und dem Willen des Mannes untertan sind.

Söhne oder Väter, Reiche oder Arme, heilige oder profane Männer: sie alle sind in ihrer Verehrung des Phallischen homosexuell. Nur eine sexuelle Revolution könnte zerstören, was Männer so gut ohne das Zutun von Frauen aushecken: die Geschichte als Seiner-Zeit (his-story), den Krieg, den Triumph des phallischen Willens.

MICHELANGELO *Der Sklave*

Die «großartigen» Frontalskulpturen nackter Männer aus der Zeit der Griechen und der Renaissance haben mit ihrem unbehaarten Marmor nie mein sexuelles Interesse erregt. Immmer wenn ich die gutgewachsenen Heroen und Athleten in Tunika und Lendenschurz anschaute, *wußte* ich, daß es sich um «große Kunst» handelte, weil ich männliche Geschlechtsteile, die ebenso vollkommen und schön wie männliche Muskeln geformt waren, anstarren konnte, ohne die geringste Anwandlung eines Lustgefühls zu empfinden. Das war lange, bevor ich zu der Einsicht gelangte, daß «große Kunst» ebenso wie Pornographie ein männlich «geiles» und kein weibliches Interesse ansprechen soll.

C. J. Bulliet hat in seinem Buch «Venus Castina» bemerkt, daß «griechische Bildhauer die Knaben, die sie liebten, nicht nur in effeminierten männlichen Figuren junger Athleten, also in ihren Darstellungen des Bacchus, Ganymed, Merkur und Apollo, unsterblich gemacht haben, sondern ebenso in den schlanken, schmalhüftigen und kleinbrüstigen Nymphen, also in den Darstellungen der Diana, der Venus und der Grazien.»

Michelangelo, der einzige unter den in Marmor arbeitenden Genies der Renaissance, der den Bann des klassischen Ideals hätte brechen können, gelang dies nicht nur nicht, sondern er trug sogar dazu bei, den Zauber der Klassik undurchsichtiger zu machen. Michelangelo war mehr noch und zweifelsfreier als Leonardo da Vinci ein Sklave der männlichen Schönheit . . . Beinahe alle Skulpturen, die Michelangelo von jungen Männern gemacht hat – mit Ausnahme vielleicht des gigantischen David – weichen von den Zügen entschiedener Männlichkeit ab und nähern sich einem menschlichen Durchschnitt an. Sie scheinen uns sogar mit weiblichen Bildqualitäten durchsetzt und stellen zuweilen ausgesprochen weibliche Züge zur Schau. Ich denke dabei zunächst und vor allem an die jugendlichen Männerfiguren an der Decke der Sixtinischen Kapelle (die beseeltesten Jugendgestalten der Welt), aber auch an Bacchus, St. Johannes, Adonis und die Gestalten im Hintergrund der Heiligen Familie zu Florenz. Auf der anderen Seite hat uns Michelangelo – mit Ausnahme der zwei frühen

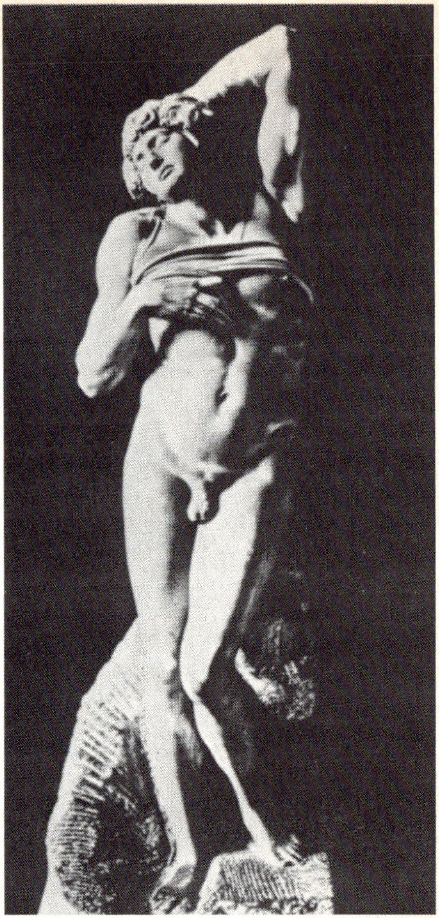

Madonnen und vielleicht der Eva – keine durch Schönheit verherrlichte weibliche Figur hinterlassen. Alle seine Frauengestalten sind durch etwas Verhärmtes und Unliebenswürdiges charakterisiert. Manche seiner älteren Frauengestalten – am deutlichsten die Cumäische Sybille – sind mit vollkommen männlichen Zügen und Körperformen sowie mit einer gigantischen Muskulatur ausgestattet . . .

Emil Zucka zit. nach: C. J. Bulliet, Venus Castina

Ich finde diesen jungen Mann ebenso ungeheuer wie schamlos schön. Sein Bild ist lebensgroß und in üppigen Farben dargestellt. Sleigh hat häufig Schwierigkeiten gehabt, ihre Bilder nackter Männer auszustellen. Männer wie Frauen haben dagegen demonstriert, die Künstlerin unter Druck gesetzt und es zuweilen auch erreicht, daß die Frontaldarstellungen männlicher Nacktheit nicht länger öffentlich ausgestellt wurden.

Überall hängen in Museen Frontaldarstellungen nackter Frauenkörper. Arm in Arm gehen Paare, Männer jeden Alters und sogar mittelalte oder ältere Frauen von einem Gemälde zum nächsten. Weil sie an patriarchale Verhältnisse gewöhnt sind, haben sie Angst, Neid, Wut oder Entsetzen in sich zum Schweigen gebracht. Was also kann daran problematisch sein, heutzutage vollständig nackte Männerkörper zu betrachten?

Vielleicht können es Männer nicht ertragen, insgeheim und unaufhörlich von *Frauen* mit anderen Männern verglichen zu werden, die jünger oder schöner sind. Vielleicht aber handelt es sich auch um etwas anderes.

Anders als zum Beispiel da Vinci, Verrocchio und Michelangelo malt Sleigh ihre nackten Männer als Frau für Frauen und nicht als Homosexueller für Homosexuelle. Sie hat mit einer sehr langen Tradition narzißtischer Phallusverehrung und homosexueller künstlerischer Anbetung männlicher Schönheit gebrochen. Auf ihren männlichen Nacktdarstellungen überträgt sie nicht bestimmte weibliche Züge auf junge männliche Modelle (Liebhaber und Lehrlinge), um einen Adam, einen Christus oder eine Jungfrau Maria zu schaffen. Ihre männlichen Aktdarstellungen sind behaart, anmutig, «männlich», aber in bezug auf ihre Muskeln keineswegs idealisiert. Sie haben ihre Grundlage nicht in einem männlichen Narzißmus und können daher das Interesse von *Frauen* ansprechen. Darin sehe ich die Quelle ihrer «Schwierigkeiten» und ihre Radikalität.

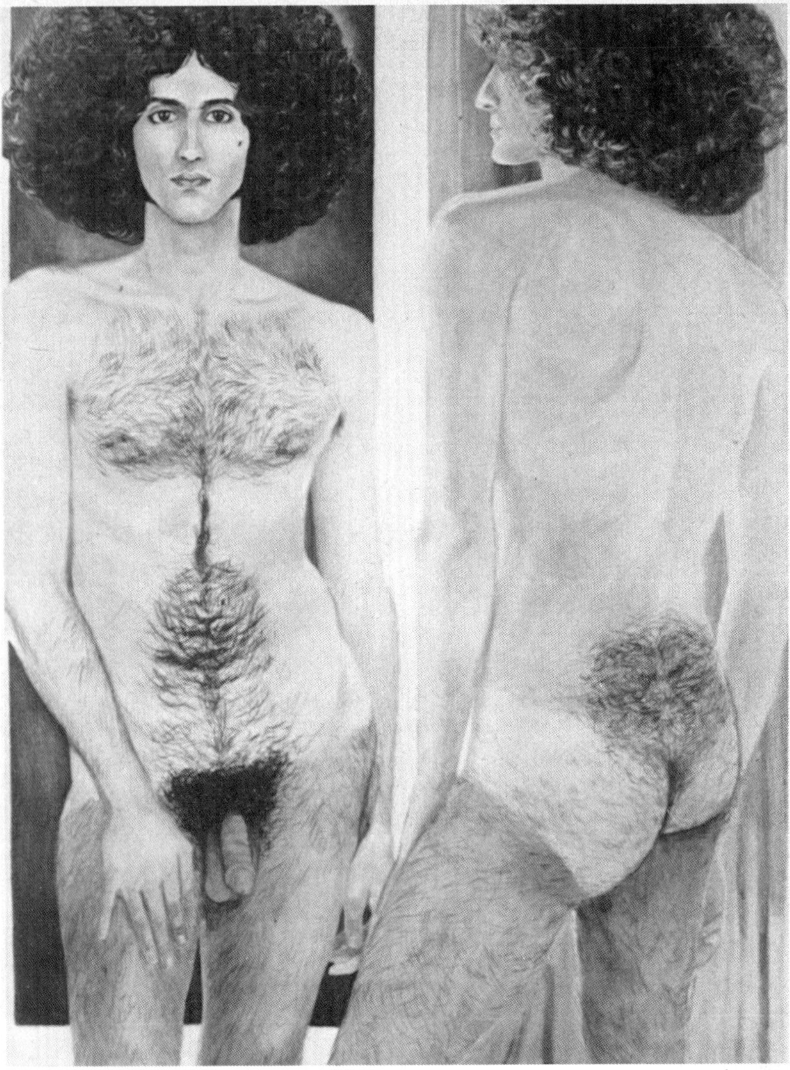

Henri Rousseau, *Der Traum*
1910, Öl auf Leinwand
The Museum of Modern Art, New York
Geschenk von Nelson A. Rockefeller

Noch faszinierender als die Betrachtung frontaler Darstellungen nackter Frauen ist es zu sehen, bis zu welchem Ausmaß Frauen auf eben den Bildern nackt sind, auf denen Männer eigenartigerweise vollständig angekleidet erscheinen und häufig mit Zylinder, Morgenmantel, Krawatte oder Monokel auftreten. Es gibt so viele Gemälde nackter Frauen beim Picknick auf Wiesen mit Männern, die formell und korrekt gekleidet sind, daß es eine eigene Aufgabe wäre, sie hier abzubilden. Daneben gibt es Darstellungen nackter Frauen mit oder ohne abstoßendes Schamhaar oder Achselhaar, von Frauen, die zu Hause sind, auf dem Balkon sitzen oder sich beim Klang einer Lautenserenade in der Natur verbergen.

Henri Rousseau hat auf einem meiner Lieblingsgemälde, das den Titel «Der Traum» trägt, eine bezaubernde junge Frau dargestellt. (Männliche Maler zeigen uns nicht oft bezaubernde oder schöne alte Frauen.) Sie ruht auf einer viktorianischen Couch. Ihr nackter Körper ist uns zugewandt, und sie wird von einer wunderbaren Ansammlung freundlicher Tiere und Pflanzen umgeben. Auf dem Gemälde gibt es auch einen Schwarzen, der ein Musikinstrument spielt. Sein Penis aber wird durch ein vielfarbiges Lendentuch verborgen. Selbst im Traum, in einer Phantasie des Gartens Eden, ist es uns nicht gestattet, den geheiligten männlichen Penis zu sehen. Selbst in einer Umgebung, die die ganze komische Unschuld der *Natur* ausdrückt, ist der männliche Penis allzu heilig oder verwundbar, um gezeigt zu werden.

Er fragte mich, ob ich je mit meinem Vater geschlafen hätte. Ich schaute ihn an, kicherte und sagte: «Nein.» Er sagte: «Hast du schon einmal daran gedacht, mit deinem Vater zu schlafen?» Ich sagte: «Ja.» Und da sagte er: «Gut, wenn wir miteinander schlafen . . . dann stell dir vor, daß ich dein Vater bin.» Ich tat es und es war ein ungemein schönes Erlebnis.

Susan Atkins alias Sadie Mae Glutz, ein ‹Manson-Mädchen›, vor Gericht, zit. nach: Vincent Bugliosi und Curt Gentry, Helter Skelter

ALBRECHT ALTDORFER *Lot und seine Tochter*

Altdorfer hat den «lasterhaften» wollüstigen oder animalistischen Aspekt des Inzests zwischen Vater und Tochter im Bild eingefangen. Auch hier wieder sehen wir einen Vater allein mit einem seiner

Kinder. Die Mutter erscheint nicht. Wahrscheinlich ist sie im Kindbett gestorben, geschieden oder auf Grund ihrer eigenen Bosheit oder Dummheit nicht anwesend. Lots Weib, in diesem besonderen Fall, «blickte zurück» – und erstarrte zu einer Salzsäule. Zurückzublicken war ein Akt des Mitleids und der Trauer. Dennoch wurde sie augenblicklich von ihrer Strafe getroffen. Ich habe nie gehört, daß Gelehrte oder Ungelehrte – anders als im Fall des Orpheus – über diese menschliche Geste und ihre Bestrafung traurig gewesen wären.

Das die Beziehungen zwischen den Geschlechtern bestimmende Verhaltensmuster in der patriarchalen Gesellschaft ist das eines Inzests zwischen Vater und Tochter. Jungfräuliche Tochtergestalten sollen sich mit erfahrenen Vaterfiguren paaren, um ihnen eine göttliche männliche Nachkommenschaft zu gebären. Für Lots besondere Geschichte gibt es verschiedene psychologische Interpretationen. Eine verweist auf den verdrängten – oder auch nicht so verdrängten – Wunsch der Tochter, an die Stelle der Mutter zu treten, vor ihrer Mutter zu fliehen und Befreiung darin zu finden, mit ihrem Vater zu schlafen. Eine andere Interpretation oder Rechtfertigung des Inzests zwischen Vater und Tochter bezieht sich auf das Überleben der menschlichen Art. Bei traditionell hoher Sterblichkeit von Müttern und Säuglingen müssen Männer nach dieser Auffassung zu Zwecken der Fortpflanzung immer jüngere Mutterleibsmänner zur Verfügung haben.

Eine dritte Interpretation der Geschichte Lots ist etwas ungewöhnlicher. Mary Cahn-Schwartz schreibt in «Lilith» (1976/77): «Nachdem Sodom und Gomorra zerstört worden sind, fürchten Lots Töchter, mit einem altersschwachen Vater auf Erden alleingelassen zu werden. Die beiden Schwestern überlegen gemeinsam, wie sie ihre Welt bevölkern wollen. Mit einer in der Genesis seltenen, bemerkenswerten Geschwisterharmonie gehen sie zu Werke. Sie machen ihren Vater betrunken und legen sich dann eine nach der anderen zu ihm. Beide werden sie schwanger und sehen also ihren Wunsch erfüllt. Was diese Frauen von den übrigen der Genesis unterscheidet, ist der Umstand, daß sie von ihrer Gesellschaft vollständig isoliert sind. So gut sie es können, entwerfen sie sich ihre schöne neue Welt selbst. Durch traditionelle Frauenrollen sind sie nicht gebunden.»

JEAN AUGUSTE DOMINIQUE INGRES *Jupiter und Thetis*

Dieses Gemälde zeigt uns eine oberste männliche Gottheit, erhaben, majestätisch und unbewegt. Sie steht ganz im Kontrast zu dem fließenden Profil der weiblichen Halbgottheit Thetis. Wir sehen hier eine männliche Frontaldarstellung, aber sie wird majestätisch bedeckt. Denn Jupiters Penis ist nicht sichtbar. Thetis, eine Nymphe, eine verwundbare Tochterfigur, fleht Jupiter an, eine Beleidigung zu rächen, die ihrem Sohn, Achilles, angetan worden ist.

Selbst wenn die geschmeidige, schwanennackige Bittstellerin Jupiter auf dem Thron oral zum Orgasmus bringen könnte, würde dieser auf Grund seiner patriarchalen Stellung kaum irgendein Gefühl und sowenig Verlust an Selbstkontrolle wie möglich zeigen, auch wenn er sexuelle Lust empfände. Zweifellos ist Jupiter durch die besorgte und wachsame Eifersucht seiner Frau, die am linken Bildrand dargestellt ist, nicht beeindruckt . . .

Wie vergeßlich, wie undankbar sind die Söhne von Müttern. Schließlich wurde Jupiter selbst durch seine Mutter davor bewahrt, von seinem Vater, Saturn, verschlungen zu werden!

Auf wie groteske Weise sind nicht Söhne, die von Müttern aufgezogen oder durch sie vor ihren Vätern bewahrt wurden, treu! Sie behandeln alle anderen Frauen als zweitrangig. Wie viele Söhne, die von Müttern beschützt worden sind, ist Jupiter weder anpassungsfähig oder emotional in seiner Erotik noch sexuell monogam, noch auch daran gewöhnt, daß ihm heterosexuell etwas geschenkt wird oder daß ihm Verwundbarkeit bzw. Gefühlsregungen von seiten anderer gezeigt werden.

PEELLAERT *Die Rolling Stones*

5. Brüder

ALBRECHT DÜRER *Kain tötet Abel*

Dieser Holzschnitt stellt die ursprüngliche Brutalität dar, mit der die meisten Männer ihr Verhältnis zu ihren Brüdern ausagieren. Trotz «Altherrenvereinigungen», Versöhnungen zwischen Vätern und Söhnen, einem verbalen Aufruf zur «Brüderlichkeit», trotz Judentum, Christentum, Islam, Hinduismus, Buddhismus, Kommunismus, Existentialismus und Humanismus führen die meisten Ideologien, wenn sie in die alltägliche Praxis der Menschen übersetzt werden, nicht zur Liebe zwischen Blutsbrüdern oder zwischen «Brüdern».

«Wenn du zum Weibe gehst», sagt Nietzsche, «vergiß die Peitsche nicht.» Kluge Despoten haben diese Vorsichtsmaßnahme nie auf Frauen beschränkt. Sie haben, auch wenn sie mit Männern zu tun hatten, zur Peitsche gegriffen und sind dafür von den Männern, über denen sie die Peitsche geschwungen haben, noch mehr idealisiert worden als von Frauen.

Bernard Shaw, Pygmalion

Blutsbrüder sind Männer, die denselben Mutterleib miteinander geteilt haben. Blutsbrüder sind Männer, die demselben väterlichen Samen entstammen. Blutsbrüder sind Krieger, die das Blut Fremder gemeinsam vergießen.

Mord bietet unbegrenzte Entfaltungsmöglichkeiten der Brüderlichkeit. Wie viele Brüder kann ein Mutterleib letzten Endes hervorbringen?

Brudermord bedrohte die Grundlagen der menschlichen Gesellschaft, sobald die Väter allen ihren Söhnen zu überleben gestatteten. Der Antrieb zum Brudermord mußte von der eigenen Familie weg nach außen gewendet werden. Die innerfamiliäre Bedrohung mußte in anderer Weise zum Ausdruck gebracht werden: durch Stammeskriege, durch Religionskriege, durch nationalistische Kriege und durch den Atomkrieg.

Die Grundlagen der menschlichen Gesellschaft ruhen auf solchen Sublimierungen.

Nachdem ein Spieler ein Tor geschossen hat, berührt er mit einer magischen Handbewegung die Handinnenseiten seiner Mannschaftskameraden, die ihm ihrerseits einen Schlag auf den Hintern geben. Es ist eine brüderliche Versicherung des *gemeinsamen* Siegs, eine rituelle Erinnerung an etwas, das vermieden werden muß. Kraft dieser Erinnerung wenden die Krieger ihre brüderliche Wut nach außen, gegen die Männer in einer fremden Uniform. Derlei Gesetze und Gebote sowie der für Frauen mysteriös bleibende Handschlag veranschaulichen den harmlosen Sport des Brudermords.

FRANCISCO GOYA *Wunderbares Heldentum! Gegen Ermordungen!*

Daß Männer andere Männer nach deren Tod verstümmeln, ist eine während Kriegszeiten übliche Praxis. Sie trieb Goya zum Wahnsinn. Doch selbst er, der Meister des grauenhaften Details, konnte sich nicht überwinden, die sexuelle Kastration von Männern durch Männer darzustellen. Zweifellos wird mit diesem Bild auf sie angespielt, aber die fehlenden Geschlechtsorgane sind nirgendwo zu sehen. Der vom Rumpf getrennte Kopf bewahrt eine unerträgliche Würde; er ist stumm, stolz und hält angesichts einer Landschaft voll männlicher Verrohtheit die Augen geschlossen.

FRANCISCO GOYA *Der 3. Mai 1808 in Madrid*

In den Uniformen ihrer Jugend marschieren erwachsene Männer, Väter, zugunsten des Krieges die Fifth Avenue entlang. Es ist ein Zug häßlicher Schulkinder mit den Bierbäuchen, schlechten Zähnen und ölverschmutzten Stirnen der industriell Verarmten, die gegen die Gesundheit, Schönheit und Anmut protestieren, um die man sie betrogen hat. Die Männer grinsen, treten wie Schafe auf der Stelle und warten noch, daß man ihnen sagt, was sie tun sollen. Sie sind zu alt, um zu kämpfen, aber ihre Söhne sind im richtigen Alter.

Der sadistische Schneid, mit dem Uniformierte voreinander salutieren, der sich langsam und rhythmisch bewegende Hintern eines Polizeipferdes, wie homo-sozial ist das doch. Gewehre und Trommelwirbel, das ist ein männliches Bacchanal, eine männliche Kriegsekstase, die Bruderschaft des Todes. Dies ist die Liebe, die zwischen Vätern und Söhnen sowie zwischen Brüdern erlaubt ist.

Nur durch solche unerfüllte Liebe zwischen Familienmitgliedern kann jedes Jahrhundert grinsend seine Quote an Kriegern und an Leichen erfüllen.

Krieger, das männliche Weibliche, eine Fülle klassischer Münzen, Männerprofile in Gold, Reiterstatuen, mächtige Kriegsfreude. Patroclus und Achilles, Jonathan und David. Liebe zwischen Brüdern.

PETER PAUL RUBENS *Allegorie des Krieges*

JACQUES LOUIS DAVID *Schlacht zwischen Römern und Sabinern*

Auf Rubens' «Allegorie des Krieges» und auf Davids «Schlacht zwischen Römern und Sabinern» sehen wir Frauen bei dem Versuch, mit ihren unbewaffneten Leibern Männer davon abzuhalten, *andere Männer und Kinder* zu töten. Dies scheint ihnen nicht zu gelingen. Das hat seinen Grund in der öffentlichen Machtlosigkeit von Müttern und im Fehlen «mütterlicher» Tugenden in militärischem und politischem Handeln. Die meisten Mütter besitzen nicht die Macht, Männer von dem «sinnlosen Töten» ihrer eigenen Kinder und der Kinder anderer Mütter abzuhalten. Keine militärische Streitmacht der Welt verlangt die ausdrückliche Zustimmung von Müttern, wenn Söhne (oder Töchter) zum Krieg eingezogen werden.

Doch Männer erzählen mir, daß der Krieg die Hölle ist und daß heroische Krieger, heroische Brüder nicht mehr existieren. Ich glaube ihnen. So haben zum Beispiel Heroen ihr Heim stets für mindestens zwanzig Jahre verlassen müssen. Wohin aber könnte ein Heros heutzutage gehen, *ohne* zu Hause zu sein? Es gibt Pepsi-Cola-Zeichen in jeder Stadt, in jedem Tal und in jeder Wüste dieser Welt; Dollarzeichen gibt es in den Herzen aller Menschen. jetzt sind wir *ein* Stamm, der mit sich selbst im Krieg liegt.

Es gilt nicht mehr als heroisch, auf geflügelten Pferden über rotglühende Berge zu fliegen. Jeder Flugzeugpassagier tut es. Nur die Leute in den Irrenanstalten und die, denen billiger Wein die Sinne trübt, fliegen wirklich. Nur die Verrückten denken, daß sie Christus oder Napoleon sind. Alle Männer haben Pläne für allerletzte Lösungen parat, sogar jene, die in ihrer eigenen Scheiße sitzen müssen.

Männer in den Aufzügen eines Bürogebäudes.
Sie stehen unbewegt, während sie emporfahren,
jeder vorschriftsmäßig mit Anzug, Hut und
Ausdruckslosigkeit bekleidet. Was passiert,
wenn ich mit diesem Mann hier sprechen
möchte? Und was passiert, wenn ich es nicht
kann? Was, wenn er nicht darauf programmiert
ist zu antworten und Amok läuft oder in Stücke
zerfällt? Die anderen Männer starren geradeaus
vor sich hin und warten darauf, auszusteigen.

RENÉ MAGRITTE *Der Menschensohn*

Der Menschensohn, wie Magritte ihn sieht, ist gesichtslos, anonym, auf 1984 gut vorbereitet. Die Identität dieses Menschensohns, sein Gesicht, bleibt auf immer und ewig durch die Ereignisse im Garten Eden und die Versuchung durch den Apfel ausgelöscht.

Obwohl sie durch Geld, Maschinen und neueste Errungenschaften geschützt, betäubt und in Zahlenkolonnen aufgereiht werden, sind Männer noch immer auf die Themen fixiert, über die ich im ersten Kapitel dieses Buches geschrieben habe. Sie hängen an ihrer Beziehung zu ihren verschlingenden Eltern, sie bleiben an ihre Angst, Sehnsucht und Verwirrung angesichts des Blutes der Beschneidung, Kreuzigung und Geburt gebunden.

Noch immer fühlt sich der Menschensohn verdammt und vertrieben. Noch immer bewegt er Himmel und Erde, um zu der Erlösung zu gelangen, die er sich ersehnt und die er *fordert*, um seiner Unschuld und seiner Unsterblichkeit sicher zu sein.

153 Brüder

In jüngster Zeit haben unsere Wissenschaftler über eigenartige Wahrnehmungen auf ihren Radarschirmen berichtet. Sie geben vor, schwarze und gelbe Giganten gesehen zu haben, haufenweise maskierte und schreiende Frauen – sowie etwas, das nach einer Käferplage aussieht. Käfer befanden sich in den Räumen hinter ihren Augen, durchdrangen alles und brachen in ihnen auf. Es schien, als sei ein Käfer im System, etwas Fremdartiges mitten unter uns. Die Wiederkehr des Verdrängten.

Männer aus der Arbeiterschaft – Prügel mit dem Koppelschloß des Hosengürtels, Fabriksirenen, eine Kindheit mit eingesperrten Sonntagen. Da gibt es den Tag, an dem man zum Friedhof geht, das Andenken des toten Sohnes ehrt, die toten Großeltern besucht und miteinander in Totenstille ißt. Welcher von diesen Männern möchte ein Liebhaber oder ein Heiliger sein? Das Kind, über das du lachst, das dir leid tut und mit dem du spielst – bis es Zeit ist, es zu kreuzigen.

Die meisten Männer würden lieber zur Menge auf Golgatha gehören – statt der einsame Kerl da oben am Kreuz zu sein. So ist es unter Brüdern seit jeher gewesen.

Am meisten war die junge Mutter durch ihre Augen beunruhigt, von denen eines dunkel- und das andere hellgrün war, als ob sie zwei verschiedenen Personen gehörten. Die älteren Schwarzen, die mit dem Sklavenhandel aus Übersee reiche Erfahrung hatten, sagten ihr, daß dies gewöhnlich geschehe, wenn die Mischung des Blutes bei der Zeugung zu schnell und lustlos vor sich gehen würde: in Gräben, auf der Landstraße und insbesondere auf Sklavenschiffen. An einem vorher festgelegten Tag, einen Monat bevor das Schiff seinen Bestimmungshafen erreichte, wurden die schwarzen Frauen im Meerwasser gewaschen, und es wurde den betrunkenen Seeleuten gestattet, sie zu vergewaltigen. Die Kinder aus dieser «Pariade» genannten eigenartigen Sitte trugen oft uneinheitliche und einander widerstreitende Gesichtszüge . . . Und dies war auch der Fall mit dem armen Kleinen . . . der in dem Wahnsinn und Durcheinander auf dem Schiff gezeugt worden war.

Bayangumay verzweifelte, wie sie es Nacht für Nacht während ihrer Schwangerschaft getan hatte. Damals hatte sie in ihren Träumen einen kleinen weißen Mann mit einer Peitsche in der Hand aus ihrem Unterleib hervorkommen sehen . . .

Dem Verlangen des Chevaliers entsprechend wurde ihr Körper mit Moschus und Salben, Cremes und Parfums behandelt. Sie wurde mit Armbändern und Fußspangen, mit kreolischen Halsbändern, mit Gold- und Silberornamenten, mit korallenen und granatfarbenen Ohrringen ausstaffiert. Dieser Aufzug, der in jener Zeit als «la pimpante» bekannt war, wurde durch ein hellgelbes Kleid aus Madras vervollständigt, das ihr das abwesende, exotische Aussehen eines Papageis verlieh. Der Chevalier zeigte sich bewegt durch den Anblick ihrer eigenartigen Melancholie.

Sie begann nachts zu schreien . . . In einem sich immer wiederholenden Alptraum sah sie sich in eine Statue aus Zucker verwandelt, die die Franzosen in Frankreich, weit hinten am anderen Ende der Welt, ganz langsam zu verzehren begannen. Zuerst brachen sie ihr die Finger ab, die ihr so lang und dünn erschienen, als seien sie beinahe unwirklich.

André Schwarz-Bart, A Woman Named Solitude

Paul Cadmus, *Zum Lynchen!*
1935, Bleistift und Wasserfarben auf Papier
Whitney-Sammlung, Museum of American Art

PAUL CADMUS *Zum Lynchen!*

Schwarze Männer sind durch Gefangenschaft, Verkauf und Verrat von seiten anderer Schwarzer in die Hände von Weißen geraten. Sie haben ihre afrikanischen Gefangenen als Sklaven in das katholische Europa, in das von Europäern besiedelte katholische Lateinamerika, in das islamische Asien und in die protestantischen Vereinigten Staaten verkauft. Unser Bild zeigt den Wahnsinn der Sklaverei, die Lynchjustiz, Folter und Kastration; es zeigt, wie Schwarze von weißen Männern als «fremdartige Früchte» an den Bäumen der Südstaaten aufgehängt werden.

Der Wirbel der Leidenschaft auf den Bildern von Cadmus beweist, wie schwer es Männern fällt, zärtlich, liebevoll und in dem sicheren Gefühl zu handeln, daß andere Lebewesen «Brüder» und keine «Fremden» sind.

Wer möchte schon ein Held oder ein Krieger sein? Wie viele Männer wagen es, die zahllosen käuflichen Mörder zu denunzieren – die vielen eitlen und ängstlichen Männer, die vielen Bankiers und überraschend kurz gewachsenen Obristen, die durch Folter und Betrug herrschen? Wer wagt es, all die Politiker anzuklagen, die nur Anweisungen folgen, die ja Familien haben, für die sie sorgen müssen? . . .

Wie wenige von den Herrschern unseres Planeten verstehen den Sinn oder die Konsequenzen ihres Handelns! Aber wir sollten sie nicht unterschätzen; denn sie tragen die Hypothek unseres Lebens.

Fernando Botero, *Die Familie des Präsidenten*
1967, Öl auf Leinwand
The Museum of Modern Art, New York
Geschenk von Mr. Warren D. Benedek

FERNANDO BOTERO *Die Familie des Präsidenten*

Dieses grotesk-komische Porträt einer Familie an der Macht gibt ein genaues Bild des Zustands der patriarchalen Familie und des Nationalstaats wieder. Alle Familienmitglieder (und sogar ihr Lieblingshund) sehen sich ähnlich. Es sind kurze, dicke, aufgeblasene, infantile und eitle Typen, nicht aber menschliche Wesen.

Wir hängen zumeist einem sentimentalen Familientraum nach. Wir träumen vom häuslichen Gelb Vermeers, von Harmonie, Gleichmaß, Sicherheit und Liebe innerhalb der Familie. Wir sind zumeist unwillig oder sogar unfähig anzuerkennen, daß die romantischen Illusionen in unserem Herzen der Wirklichkeit, die in Boteros Gemälde widergespiegelt ist, überaus ähnlich sind.

MAURICIO LASANSKY *Die Nazi-Zeichnungen*

Lasansky ist ein Überlebender der Konzentrationslager, der sich mit seinen Zeichnungen noch immer in ihnen aufhält. Sein Werk führt uns die dramatische Erfahrung dieses Überlebens vor Augen.

Auf der achtzehnten Zeichnung, einer blutbeschmierten Collage, tritt ein Kreuzigungsmotiv hervor. Die Mutterfigur im Mittelpunkt des Bildes wird durch ein Kreuz aus Zeitungsteilen aufgespießt. Auf dem Bauch der Mutter liegt ein Säugling, der das Grauen um ihn her nicht bemerkt. Es ist schwer zu sagen, ob er schläft oder tot ist. In einer anderen Ausarbeitung dieses Motivs ist der Querbalken des Kreuzes aus einer Zeitungscollage gebildet, auf der ein Artikel über einen SS-Mörder namens Kaduk erscheint.

Mit der zwanzigsten Zeichnung tritt ein neues Motiv hervor, die Häftlingsnummern der Konzentrationslager; sie werden von nun an auf jeder Zeichnung wiederholt.

Eine letzte Serie von fünf Porträts zeigt ein Gegenstück zu den

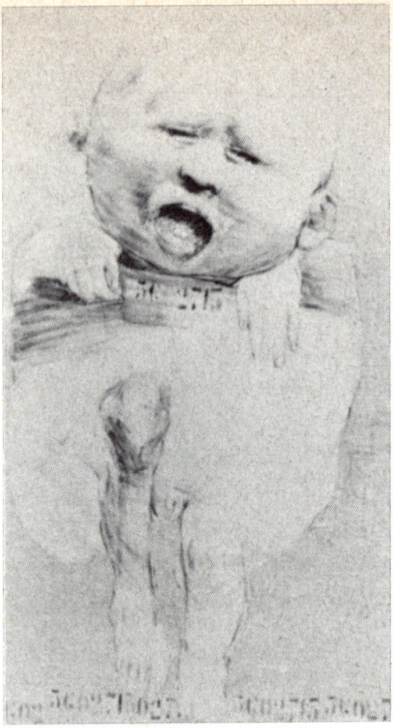

durch und durch mörderischen Killern mit den Totenköpfen an den Mützen und Uniformen, die auf den ersten vier Zeichnungen dargestellt sind. Die Kinder, die hier als Opfer auftreten, werden in ihrem schrecklichen Schmerz und im Endstadium ihrer Leiden gezeigt. Ihre aufgedunsenen Köpfe sind unverhältnismäßig groß gegenüber ihren kleinen, nutzlosen Händen. Sie wirken, als seien sie nur noch Verkörperungen des Grauens, dem sie unterworfen sind. Die unablässige Wiederholung der gleichen eintätowierten Häftlingsnummern scheint jede dieser Zeichnungen zu perforieren. Eine Ausnahme bildet lediglich die fünfundzwanzigste Zeichnung, auf der überhaupt keine Zahl erscheint. Vielleicht deshalb, weil sich in ihr ein wortloser Schrei verkörpert. Collagen, feingezeichnete Spinnwebennetze, über die Zähne zurückgezogene Lippen, die vor Schrekken grinsen . . . Das sind die immer wiederholten Motive eines Crescendo der einfachsten, unerhörtesten Grausamkeit.»

Aus der Einführung von Edwin Honig zu Mauricio Lasansky, The Nazi Drawings

Wenn ein Mann zuviel «versteht» oder zu viele «Fragen stellt», so führt das zu einer langsamen und schmerzhaften Kastration durch andere Männer, und Männer möchten solche Angelegenheiten gewöhnlich schnell aus der Welt schaffen.

Letztes Jahr erzählte mir ein junger Mann, daß er sich in unkontrollierter Weise verwundbar fühle, wenn er die Leiden anderer mitempfinde. «Ich fühle mich dadurch in Stücke gerissen und kastriert», sagte er. «Es wäre mir lieber, ich müßte einer Handvoll mit Messern bewaffneter Männer gegenüberstehen, als diesem schrecklichen Gefühl ausgesetzt zu sein.»

BEA KRELOFF. *Ohne Titel*

Kreloffs ertrinkender Mann hat etwas Infantiles und Machtloses. Es ist nicht zu erkennen, ob er Baby-Stiefelchen oder Astronauten-Stiefel trägt, ob er im Verlauf irgendeines schrecklichen Menschenversuchs vorgeführt wird oder als Held im Fernsehen erscheint.

Bea Kreloff hat viele Männer gemalt, die sich in Institutionen aufhalten. Wortlos und ohne einen Blick haben sie sich mit dem Schicksal von Gefangenen abgefunden. Schweigend erinnern sie uns an unsere soziale Schuld und Scham. Kreloffs Porträts von Männern berichten von den zahllosen ausgebrannten männlichen Opfern, die bei jedem männlichen Heroenkult auf der Strecke bleiben, und vom geistigen Bankrott der Vaterherrschaft und der Vaterverehrung, den Gabriel Marquez als den «Herbst des Patriarchen» bezeichnet hat.

Ja, und jetzt möchte ich die Männer preisen, die ihre Brüder geliebt haben, die sich gegenseitig nicht nur vor Frauen, sondern vor anderen, mächtigeren Männern beschützt haben, jene Männer, die zuviel «verstanden» haben. Doch mein Mund ist trocken vor Angst und Langeweile; denn diese Männer haben ihr eigenes Martyrium zu oft herbeigeführt, sie haben immer auch mein eigenes Unglück verursacht, sie haben so viele andere Männer im Namen brüderlicher Liebe getötet – und für mich ist ein für allemal Schluß mit dem Kult des Todes.

KÄTHE KOLLWITZ *Die Eltern*

... wie nutzlos alles wird, was wir hier tun, wenn wir vor den farbigen Fotos der Greuel stehen.

Ein Baby in dem Haufen krümmte sich, um die feuchte Brust seiner toten Mutter zu finden. Gerade hatte es gelernt, daß die Mutterbrust Sicherheit bedeutet – wie aber soll es sich die rote Milch erklären?

Dann wurde auch das Baby erschossen und mit dem Bajonett, bevor man's wegwarf, ganz sauber in drei Teile zerschnitten. Keine Worte nein, keine, keine Worte kann ich dich, mein liebes Baby, lehren, können die Schreie, die in deiner durchstochenen Kehle erstickten, wiederholen. Keine Einführung in irgendeine Analyse kann erklären, was mit einem Land los ist, daß $ 40000 für Farbaufnahmen der Greuel ausgibt, aber nicht genug Milch kauft, um seine eigenen Säuglinge vor dem Hunger zu bewahren.

Stop. Schluß mit allem. Schluß mit den Lehrveranstaltungen wie dieser. Streicht sie aus dem Vorlesungsverzeichnis. Ersetzt sie durch Seminare über die «Einführung in die Unterernährung», «Schlächterei für Fortgeschrittene» und «Ökologischer Selbstmord für sehr weit Fortgeschrittene».

Kenneth Pitchford, Color Photos of the Atrocities

Teil II

Die männliche Wirklichkeit – Autobiographische Porträts

1. Mein erster Mann: mein Vater

Sommer 1943. Meine früheste Erinnerung: Mein Vater steht nackt unter der Dusche und singt mir ein jiddisches Lied vor. Sein Penis ist weiß, ja, ganz weiß. Er steigt empor, steigt wie der Dampf des Wassers, wie meine Lust und wie die schockierte Stimme meiner Mutter: «Mach doch den Vorhang zu, schick sie da weg.» Ich war drei Jahre alt.

Das Haus meiner Großmutter väterlicherseits. Ein langer dunkler Gang, der auf das Wohnzimmer führt, Sonnenlicht auf den Sofadeckchen, noch eingewickelte Süßigkeiten, die Schriftrollen des Talmud hinter Glas. Die dunklen Röcke der Frauen bewegen sich, wie es ihnen gefällt.

Der Stiefsohn meiner Großmutter, mein Vater. Im Alter von acht Jahren in Polen zum Halbwaisen gemacht; seine Mutter wurde vor seinen Augen umgebracht. Als er zwölf war, starb sein Vater in Amerika, und er mußte die Schule verlassen. Bevor ich geboren wurde, fuhr er Taxi und war Fernfahrer, arbeitete als Cowboy und dann als Koch in allerlei Schnellimbißbuden. Während ich heranwuchs, fuhr er mit seinem eigenen Lkw durch die Straßen von Brooklyn und verkaufte Sodawasser, Selters, Bier und das Gerede vom Tage.

Ich liebte es, neben ihm auf dem Lkw zu sitzen. Ich liebte den Geruch von Benzin, männlichem Schweiß und Autowerkstätten. Ich liebte all die Jungen, die kurze Lederjacken und große Silberkreuze trugen. Sobald sich ihnen ein Erwachsener näherte, wurden auch sie so schweigsam wie Erwachsene. Meine Mutter sah sie als das an, was sie in Wirklichkeit waren, Tankwarte, Maurerlehrlinge oder Jugend-

liche, die sich in Spielhallen herumtrieben. Mein Vater und ich aber, wir fühlten uns mit ihnen verwandt.

Mein Vater war der erste Mann, den ich kennenlernte, der erste Mann, den ich geliebt habe, der erste Mann, der mich nicht heiraten wollte. (Kann es denn wirklich sein, daß ich niemals geschworen habe, meine Mutter zu erstechen? Nein, ich habe sie zu dunkel und wahrhaftig geliebt.)

Aber ich wäre mit ihrem Mann durchgebrannt. Warum nur hat mich mein Vater nicht eines Morgens um sechs, bevor er zur Arbeit ging, geweckt und geflüstert: «Sei leise» und «Ich hab dein Kleid, deine Bücher, deine Brille und die Gummibänder für deine Zöpfe eingepackt. Komm, wir hauen ab. Pssst! Weck deine Mutter nicht auf. Sie ist so erschöpft.»

Daddy, wie mühsam hast du mein langes Haar geflochten. Wie schnell hast du mir dabei einen Klaps gegeben, wenn ich mich zu heftig hin und her bewegte. Wie unwohl hast du dich bei dieser «Frauenarbeit» gefühlt, und trotzdem, wie liebevoll warst du dabei.

Schon als Kind wußte ich, daß meine Eltern mit nichts als ihren Kindern beschäftigt waren; sie waren es, die sie miteinander verbanden und voneinander trennten. Ihre Herrschaft als Erwachsene dauerte nur so lange, wie ihr erstes Kind abhängig von ihnen war. Mit vier kroch ich voll Angst an den Wänden ihrer Tyrannei entlang. Ich wurde bereits von Migräne geplagt und trug Augengläser aus Plastik, die beinahe so groß waren wie mein Gesicht. Nachts hielt ich im Bett den Atem an und stellte mir vor, ich sei Schneewittchen – und dann hatte ich Alpträume von verwunschenen Häusern und von meinem eigenen Tod.

Von Anfang an war meine Mutter davon überzeugt, daß es mit mir «kein gutes Ende nehmen» würde. Erst neun Jahre alt, hat es ihre Tochter bereits aufgegeben, sich nach einem jugendlichen Genie mit eigenem Swimmingpool umzusehen. Für sie war es klar, daß ich eines Tages in einem möblierten Zimmer leben, Drogen nehmen und Zigeunerkleider tragen würde. Mit dreißig, davon war sie überzeugt, würde es dann endgültig aus mit mir sein. Sie hatte nichts, womit sie mich zur Vernunft bringen konnte. Weder Kaschmir-Pullover noch Reisen nach Florida konnte sie mir bieten. Ihr Mann, mein Vater, arbeitete schwer und hatte kein Geld.

Nachdem es regelmäßig Auseinandersetzungen während der Mahlzeiten deswegen gegeben hatte, schickte mein Vater uns im Sommer mit Einkaufstüten und «Sonntagspullovern» in die halbvollen, scheunenartigen Hotels in den Catskill Mountains. Auf den Tischen lagen geblümte Plastikdecken, und die Duschen am Ende der Eingangshalle rochen nach Zwang, Scheitern und frühem Zubettgehen.

Den ganzen Sommer hindurch mußte mein Vater mir Geschichten von Kosaken und der Willkür von Gutsbesitzern, von Flucht und Enttäuschung erzählen. Die übrigen Gäste «paßten» mit ihren neuen Baumwollkleidern allenfalls auf ihre eigene, häufig in ihren Phantasien vorweggenommene Beerdigung. Als erinnerungslose, aber treue Abkömmlinge von hundert Dörfern, deren Oberrabiner untereinander verfeindet waren, gingen sie sich gegenseitig aus dem Weg. Oder waren sie bereits so argwöhnisch und mißtrauisch wie Stadtmenschen, die miteinander im Aufzug fahren? Sobald die Nikkerchen und Kartenspiele vorüber waren, ging die Sonne blaß über den baufälligen Gebäuden unter. Das magische Purpur und Rot ihrer letzten Strahlen behielt sie den anderen Hotels vor, aus denen man Frauen in engsitzenden Kleidern spät in der Nacht hilflos lachen hörte.

Was macht mein Vater nur ohne mich und so weit weg von mir während der ganzen Woche?

Als gewisse Gerüchte über mich eines Tages meiner Mutter zu Ohren kommen, wendet sie sich an meinen Vater. Der läuft wutentbrannt die Treppe hoch, während meine Mutter ihm noch nachruft, er solle seinen Wagen nicht so einfach unabgeschlossen stehenlassen.

Ich saß gerade mit einigen Freundinnen bei Kaffee und Kuchen, als er rief: «Ein richtiges Flittchen! Und für so was schinde ich mich nun zu Tode. In meinem eigenen Haus muß ich mir das bieten lassen!»

Ich esse weiter von meinem Kuchen. Während ich langsam kaue, blicke ich meinen Vater an. (Ich weiß, wie gern *er* es hat, wenn ich auf seinem Schoß sitze.) Er langt über den Tisch nach mir.

«Nicht ins Gesicht», schreit meine Mutter. Meine Eltern erreichen mich im selben Moment. Meine Mutter hängt am Arm meines

Vaters, während er dabei ist, den Gürtel seiner Hose abzumachen. Beide haben hochrote Gesichter.

«Geh mir aus dem Weg», warnt mein Vater die Mutter. «Du wirst heulen», keucht er. «Ich werd dir Grund zum Heulen geben!» Ich fange an zu schreien.

Er legt mich übers Knie und zieht mir die Hosen runter. Vor Schreck lasse ich einen fahren. Er schlägt mir erst mit dem Gürtel, dann mit der flachen Hand auf den nackten Hintern. Meine Mutter versucht ihn bei jedem Schlag zurückzuhalten. Meine Freundinnen ziehen sich verschreckt und neugierig zurück. Mein jüngerer Bruder steht im Türrahmen, kichert und ist froh, daß es nicht ihn erwischt hat.

«Halt die Klappe, oder du bist als nächster dran», schreit ihn mein Vater an. Schon bald danach werden meine jüngeren Brüder sehr viel weniger Liebe und sehr viel mehr Gewalt von seiten meines Vaters erfahren als ich. Schon bald werden sie sich gegeneinander wenden und bei meiner Mutter auf mir unvorstellbaren und verschlossenen Wegen Schutz suchen.

«Ich bin, verdammt noch mal, kein Landstreicher. Ich trinke nicht, ich treib mich nicht herum. Alles Geld bringe ich nach Hause. Was willst du denn von mir? Deine Mutter würde nie im Leben tun, was du tust. Von wem hast du das gelernt? Sticht dich der Hafer? Bekommst du etwa nicht genug zu essen? Ist dein Bett nicht weich genug? Erlauben wir dir nicht, deine Freundinnen und Freunde mit nach Hause zu bringen? Warum brichst du mir das Herz?»

(Daddy, Daddy, so nicht! Ich trage den Namen deiner Mutter und ich bin nicht tot. Also töte mich nicht.) Er fängt an zu weinen. Seine Stimme wird heiser. Er läßt den Gürtel auf den Boden fallen. «Nichts fällt einem in den Schoß, rein gar nichts. Was hätte ich nicht darum gegeben, eine Mutter und einen Vater zu haben, die für mich sorgen.»

Er sitzt eine Weile auf einem Küchenstuhl und beginnt dann im Raum herumzulaufen, ohne zu wissen, was er zu dieser Mittagszeit zu Hause zu suchen hat.

Zuweilen weckt mich der Tod mitten in der Nacht mit einem Schlag und führt mir das schweigende Profil meines toten Vaters im Sarg vor Augen. Manchmal kommt er jetzt durchs Fenster zu Be-

such; er trägt den Schlapphut und die «feine» Tweedjacke, die meine Mutter für ihn ausgesucht hat. Er riecht nach dem Dampf der Dusche, unter der ich ihn in seiner schönen Nacktheit beobachtete und ein jiddisches Lied singen hörte, als ich drei war. Als ich sechsundzwanzig bin, stirbt er an einem Herzanfall beim Schneeschaufeln im Winter.

Ich habe keine Familienerbstücke, keine Kerzenleuchter, keine durchbrochenen goldenen Ohrringe, keine Familienbibel, die hastig aus dem Getto geschmuggelt wurde, bevor sie es noch einmal niedergebrannt haben. Ich erbe seine sanften, breiten Lippen und meine eigene Zukunft.

2. Mein erster Ehemann – Männer im Iran

Sommer, Jahbad, Iran 1968. Der Basar, ein Durcheinander aus zum Kauf feilgebotenen Gegenständen von gehämmertem Silber, Schweizer Uhren, Gartenprodukten bis hin zu geschlachteten Schafen. Alles rennt und klingt durcheinander. Die eierschalene blaue Moschee, der Teeladen, ein Kind, das den Männern im Regierungsgebäude Tee bringt. Eine Kamelkarawane zieht vorbei. Die Frauen sind von Kopf bis Fuß schwarz verhüllt, schweigende Inseln, die sich durch ein Meer von Männern bewegen.

Bettelnde Kinder ziehen durch die Straßen; sie haben entzündete Augen und sind von ansteckenden Krankheiten befallen. Ich habe sie zuvor in Teheran, in Kabul, in Beirut gesehen. Auch hier in Jahbad warten ihre Mütter auf sie hinter Gebäudeecken und in engen Hauseingängen. Die Kinder zerren an meinen Mantelknöpfen, meiner Handtasche und meinen Einkaufspaketen. Sie schreien hinter mir her, bis sie ein neues Opfer sehen. Eines der Kinder winkt mit seinen Krücken, ein anderes hält seine Armstümpfe in die Luft. Es sind behelfsmäßige Bilder des Schreckens. Einige Passanten lachen über sie und bezeichnen sie als trickreiche kleine Teufel oder als verkleidete reiche Leute. Nur ein Verrückter – oder ein Ausländer – würde ihnen Geld geben.

Der Ruf des Muezzins hat etwas Verzauberndes und etwas Vertrautes; er ruft die Menge in den Außenhof der Moschee.

Barfüßig und einander sowohl unter der Kuppel der Moschee wie unter der Sonne gleich, sind die Männer einander für einen Augenblick auch vor Allah gleich. Sie knien nieder und beten in Richtung

Mekka. Diese Bewegung der Menge ist überraschend aggressiv und anmutig. Ihr gemeinsamer Fußfall verleiht ihnen eine merkwürdige, beinahe politische Immunität. Alles Gerede und jede Mordlust verliert sich angesichts solch einer offenen Demonstration des Glaubens.

Ohne es zu wissen, bin ich zurückgewandert in die Vergangenheit der Menschheit. Es ist eine Erleichterung für mich, endlich in einen zwar leicht übertönten, aber dennoch ungebrochenen Ursprung der Menschheitsfamilie einzutreten. Ich kann hier im Schoß des Stammes niedersitzen und wissen, daß meine Ahnen noch mächtig und durchaus sichtbar sind.

Erst im Iran bemerke ich das tödliche und komplizierte Liebesspiel zwischen Männern. Hier, wo die Traditionen noch gelten, konnte ich sehen, wie mächtig und wie grausam Väter ihren Söhnen gegenüber sind. Ich bemerkte, daß Brudermord ein alltägliches und vertrautes Ereignis ist.

Hier, an einem «fremden» Ort, lernte ich zu sehen, was an vertrauteren Orten des Westens verborgen blieb. Hier, wo die Rivalität zwischen Männern zu einer hochgradig ritualisierten Trennung der Geschlechter führte, begann ich zu verstehen, daß auf Erden Männer und nicht etwa Frauen andere Männer aufs grausamste umbringen.

Ein Patriarch

Abdul Mohammed oder Agha Jaan – verehrter Meister – ist ungefähr sechzig Jahre alt. Ich bin zwanzig, die ausländische Braut seines drittgeborenen Sohnes, der vor zehn Jahren zum Studium nach Amerika ging und jetzt mit mir heimkehrt. Mein Schwiegervater begrüßt mich auf dem Flughafen von Jahbad. Von seinen schwarzen, samtigen Augen bis zu seinen schwarzen italienischen Schuhen ist er 1,80 m groß. Trotz seiner Größe wirkt er anmutig und geschmeidig. Sein schwarzes Haar ist dicht und nur an den Schläfen leicht ergraut. Er trägt einen breiten offenen Schnurrbart. Bevor er seine dunkle Brille wieder aufsetzt, kann ich seine Augen sehen, sie sind verführerisch, befehlsgewohnt und schweigsam.

Agha Jaan hat pflichtbewußt zwei Frauen verbraucht und ver-

braucht nun beinahe höflich seine dritte und jüngste Frau, die Ende dreißig ist. Er hat vierundzwanzig Kinder und vier Enkel. Als gläubiger Moslem raucht er nicht und trinkt keinen Alkohol. Auch seinen Söhnen gestattet er in seiner Gegenwart weder den Genuß von Alkohol noch von Nikotin. Seine Kinder grüßen ihn stets, indem sie rasch eine halbe Verbeugung ausführen und dabei zugleich nach seiner Hand haschen, um sie zu küssen.

Er ißt allein in einem Zimmer, das mit dicken braunen Teppichen und Samtvorhängen ausgelegt ist. Maryam, die vierzehnjährige Tochter seiner dritten Frau, serviert ihm das Essen. Wie eine Dienerin verbeugt sie sich beim Betreten und Verlassen des Zimmers.

Nach dem Essen geht Abdul Mohammed allein im Garten spazieren. Er liebt es nicht, wenn ihn seine Kinder oder seine Frauen mit der Bitte um eine Gefälligkeit oder um einen Rat stören. Nach seiner Auffassung versteht seine Familie nichts vom Leben.

Vor langer Zeit saß Abdul Mohammed im Gefängnis und wartete auf seine Hinrichtung. Er war ein Freund jenes Königs gewesen, der den Frauen den Schleier verbot, Krankenhäuser und Schulen baute sowie einen öffentlichen Busverkehr einrichtete. Der König, der, als er ins Exil floh, es nicht vergaß, einen kleinen Topf iranischer Erde mit sich zu nehmen.

Auch Abdul Mohammed floh, er ging nach Indien. Nach fünf Jahren durfte er zurückkehren.

Jetzt ist mein Schwiegervater mit seinen Erinnerungen so vorsichtig, philosophisch und diplomatisch wie mit den Ministern, den Mullahs, den Geschäftsleuten und Ausländern, die zum Tee kommen.

Als ich einmal an Gelbsucht zu sterben drohte, betete Abdul Mohammed in meinem Zimmer. Als niemand anderer zugegen war, fütterte er mich mit Eierschaum. Traurig, aber verschmitzt sagte er mir, seine Söhne seien keine wirklichen «Männer». «Ich bin noch immer größer als jeder meiner Söhne».

Söhne und Brüder

Abdul Mohammed war der bevorzugte Gesprächspartner seiner Söhne. Seine Person und seine Aktivitäten begeisterten sie. Sie verbrachten Stunden damit, sein nächstes «Manöver» zu erraten. Das war die einzige Kontrolle, die sie darüber ausüben konnten. *Sie* waren die wirklichen Frauen ihres Vaters. Trotz ihrer Anfälle von Melancholie, Selbstmitleid und Verbitterung erröteten sie vor Vergnügen, wenn ihr Vater einem von ihnen eine Gunst erwies oder ein Kompliment machte. Sogar ihre Rivalitäten untereinander verschwanden, sobald es etwas zu erörtern gab, was ihr Vater versprochen, getan oder gesagt hatte. Ihr Leben war vollständig in seiner Hand.

Hamid ist ungefähr dreiunddreißig Jahre alt. Er ist der älteste Sohn von Zamarut, der ersten Frau Abdul Mohammeds. Ali und Ibrahim, mein Mann, sind Zamaruts zweit- und drittgeborene Söhne. Ali ist dreißig und Ibrahim ist achtundzwanzig. Rashid ist der älteste Sohn von Rosia, der zweiten Frau Abdul Mohammeds. Er ist genauso alt wie Ali, besitzt aber einen geringeren Status als irgendeiner der Söhne von Zamarut.

Alle drei Brüder, Hamid, Rashid und Ali, arbeiten für ihren Vater in Positionen, die der Rangfolge ihrer Geburt entsprechen. Ihre Gehälter sind lediglich symbolisch. Sie treffen keine Entscheidungen. Alles gehört Abdul Mohammed. Sie sind noch die «Jungen».

Ali dient seinem Vater als Chauffeur, gießt ihm den Tee ein und erledigt Botengänge für ihn. Mit schwerfüßigem, unsicherem Gang legt er seinem Vater Briefe zur Unterschrift vor. Dabei zittern seine Hände, als wollte er sich entschuldigen oder um etwas bitten. Alis sorgfältig ausgearbeitete Pläne für eine Geschäftserweiterung werden durch die dünnen Brillengläser nur kurz betrachtet und verworfen.

«Laß das», sagt ihm sein Vater, «besuch lieber deine zukünftigen Verwandten.»

Ali setzt sich mit leeren Augen vor den russischen Samowar. Die Pläne hält er noch in seinen Händen; er nippt an seinem Tee und

bewahrt den beiden überarbeiteten und unterbezahlten Angestellten gegenüber, die hinter ihm sitzen, seine Haltung.

Ibrahim, mein Mann, ist eben von einem zehnjährigen Aufenthalt im Ausland zurückgekehrt, um den ihn viele beneidet haben. Hamid und Ali behandeln ihren Bruder höflich, aber vorsichtig. Sie wissen noch nicht, was für Absichten sie ihm gegenüber haben sollen. Ibrahim kann durch Abdul Mohammed oder den König «über sich hinausgehoben werden». Wenn er nicht gezwungen wird, seinen «natürlichen» Platz im Familiengeschäft unter der Kontrolle seines Vaters als dritter Sohn einzunehmen, dann werden sie auf ihn «aufpassen» müssen, um seine Karriere irgendwie für sich selbst nutzen zu können.

Zu seinem und ihrem Vorteil muß Ibrahim von seinem ausländischen und gefährlichen «Idealismus» gesäubert werden. Schnell und deutlich muß der im Westen erzogene Bruder daran erinnert werden, daß man das Gerede verängstigter Männer mehr fürchten muß als die Schande oder Enttäuschung tapferer Männer.

«Heißköpfigkeit» und «Ungeduld» müssen «abgekühlt» werden. Die meisten nach dem Examen aus dem Ausland zurückkehrenden Studenten enthalten im Iran untergeordnete, schlecht bezahlte Verwaltungsstellungen in Arbeitsbereichen, die mit ihrer besonderen Qualifikation überhaupt nichts zu tun haben.

Ibrahim glaubte, etwas mit Ali gemeinsam zu haben. Ali hatte fünf Jahre in Paris verbracht, Ibrahim zehn in New York. Wie bei den meisten Studenten aus dem Iran wurden auch für sie die monatlichen Geldzuwendungen von der Regierung streng überwacht. Es war nie genug Geld, um davon ohne Unbequemlichkeiten und Demütigungen zu leben. Doch was sie jeden Monat *erhielten*, war mehr, als sie in Jahbad in einem Jahr hätten verdienen können. Ihr Vater hatte sich «aus Prinzip» geweigert, ihre Wechsel zu erhöhen, auch wenn der Lebensstandard ihrer Gastländer noch so hoch war.

Sobald Alis Studium beendet war, erhielt er kein Geld mehr. Seine Regierung beorderte ihn in den Iran zurück. Abdul Mohammed suchte eine Braut für ihn aus. Nach fünf Jahren im Ausland glaubte Ali, beanspruchen zu können, was ihm gehörte. Er wollte im Iran ein angenehmeres Leben führen, als er es, auf sich allein gestellt, in Europa hätte tun können. Vielleicht würde es ihm auf dem

Umweg über den diplomatischen Dienst gelingen, nach Europa zurückzukehren.

Aber die Regierung brauchte keinen Mann mit einem Examen als Ingenieur. Sie brauchte einen untergeordneten Angestellten für die Registratur im Bergbauministerium. Ali zog sich auf sein Zimmer zurück, «um die Sache zu überdenken». Er blieb dort fast ein Jahr. Als er wieder auftauchte, stimmte er der Heirat zu und begann, für seinen Vater zu arbeiten.

Abdul Mohammed baute für Ali und seine Verlobte ein eigenes Haus. Darüber hinaus war es Ali gestattet, Stunden damit zuzubringen, mit seiner Verlobten zu *sprechen* . . .

Hamid, der älteste Sohn, war überaus eifersüchtig auf Ali. Hamid lebte mit seiner Frau, seinen Kindern, seiner Mutter und seinen jüngeren, unverheirateten Brüdern in dem großen Haus, in dem er aufgewachsen war. Und Hamid hatte *seine* Frau zum erstenmal bei ihrer Hochzeit gesehen. Und so mußte das auch sein. Aber war nicht er, Hamid, ebenso intelligent, modern und im Grunde *wichtiger* als sein jüngerer, im Ausland erzogener Bruder? Hamids Empfindlichkeit wurde nicht dadurch geringer, daß Ali in bezug auf sein «neues Haus» ebensowenig zu sagen hatte wie Hamid in bezug auf das «alte».

Jeden Abend erschien Ibrahim, umgeben von zahlreichen jüngeren Brüdern und begleitet von einer Menge Geschwätz. Jahbad hatte sich nicht verändert, aber es hatte sich doch auch wieder *vollständig* verändert.

Tor und Naim, die beiden Söhne Zamaruts im Studentenalter, sahen *beide* aus wie Abdul Mohammed. Sorgfältig und bedeutungsvoll nannten sie mich auf englisch ihre Schwägerin. Sie waren die Clowns der Familie, die sich witzig und klug über die iranische Gesellschaft lustig machten. Sie stellten Perser dar, die so sehr damit beschäftigt waren, sich gegenseitig zu grüßen oder miteinander zu schwätzen, daß sie ihre Verabredungen nicht einhalten konnten oder von feindlichen Kugeln getötet wurden. Sie spielten Heiratsvermittler, Mullahs, Idioten, Ladenbesitzer oder Bürokraten, die aufgeblasen waren vor Wichtigkeit und falschen Informationen.

«Schwägerin, hör dir an, was ich für einen Lehrer habe», sagte

Naim. Der Lehrer, ein Mullah, hatte sich in einem bequemen Zimmer des väterlichen Hauses eingerichtet, einen Diener verlangt und erhalten sowie eine große Menge Tabak und Süßigkeiten. Dann machte er sich daran, Naim das Alphabet beizubringen. Zwei Wochen lang lehrte er ihn jeden Tag den ersten Buchstaben des persischen Alphabets – Alif. Naim erzählte mir: «Ich habe insgeheim immer schon weitergelesen. Als mich dann der Mullah wieder und immer wieder aufforderte, ihm ‹Alif› vorzusagen, sprang ich auf und schrie ihn an, ‹Mullah, Be, Be, ich bin schon bei Be.›» (Natürlich mußte sich Naim entschuldigen und seine Lektionen dem Tempo des Mullah entsprechend beenden. Aber Naim verdroß das nicht, wie er mit schelmischem Blick zu verstehen gab. Schließlich war wenigstens einmal auf die Nacktheit des Kaisers hingewiesen worden.)

Ein amerikanischer Diplomat äußerte: «Wir können diesen Leuten unsere ‹moralischen› oder ‹kulturellen› Werte nicht auferlegen. Wir können ihnen in bezug auf ihr Regierungs- oder Justizsystem sowie in bezug auf ihre Behandlung von Frauen, Dienstboten oder Gefängnisinsassen keinerlei Fragen stellen. Denn es handelt sich bei ihnen um überaus empfindliche, sehr reizbare und sehr stolze Männer – die zufällig ein Stück Land besitzen, das für uns von Bedeutung ist. Wenn wir nicht sorgfältig vorgehen, lernen ihre Kinder vielleicht Russisch oder Chinesisch an Stelle von Englisch und Deutsch. Sie müssen sich immer vor Augen führen, daß wir hier nur Gäste, keine Eroberer sind.»

Oh, ja, Diplomaten haben für iranische Schulkinder keinerlei Verantwortung, die wunderschön, vielversprechend und spontan sind – bevor sie durch übermäßig strenge, verängstigende und schlecht ausgebildete Lehrer zerbrochen, zum Verstummen gebracht, beschämt und hoffnungslos gelangweilt werden. Amerikaner (und Russen) haben gelernt, daß es schlauer und nützlicher ist, sich in die farbigen Sitten der Einheimischen nicht «einzumischen».

Es gibt zum Beispiel ein Gefängnis in Jahbad, in dem seit sechzehn Jahren zehn Studenten sitzen, die es einmal gewagt haben, öffentlich gegen das schlechte Erziehungssystem des Landes zu protestieren. Sie sitzen nun hinter Gittern als farbenfrohe, einheimische Idioten.

Sogar ich war durchaus von dem großgewachsenen afghanischen

Verwandten aus dem Hindukusch begeistert, der den ganzen Weg nach Jahbad zurückgelegt hatte, um zum erstenmal in seinem Leben eine amerikanische Frau zu sehen. Er ließ mich mit seinem selbstgebauten Gewehr, seinem Bandelier und seinem Turban spielen. Er hatte eine Glatze, sanfte Augen und lächelte mild. Jeder meinte, er sei ein guter Mann. Als sein Bruder gestorben war, behandelte er seine Neffen wie seine Söhne, heiratete seine Schwägerin – und schloß sie fünfzehn Jahre lang ein. Eines Morgens fand man ihre Leiche. Sie hatte sich mit einem Turban erhängt. Mit einem farbenfrohen, einheimischen Turban.

Ach, die Frauen im Iran, die Frauen in der Welt des Islam! Ich war keine Feministin, doch wenn ich jetzt zurückdenke, sehe ich, wieviel ich dort hätte lernen können, wie weit mir ihre Lebensumstände den Blick hätten öffnen können für ihr überaus konservatives Verhalten, für ihre zärtliche Unterwürfigkeit, für ihre grausame Behandlung des weiblichen Personals und ihrer Schwiegertöchter, für ihren Mangel an romantischen Illusionen. Sie lehrten mich etwas in bezug auf die Frauen überall auf der Welt. Nur weil ich diese Erziehung überlebt habe, kann ich einiges von den Männern und Frauen im Iran erzählen.

Entbindungsanstalt in Jahbad. Die Korridore und Höfe dieses langen niedrigen Komplexes von Holzhäusern erinnern mich an das Rußland des 19. Jahrhunderts. Eine verschleierte Frau schlägt ein Bettuch gegen einen Stein, um es zu waschen. Ein Samowar kocht im privaten Wartezimmer des Arztes. Ein Mann, der einen Turban und einen langen gesteppten Mantel trägt, geht barfuß auf und ab. Der Arzt, der in Deutschland ausgebildet worden ist, begrüßt zuerst *uns* und wendet sich dann dem Mann zu. Barsch und ärgerlich fährt er ihn an: «Du hast deine Frau zu spät hierher gebracht. Das Kind ist bereits tot. Deine Frau wird es ebenfalls nicht überleben. Vielleicht hat sie nur noch ein paar Stunden.» Er wendet sich wieder uns als seinen Gästen zu und bietet uns Tee an. «Diese Leute aus der Provinz kommen immer erst, wenn es schon zu spät ist.» Der Mann beginnt wieder auf und ab zu gehen; der Arzt verrührt den Zucker in seinem Tee. Plötzlich brüllt ihn der Mann an und der Arzt brüllt zurück.

«Ibrahim», frage ich, «sollten wir ihm vielleicht Geld anbieten?

Können wir ihm helfen?» Die anderen sprechen zu schnell für mich; denn ich beginne erst, Persisch zu lernen. Ruhig übersetzt Ibrahim: «Der Mann weigert sich, irgendwelche Krankenhausgebühren zu bezahlen, weil er nicht nur die Beerdigung seiner Frau und seines Kindes bezahlen muß, sondern *jetzt* auch noch Geld braucht, um eine neue Frau zu kaufen, die für ihn kocht und sich um die anderen Kinder kümmert. Woher denn, in Allahs Namen, glaubt der Doktor, sei er in der Lage, das Geld zu beschaffen? Er mußte bereits den Wagen zahlen, mit dem seine Frau von ihrem Dorf hierher transportiert worden ist . . .»

Ich verließ das Krankenhaus, so schnell ich konnte, ich wollte nicht mit anhören, wie der Doktor hochmütig über die «rückständige, bäuerische» Mentalität des Mannes herzog. Ich wollte nicht die Schreie von Frauen hören, während wir zivilisiert an unserem Tee nippten. Auf dem Weg nach draußen nahm ich den Geruch von Blut aus einigen der Bettücher war, die zum Trocknen aufgehängt worden waren. Es war ein durchaus einheimischer und auf seine Art farbenfroher Geruch.

Und was war mit Ibrahim?

Frauen in schwarzen Tüchern drängen sich im hinteren Teil eines Busses zusammen. Ungläubig und nervös muß ich über sie lachen. Zwei Männer starren mich an.

Nach zwei Monaten bin ich meinem höflichen Hausarrest entflohen, doch nach zwei Stunden des Umherirrens habe ich genug davon. Ich habe mich verlaufen, ich habe Angst, und ich bin durstig. Ibrahim kam gerade aus dem Familiengeschäft. Er war überrascht und verlegen, mich zu sehen. «Ist irgendwas?» fragte er.

«Ich wollte einfach einmal die Stadt sehen. Ibrahim, können wir nicht einen Spaziergang machen oder irgendwo allein zu Mittag essen? Seit wir hier angekommen sind, sind wir nicht mehr miteinander allein gewesen.»

Wir gingen in das neue amerikanische Restaurant in Jahbad, eine Cafeteria, die industriell hergestellte grüne Bohnen serviert und Apfelkuchen, der nach Plastik schmeckt.

Ibrahim mochte nichts essen. Er suchte einen Platz für uns aus, an

dem «sie uns nicht würden sehen können». Unter dem Tisch klopfte sein Fuß nervös und verzweifelt einen Rhythmus.

«Ibrahim, ich kenne dich nicht mehr. Wer auch immer du warst und wer auch immer ich war – so kann ich nicht leben. Wir müssen ausziehen. Wir müssen unser eigenes Leben leben . . .»

«Wie können wir das tun, wenn du einfach in der Stadt herumrennst?» bricht es aus ihm heraus. «Weißt du, wie man mit Dienstboten umgeht? Sie würden dir Stein für Stein dein Haus stehlen. Sie würden in unser Schlafzimmer einziehen. Sie würden deine Unterwäsche verkaufen. Du würdest uns mit deinen Parties, mit deinem Tanzen und Trinken ruinieren . . . Verstehst du mich denn nicht? Diese Leute sind an so was nicht gewöhnt. Sie würden es nicht verstehen. Die Männer würden über uns klatschen . . .»

«Ibrahim, mit wem hast *du* nur geredet? Du weißt doch, daß ich keine wilden Parties gebe oder trinke. Du kannst doch nicht glauben, daß es wirklich darum geht. Wir können unser Leben nicht damit zubringen, zwischen den Verschreckten und Idioten beim Tee einzuschlafen. Was werden denn die Leute wirklich mißverstehen? Daß ich mit dir in unserem eigenen Haus allein sein möchte? Daß ich arbeiten möchte? Daß ich es nicht ertragen kann, den ganzen Tag mit verängstigten Frauen eingeschlossen zu sein?»

«Aber wer schließt dich denn ein, du verdammte Idiotin? Diese Frauen sind glücklicher, als du je sein wirst . . . Warte nur ab, auch hier werden sich die Dinge ändern. Aber ich muß ganz besonders aufpassen. Jeder wartet nur darauf, daß ich etwas Falsches sage, einen Wutausbruch bekomme und irgend etwas kritisiere. Doch ich werde das nicht tun. Ganz gleich, wieviel es mich kostet, ich muß dazu beitragen, dieses Land zu ändern. Wenn du es mir nicht unmöglich machst, werde ich eines Tages dazu in der Lage sein, hier etwas zu verändern. Dann wirst du hier nicht ‹eingeschlossen sein›, sondern reichlich zu tun haben. Ich werde dich brauchen, um den Leuten etwas beizubringen, zu erklären und mir zu helfen.»

«Ibrahim, laß uns doch nicht den ‹Osten› und den ‹Westen› miteinander vergleichen. Wir sollten vielmehr über *uns* reden. Warum hast du mir nie gesagt, daß deine Mutter verrückt ist, daß du deine Brüder haßt, daß du vor deinem Vater furchtbare Angst hast und daß man dir mißtraut, weil du so lange fort gewesen bist?»

«Ich werde hier gebraucht», antwortete Ibrahim. «Darum brauche ich dich; denn du hilfst mir, bist mir eine Erinnerung und verleihst mir Stärke. Bitte, vertraue mir; denn außer dir wird mir keiner vertrauen.»

Beide schwiegen wir sehr lange. Ibrahim hatte einen traurigen Zug um den Mund, und seine Augen waren geschlossen. Ich hätte ihn gern getröstet, aber was konnte ich ihm sagen? War er es, mit dem ich gesprochen hätte? Er war mir fremd.

Unbarmherzig legte sich der Winter über Zentralasien. Die Nächte waren schon unerträglich kalt. Eines Nachts lag ich wach, als ich das Knurren mehrerer Hunde hörte. Vom Fenster meines Schlafzimmers aus konnte ich fünf schmutzige, hungrige Bastarde sehen. Sie waren irgendwie über die Mauer gekommen und hatten Lara, unser Lieblingstier, ein verkrüppeltes Reh, in die Ecke getrieben. Sie fraßen sie bei lebendigem Leibe und nagten wie besessen an einem ihrer Hinterläufe. Ich rannte die Treppe hinunter. Die Hunde heulten und zogen sich zurück. Ihre Augen glühten vor Angst und Haß. Das Reh war nur noch ein Haufen Fleisch, in seinen großen Augen spiegelte sich der Tod. Einer seiner Hinterläufe war bis auf die Knochen abgenagt. Weiß und stumpf lag er im Licht der Sterne. Im Haus gingen die Lichter an. Man fragte, was los sei. Dann erst verschwanden die Hunde in der Dunkelheit, nachdem sie zunächst noch immer um ihr Opfer herumgestrichen waren. Ich durchschnitt die Kehle des Rehs mit einem Küchenmesser . . . Ein verschlafener, verängstigter Nachtwächter bat jeden einzelnen von uns um Verzeihung.

Zum erstenmal in meinem Leben bin ich ohnmächtig geworden. Ich liege mit Hepatitis im Bett und mein Gesicht ist von demselben schmutzigen Gelb wie die Zitronen, die ich lutsche, um meine Ekelgefühle zu überwinden. Ich träume von Kürbistorte, Eis mit Sahne, dicken gebratenen Steaks und Schokoladenkuchen, aber ich kann nichts essen. Gestern bin ich ins Badezimmer gekrochen, um mich zu übergeben. Mein Blick fiel auf eine neue Nummer des *National Geographic.* Die Titelgeschichte behandelte die Hunzas, die ein langes und glückliches Leben führen – und hier ganz in der Nähe wohnen. Fast idiotisch vor Angst lag ich am Boden und lachte. Mein Leben ist exotisch und abenteuerlich.

Letzte Woche kroch ich auf Händen und Knien die Treppe hinab, um irgend etwas zu essen zu finden. Ich war hysterisch vor Hunger. Es war spät am Nachmittag, und niemand schien zu Hause zu sein. Plötzlich traf ich Ali, der gerade seine Braut besuchen wollte. Ich bat ihn um etwas zu essen, um eine Kartoffel oder um Joghurt. Ali erklärte mir auf französisch, daß er keine Zeit habe, nach etwas Eßbarem zu suchen. Zamarut habe den neuen Koch gerade gefeuert, und er, Ali, habe sich bereits verspätet . . . Nach einer Pause sagte Ali: «Mir ist es unverständlich, wie Ibrahim dich hat hierherbringen können. Ich habe ihm das oft genug gesagt.»

Jahbad liegt unterm Schnee verborgen. In drei Tagen wird ein russisches Flugzeug aus dem Mittleren Osten erwartet, das nach Moskau fliegt. Der Arzt aus dem Tom Dooley Hospital hat mir eine schwarze Sonnenbrille gegeben, hinter der ich meine gelbsüchtigen Augen verberge. Eine Freundin hat mir illegal einen Paß besorgt. Meine Eltern haben sich bereit erklärt, den Flug zu bezahlen. Meine Flucht ist gut vorbereitet – als mir Abdul Mohammed einen iranischen Paß mit einem Visum überreicht, das sechs Monate gültig und aus «Gesundheitsgründen» bewilligt worden ist.

«Hier ist dein Flugticket. Es ist besser, wenn wir dich zum Flughafen bringen.»

«Du gottverdammte Hure», brüllt mich Ibrahim an, während ich packe. «Es wird mich Jahre kosten, den anderen zu erklären, wie du hier rausgekommen bist. Du mußt wiederkommen. Ich *verlange,* daß du wiederkommst.»

«Ibrahim, ich habe kein Geld, nur ein Flugticket. Selbst wenn ich wiederkommen wollte, könnte ich es nicht. Dein Vater will mich hier nicht haben. Darum gibt er dir kein Geld für mich . . .»

Eine grausame Auseinandersetzung, böse Worte. Ich fühle nichts, gar nichts – bis ich über Hunderte von Kilometern vereistes Land nach Taschkent fliege. Erleichternde, heftige Freude. Ich bin frei für einen neuen Anfang.

Jahbad, April 1962

Ich bin dabei, eine wichtige Persönlichkeit zu werden, für meine Frau aber bin ich ein Nichts, eine Fliege, ein Insekt.

Scheidung? Ich sehe dich im Zeugenstand. Du hältst einen Strauß verwelkter Rosen in der Hand und erzählst dem Richter, den sensationshungrigen Zeitungsleuten und Zuhörern alle intimen Details unserer Ehe. Warum willst du ein so schreckliches Drama inszenieren?

Jahbad, Juli 1962

Ich habe beschlossen, dir alles zu erzählen. Du sollst vollständige Klarheit gewinnen, um zu verstehen, was mit uns passiert ist. Bevor wir in Jahbad eintrafen, hatte mein Vater beschlossen, daß wir in seinem Haus leben müssen, damit du das Leben hier in seiner schlimmsten, aber auch in seiner sichersten Form kennenlernst. Deshalb stimmte er nie zu, daß ich für uns ein eigenes Haus baue oder miete. Ich habe dich immer belogen, als ich dir sagte, daß es nach meiner *Auffassung das beste für uns sei, wenn wir zusammen mit meiner Familie leben würden.*

Ich habe dich belogen, um jeden Konflikt zwischen dir und meinem Vater zu vermeiden. Ich habe dich belogen, weil ich nicht wollte, daß du es schwer hast. Zumindest hatten wir ein Dach über dem Kopf und etwas zu essen. Als ich mir gerade eine gewisse Position erkämpft hatte, wurdest du krank. Ich wußte nicht, was ich tun sollte oder an wen ich mich hätte wenden können, um unsere Schwierigkeiten zu beseitigen. Mein Vater rührte sich nicht . . . Du hast dann trotz meines Protestes darauf bestanden, in die Vereinigten Staaten zurückzukehren. Mein Vater hat dies zu seinem Vorteil ausgenutzt.

Als ich deinen letzten Brief erhielt, habe ich ihn meinem Vater gezeigt und mit ihm ein Gespräch von Mann zu Mann geführt. Ich bat ihn, mir zu helfen und mir Geld zu geben . . . Er weigerte sich rundheraus und mit allem Nachdruck. Ich habe die Kontrolle über mich verloren und mich mit ihm geschlagen. Das hat dazu geführt, daß er mich beinahe vollständig enterbt hat. Obwohl wir auch vorher schon nicht gut miteinander standen und selten ein Wort gewechselt haben, ist jetzt alles aus . . .

3. Männer auf der Universität

Februar 1962. Der Iran scheint sehr weit entfernt. In die Cafeteria unseres Colleges kommt ein barfüßiger Junge, der aussieht, als sei er gerade einem Bett voll Tau nach gnadenvollem Todeskampf entronnen. Dionysos geht vorbei. Letztes Jahr trug er Pennystücke in seinem Landstreicherherzen und fuhr den Wagen seines Vaters mit sadistisch hoher Geschwindigkeit eine unser beiden Küsten hinauf und hinunter. Wie lang wird es dauern, bis irgendeine Organisation ihn wieder eingefangen hat? Herein kommen die Lederjacken, die auf einem wilden, phantasierten Wind reiten. Erst jetzt sehe ich, daß ihre Angeberei und der augenzwinkernde Blick, mit dem sie durch einen Sandsturm zu blinzeln scheinen, in Wirklichkeit unschuldig und unbeholfen sind. Noch vor einem Jahr habe ich diese Jungen für Götter gehalten.

Der Friedhof auf dem Universitätsgelände. Lehrer und Witwen sind hier begraben wie viktorianisches Hauspersonal, das zu lang in der Familie geblieben ist, um noch anderswo hingehen zu können. Ihre ausgefransten Klavierdeckchen, ihre europäischen Bücher und ihre Jacketts mit Wildlederbesatz – das verstaubt jetzt irgendwo.

Unsere Seminarräume liegen in angelsächsischen Schlössern, die mit Efeu bedeckt sind. Ein Traum vom *Olde and Merrie England* über dem Hudson. Diese Räume sind erfüllt von theatralischen Männerstimmen. Sie scheinen Herren zu gehören, die links neben dem Kamin stehen und mit einem imaginären Glas Sherry in der Hand ihr Gefühl, versagt zu haben, in tiefen, shakespearischen Rhythmen kundtun und hinwegerklären. Vor der kleinen akademi-

schen Welt spreizen sie ihre melodiösen, in die Höhe getriebenen und körperlosen Stimmen; sie verführen uns zur Passivität. Wir sollen die Macht Caesars vergessen, die Atombombenpilze des Krieges.

Professor Rousseau trägt eine Baskenmütze. Es ist die ewige Baskenmütze des mittelalterlichen Professors, der sich als Schürzenjäger betätigt, eines zwanghaft unbefriedigten Satyrs. Ist diese Baskenmütze ein Zeichen der Sehnsucht nach einem rebellischen Exil in Paris, zu dem es nie gekommen ist? Ist ihr Träger ein revolutionärer Buchhändler? Oder ist er nur ein Schulmeister in der Rolle des Verführers?

März 1962. Männer an der Universität, weltliche Rabbis, Forscher als Ehemänner, Bewerber um den Thron der Aufklärung und des Reichtums. Sie treffen ein in Begleitung von Frauen, die große Abendgesellschaften geben können, glänzendes Haar, herrliche Brüste und einen reichen Vater besitzen. Suzanna zum Beispiel hat cremefarbige, blonde Haut und reine, graue Augen. Wir lesen zusammen Proust. Sie beschließt, als entzückende Gastgeberin intellektuelle Aufmerksamkeit auf sich zu ziehen. Ihr Vater verstand es, überaus angenehme Urlaubssemester in Italien zu verbringen.

Was ist wohl aus ihr geworden? Ist sie schon eine der hohläugigen Professorenfrauen, die zuviel reden oder zuviel schweigen und von den jungen, heftigen intellektuellen Mädchen in Angst und Schrekken versetzt werden, die jedes Jahr von ihren Ehemännern geerntet werden? Oder hat sie sich mit Tennis schlank gehalten? Hat sie sich vielleicht ganz den Kindern gewidmet und ist auf Grund ihrer Geduld für ihren Mann unersetzlich geworden? Männer an der Universität verlassen Frauen dieser Art mindestens zwanzig Jahre lang nicht . . .

Dann aber fangen sie an, Baskenmützen zu tragen, Liegestütze zu machen, ihre Seminare abzusagen und sexuelle Orgien oder politische Versammlungen mit ihren Studenten zu arrangieren. Gerade dann nämlich wird auch ihnen klar, daß sie sterben müssen.

April 1962. Ich bin verloren. Ich sage es unserem Starphilosophen, und er, der weiseste Mann der Universität, rät mir: «Verlieb dich doch einfach.»

Aber Proust beschreibt mich: «Diana, die den Lenden der Geldwechsler entsprungen ist.»

Von Baudelaire lerne ich: «Um dem unmittelbaren Gefühl des Todes zu entfliehen, hat der Mensch die Wahl zwischen Lust und Arbeit. Der Unterschied zwischen beiden besteht darin, daß das eine schwach und das andere stark macht.»

Durrell ruft mir in Erinnerung: «Ich habe von der Nutzlosigkeit der Kunst gesprochen, aber wahrhaftig nichts über ihre Tröstungen hinzugefügt . . . Nur in *ihnen* . . . kann die Wirklichkeit neu geordnet, überarbeitet und in ihren bedeutungsvollen Aspekten gezeigt werden . . . Auf uns Künstler wartet der freudige Kompromiß unserer Kunst mit all dem, was uns im Alltagsleben verwundet oder besiegt hat . . .

Diejenigen unter uns, die tief empfinden und sich der unentwirrbaren Verwicklungen des menschlichen Denkens bewußt sind, können nur eine Antwort geben – ironische Zärtlichkeit und Schweigen.»

Mai 1962. Das Semester ist vorbei. Alle sind abgefahren, haben ihre Plakate eingerollt, die halb beendeten Plastiken, die Bücher und abgeleierten Schallplatten wie Kinderspielzeug weggepackt.

Es ist Sommer. Nur zögernd verlasse ich die Universitätsstadt auf dem Land und begebe mich in das Brooklyn meiner Kindheit. Alles ist jetzt kleiner als zuvor. Riesige Kathedralen sind zu Spielzeugkirchen geworden, massige Schulbauten sind jetzt nur noch kleine Gebäude. Die Toten, das bittere Salz der industrialisierten Erde, sitzen noch immer auf der Veranda ihrer Häuser.

September 1962. «Roberto», sagte ich, «ich möchte Literaturwissenschaft in Yale studieren.» – «Phyllis, meine Liebe», sagte er, «das ist nichts, das ist doch gar nichts. Komm heut abend zu mir. Wir werden mit Jewtuschenko einen trinken. Du kennst sein Werk? Wir werden alles arrangieren.» Mit einem blütenweißen Gesicht, meinen langen schwarzen Zöpfen, meinen vollen Brüsten und meiner engen

Taille gehe ich zu ihm. «Reisen, Parties – sogar hier und da mal ein Posten bei einer Zeitschrift – das ist's, was sie will», sagte er, um mich zu ärgern, während er meinen Arm streichelte.

Roberto, mein Lehrer in drei wunderbaren Jahren. Wir redeten über Chaucer und Rabelais, über Cervantes und Montaigne. Jetzt jagst du mich um den Kaffeetisch, um das Bett, durch die ganze verdammte Wohnung, bis du ungeduldig und außer Atem brüllst: «Du Flittchen, du machst dich über mich lustig. Du wirst es nie schaffen, in Yale zu studieren, wenn ich das irgendwie verhindern kann.» Und ich habe es nicht geschafft. Eine weitere Anekdote kann klarmachen, warum ich mir späterhin nie Männer ausgesucht habe, die etwas an mir «verhindern» wollten.

Okober 1962. «Ich würde dich niemals opfern, nie ein Geschenk von dir annehmen, das du nicht geben möchtest», sagte der berühmte Kritiker aus Europa, legte seinen Arm um mich und küßte mich auf die Wange. «Leichtigkeit ist alles», sagte er, indem er leicht meine Brust berührte. «Ich kann dir sehr viel geben. Ich bin auf der Höhe meiner Potenz», sagte er, indem er meine Schenkel berührte. «Wenn ich mich frage, ob ich hier meine begrenzte Energie einsetzen soll, dann kann die Antwort nur lauten ‹Ja, es muß sein› oder ‹Nein, es ist vollkommen unmöglich›.»

Sollen wir weiter so miteinander reden, wenn wir zusammen ins Bett gehen? Und sollen wir nachher nicht das ungemachte Bett bemerken, nicht über unser Zusammensein sprechen und so tun, als sei nichts geschehen? Wäre dies nicht der Weg zu jenen Parties, auf denen ich seine Rivalen, andere arrivierte Männer, kennenlernen würde, die sich hinter cleveren Worten eine Szene wie diese mühelos würden vorstellen können?

Muß ich mich *schüchtern* einem Kentauren überantworten? Warum müssen sich Kentauren damit aufhalten, Frauen zu verführen? Wissen sie denn nicht, daß ich, wenn ich wirklich erregt bin, eines Abends an ihrer Tür erscheinen werde und dann noch heftiger als sie begehren werde, was sie als einen Austausch von Energie bezeichnen?

Ach, die Universitätsleute sind so müde, so besessen von Sieg und Tod. Bei Frauen müssen sie sich ausruhen, mit ihnen müssen sie

fliehen und falsche Siege erringen. Und dann stelle ich noch zu viele Fragen, so daß sie keinen Schlaf finden und über meinen grausamen Ehrgeiz verärgert sind. Mir können sie nicht mehr viel erzählen.

Vor allem aber sind sie nicht mehr schön oder verboten. Schwer, einen Tiresias zu finden, der beides ist.

4. Männer in New York City

November 1962. Über Manhattan ist weniger Himmel. Unser stählerner Griff in die Wolken hat die Menschen klein und auswechselbar gemacht. Er hat die Sterne ausgelöscht und mit ihnen die allen Menschen gemeinsame Hoffnung einer Perspektive. Unsere Körper und unsere Seelen werden verengt und verlängert, um den Verlängerungslinien der Architektur zu entsprechen. Frauen tragen grünen Nagellack und silberne Schuhe, um zu den grün verglasten Gebäuden aus silbrigem Stahl zu passen. Eine Vielzahl menschlicher Wünsche und Absichten verschmilzt mit der immer gleichen, scharfen, unverschämten Skyline. Und was für ein Märchenland ist New York auf Postkarten und in Träumen.

Heute bin ich die Fifth Avenue von der 57. bis zur 8. Straße hinuntergefahren. Als ich müde wurde, legte ich meinen Kopf gegen die große gebogene Glasscheibe des Fensters. Ein feiner, beinahe weißer Regen, der alles weich erscheinen ließ, weckte mich auf. Wenn es regnet, gewinnt Manhattan für mich etwas von einer europäischen Stadt. Ob der Regen in sanften Tropfen fällt oder in Güssen niedergeht, auf jeden Fall verändert er die Stadt. Er macht alle scharfen Ecken weich, verlangsamt unsere Bewegungen und versieht die Stadt mit einem natürlichen Hindernis, das gemeinsam bezwungen werden muß. Der Regen läßt diese Gemeinsamkeit deutlich hervortreten.

Heute sah ich einen ehemaligen Klassenkameraden aus meiner High School wieder. Er hatte sich verkleidet als Angestellter in der Reparaturwerkstatt eines Elcktrokonzerns. «Ach, so ist das!» So

sieht das also aus! Wenn du Menschen, die so alt sind wie du, in den Uniformen der Erwachsenen siehst, merkst du sofort, wie dürftig, wie traurig und unausweichlich der Mann zu seinem Job paßt, seine Angst zu ihrer Abwehr. Meine Klassenkameraden sind also schon Metzger und Bäcker oder arbeiten in Reparaturwerkstätten.

Februar 1963. Meine Jahre auf dem College sind vorüber, vorbei, seit sechs Monaten verflogen. Greenwich Village. Männliche Rükken beugen sich über Tafeln und hören nicht Interpretationen des Universums oder Selbstmorderklärungen zu, sondern Geschäften, Geldgeschäften, Musikgeschäften, politischen Geschäften oder Geschäften mit Drogen. Ich nippe an einem Capuccino in dem kleinen italienischen Café, das allein unverändert geblieben ist.

März 1963. In der Sauna. Gelangweilte weiße Menschen sitzen mit leeren und gleichgültigen Gesichtern herum. Nur die Schweißtropfen am Haaransatz und an der Kehle erscheinen gedankenvoll. Hier wird Sexualität – wie jeder Verweis auf etwas Subtiles oder Persönliches – durch die vielfache Wiederholung von Brüsten, Schenkeln und Bäuchen unterdrückt.

Während ich schwitze, wird mir die Gefahr massenhafter Nacktheit klar, die darin besteht, daß Menschen massenhaft verbraucht werden können. Die Frauen hier sind nicht «sie selbst». Sie gleichen einander viel eher. Ich verstehe jetzt, warum man von Soldaten verlangt, sich nackt auszuziehen und gemeinsam zu duschen, warum nackte Gefangene, nackte Sklaven, nackte Juden und nackte Frauen soviel Brutalität und Vergessen hervorrufen können.

Mai 1963. Ich warte auf einen Bus nach New York auf dem Port Authority Bus Terminal. Im Radio wird gesagt, daß ein wahnsinniger Frauenmörder aus dem Gefängniskrankenhaus geflohen ist. Ich stehe da inmitten von Seeleuten, Wermutbrüdern und Pendlern aus New Jersey. Leicht könnte ich das nächste Opfer des Killers oder seine Geisel werden.

Hausfrauen mit Lockenwicklern in den Haaren werden das Radio abschalten und alle Einzelheiten über sein letztes Opfer erörtern. Ein nach dem Buch gedrehter Film wird in kernigem Schwarzweiß

das Bild eines Amerika wiedergeben, das sich noch sehnsüchtig an die Zeiten erinnert, da man nach Lebensmitteln Schlange stehen mußte und auf die Lynchjustiz vertraute. Der amerikanische Mann, der den *National Enquirer* liest, stellt sich vor, jedes dumme Huhn sei eine Hure, und holt sich im Kino einen runter. Die Ankunft meines Busses wurde angekündigt; das setzte meine Phantasie erneut in Gang.

Oktober 1963. Ich ging Montag nachmittag in ein Kino am Times Square, um einen schwedischen Film über die «vergeblichen Anstrengungen bei der Resozialisierung jugendlicher Krimineller» anzusehen. Ich saß inmitten von Männern, die gekommen waren, um einen Film über ein Mädchen zu sehen, «das zu einem unnatürlichen Geschlechtsakt mit einem Hund gezwungen wird». Da saßen sie nun in ihren Mänteln, die Arbeitslosen, die Arbeitsunfähigen, die Nachtarbeiter, die Beamten, die Geschäftsleute mit Schal und Aktentasche und die Vertreter, die ein paar Stunden ausspannen wollten.

Mein Gott, glauben wir wirklich, daß wir keine weiteren Kriege haben werden? Solche Gelüste, so ein Selbsthaß und eine derartige Ruhelosigkeit *müssen befriedigt werden.* Ich glaube, daß diese Männer mehr an gewalttätigen Kriegen als an pornographischen Filmen interessiert sind.

September 1963. Auf dem Tingeltangel. Fette Männer, glatzköpfige Männer, arme Männer – sie alle fahren ab, wie sie als Kinder einmal abgefahren sind. Es ist wie eine Kommunion. Mannskinder schreien ihre Worte heraus und lassen sie sich dann wieder in den Schoß fallen. «Ja, mach ihn fertig, Baby. Gib ihm Zunder . . . ahh.» Jemanden fertigzumachen, was soll diese Muskelprotzphantasie an einem Ort voller Talmi wie diesem? Gewiß, Männer können nie als die Bräute von Fußballhelden im Rampenlicht stehen. Männer können sich nicht (wieder) ihr Herz von ihrem Vater brechen lassen. Das ist Frauenarbeit.

Auf der Straße. Männer und Frauen haben sich mit «Kostümen» verkleidet, die aus jeder historischen Epoche und von jedem Teil des Erdballs stammen. Cowboys und Indianer, Mädchen im Astronautenlook, Omas aus dem Wilden Westen und Pariser Chic – alle

gehen aneinander vorbei, alle treffen sich auf der Straße. Künstler einer schnellen Verwandlung durchleben noch einmal die Vergangenheit, suchen nach einem Fluchtweg, der bisher übersehen wurde. Es ist Karneval, und Rom brennt langsam – aber heller als das letzte Mal.

22. November 1963. Dallas in Texas auf den Fernsehschirmen in New York. Alte Glatzköpfe laufen würdevoll durcheinander. Pensionäre müssen plötzlich erkennen, daß die Jugend sich aus ihrer Zukunft davongestohlen hat. Diese Männer, die von der Geschichte bereits kräftig gebeutelt worden sind, marschierten heute durch Washington. Ein Doppelmord ist geschehen, eine Vatertötung und ein Sohnesmord. Denn für uns alle war Kennedy sowohl Vater wie Sohn. Und jetzt ist er tot. Davon wird sich das Land niemals mehr vollständig erholen. Das Land wird dies auf viele Jahre hin nicht verstehen können.

Weihnachtsabend 1963. Ich beobachte zwei europäische Schuhmacher bei der Arbeit. Eine Frau mit einem kleinen Jungen kommt herein. Sie setzt ihn auf einen Sitz, bindet sich die Schürze ihres Mannes um und fängt an, dem Kind die Schuhe zu putzen. Es ist wie eine liebenswürdige sexuelle Huldigung. Der Junge kann sich nicht halten vor Machtgefühl und Entzücken. Vor wenigen Augenblicken noch war er ein gefangenes Kind, jetzt ist er ein befehlender Jüngling. Der Vater schlägt ihm auf die Schulter und sagt ihm bärbeißig einige liebe Worte. Die Frau schweigt. Auch das Kind schweigt. Draußen, auf der East Seventy-ninth Street, ist es staubig und riecht nach Pinien.

5. Männer bei der Arbeit

Im Institut für Gehirnforschung, Mai 1966. Steve, mein Vorgesetzter, ist ein Mittvierziger, männlich, magnetisch, tödlich. Gekleidet wie ein Arbeiter, sitzt er unter Bildern von Einstein und Marx. Genialisch führt er Gespräche mit Behörden in Washington. Im Zeitalter einer eisigen Verwaltung fühlt er sich wohl. Nicht zufällig ist sein Labor mit untergeordneten Figuren besetzt, mit Studenten, die niemals ihre Dissertation beenden werden, mit europäischen Ärzten, die in Amerika nicht praktizieren dürfen, mit zuverlässigen technischen Assistentinnen aus Asien, die genau das tun, was man ihnen sagt.

Ich arbeite hart, lerne schnell und werde bald die einzige, die von ihm unabhängig ist und die er herausfordern, einschüchtern, übersehen kann – und insgeheim respektieren muß. Ich war die einzige, die in seinem Labor, seiner Festung, seinem Königreich, jemals ihre Dissertation fertiggeschrieben hat.

Im Labor fickt Steve jede zarte Elektrode, die er herstellt. Sein Becken ist dabei vorgebeugt, als müßte er auf einer Baustelle einen Preßlufthammer bedienen.

Amerikanische Wissenschaftler sind Faschisten, die aus ideologischen Gründen die Wirklichkeit mit Gewalt erstürmen. Eine Treppe höher, in der Neurophysiologie, habe ich gehört, daß der Projektleiter stets informiert werden will, wenn ein «akutes Präparat» – ein Hund oder eine Katze – nicht anästhesiert wird. Er schaut dann jedesmal zu, wie ein Unteroffizier, der das Verhör eines Gefangenen überwacht.

John und Aaron sind meine Kollegen. Für sie ist dieses Labor wie

ein Kinderzimmer, in dem ein Dutzend halb beendete Experimente herumstehen, von denen jedes voller Liebe begonnen worden ist und beiseite gelegt wurde, sobald einem von beiden ein neuer und noch interessanterer Gedanke kam. Steve spielt nicht die Mutter und räumt hinter ihnen auf. Er spricht mit ihnen wie ein Vater, bissig, verächtlich und drohend. Ihr Mangel an Disziplin, ihre Unfähigkeit, mit Autoritäten umzugehen, gefällt ihm ebensosehr, wie es ihn wütend macht.

Jeden Monat wird einer von den beiden «Jungen» gefeuert oder kündigt. Es gibt dann wütende Auseinandersetzungen, Türen fliegen krachend ins Schloß, ein Schreibtisch wird ausgeräumt – und am Abend ist dann John – oder Aaron – erschöpft, fühlt sich verloren und bedauert alles. Bei einem Kaffee in der Kantine des Krankenhauses hat er dann die beste Idee, die ihm überhaupt je gekommen ist, und er bleibt für den Rest des Tages. Das ist auch gut so, denn die Hälfte der Ausrüstung des Labors könnten wir ohne diese beiden genialischen Typen nicht wiederfinden. Sie bestellten oder bauten das meiste von dem, was hier ist, während Steve nur rumrannte, um das Geld aufzutreiben, mit dem die Dinge bezahlt werden mußten.

April 1967. Eines Tages wird Aaron auf einem Flugplatz entdeckt, als er versucht, ein Passagierflugzeug zu starten, um damit in den Himmel zu fliegen. Man steckte ihn in eine Irrenanstalt, und er wurde fett auf Grund von allerlei Tranquilizern und Süßigkeiten. Als er schließlich wieder im Labor war, saß Aaron lustlos an seinem Schreibtisch oder am Schreibtisch von jemand anderem, spielte mit Computerteilen und hörte manchmal mitten im Satz auf zu reden. Mir erzählte er, er sei in Wirklichkeit ein Dichter, kein Wissenschaftler. Eines Tages ging Aaron zum Haus seiner Mutter und schnitt sich in der Küche die Kehle durch. Im Labor wird seither nicht mehr über ihn gesprochen.

Sommer 1967. Wissenschaftler. Sobald eine neue Maschine geliefert wird, z. B. ein Computer, bleibt jede andere Arbeit liegen. Die Männer versammeln sich um «sie», als wenn es ein Mädchen wäre, das sie gerade zur Welt gebracht hätten oder mit dem sie es alle der

Reihe nach treiben könnten. Sie benehmen sich, als wenn es ein Millionen-Dollar-Baby wäre. (In Wirklichkeit ist es das.) Vor den Männern, die sich aufregen, fühle ich mich sicherer als vor denen, die schweigen. Sie sind die eisigen Einzelgänger, die tödlich Verstopften, die Männer mit weißen Socken, ohne Kinn und mit vollgestopften Aktentaschen, die ihre Entdeckungen mit einer vom Verfolgungswahn tonlos gewordenen Stimme oder in Form von glorreichen Siegesansprachen einer männlichen Zuhörerschaft vortragen, die darauf wartet, über sie herzufallen – oder ihnen in den Arsch zu kriechen.

Sven, in der Forschung, 1967. Am besten im ganzen Krankenhaus kann Sven, der aus Finnland stammt, mit dem Elektronenmikroskop umgehen. Als er angestellt wurde, war seine einzige Forderung, daß er eine praxiserfahrene schwedische Assistentin erhielt. Die war so hager und willig, wie ihre Mutter und Großmutter gewesen waren. Den ganzen Tag über murmelte sie in Gedanken vor sich hin und bereitete die Dias des Doktors ebenso sorgfältig und geschickt zu wie sein Mittagessen. Schließlich gab sie in etwas altmodischer Hingabe seiner Einsamkeit nach. Sie tat es ebenso geschickt und wirkungsvoll (anschließend Schnittchen und ein frisch gemachtes Bett), wie sie ihre Arbeit im Labor verrichtete.

Als sie fünfunddreißig war, sagte sie ihm eines Morgens, daß sie schwanger sei. Ihre lange, spröde Gestalt beugte sich dabei noch tiefer über das Mikroskop. Das Schweigen, das über ihnen lastete, dehnte sich wie der Gedanke, der einem spät am Nachmittag kommt. Sie begann zu weinen. «So ist das also mit den Frauen», dachte Sven zufrieden und ein bißchen ehrfürchtig. Sie heirateten, als sie im vierten Monat war.

Gedankenvoll und ruhig verbrachte Sven ganze Tage mit seiner Arbeit in New York. Seine Frau war immer an seiner Seite. Des Abends quoll seine Aktentasche über vor Papieren und Fotos, die sie ihm eingepackt hatte und die er nachts im Bett durchsah, bevor er das Licht ausdrehte und im Dunkeln für eine Weile dem Wecker und dem ruhigen Atem seiner Frau zuhörte. Sonntags machten sie gelegentlich Spaziergänge durch den Central Park.

Manchmal gingen wir mit ihnen essen. An solchen Abenden

zündete Sven überaus umständlich die Kerze auf dem Tisch an, räusperte sich und rückte seinen Stuhl zurecht. Er las laut die Speisekarte vor, zog einzelne Gerichte in Erwägung, verwarf sie wieder und entdeckte dann, was er jedesmal wieder bestellte. Möglichst schnell wollte er sein Essen haben. Im Gespräch wurde er locker und aufgeregt. Er wußte seit langem, daß es eine intensivere Form von Energie für ihn gab, eine lachende Gruschenka, die auf ihn an der Grenze seines schweigenden, vereisten Landes wartete.

«Ach, ja, ach, nein», rief er aus und war in seiner scheuen Klarheit bereits durch seine Erwartungen mädchenhaft verführt worden. Seine Freunde schienen alles zu erörtern. Sogar ihre Herzensangelegenheiten enthielten so viele Abweichungen und Unwägbarkeiten wie die Chromosomen, die er untersuchte. In der Mitte des Abends wurde sein Witz beredter. Ideen pulsierten an seinen Schläfen und in seiner Kehle. Er notierte die Namen von zwei Zeitschriften in seinem Notizbuch. Es war ihm eine Lust, Fragen zu stellen. Er betrank sich noch hoffnungsloser an seinen Worten, als er sich in seiner Studentenzeit in Finnland am Whisky betrunken hatte.

Während dieser Unterhaltungen saß seine Frau schweigend daneben. Sie war wie eines jener häßlichen kleinen Mädchen, die die mörderischen Regungen ihrer Mütter durch Gehorsam und aggressive Selbstgenügsamkeit zum Schweigen bringen. Sie hörte zu, wie ihr Bauch immer dicker wurde. Sie unterdrückte ihr Gähnen zwischen ihren langen, verängstigten Knien. Und sie wartete darauf, nach Hause gehen zu dürfen. Am Ende des siebten Monats weigerte sie sich, weiterhin an diesen Abenden teilzunehmen. «Die Politik bringt das Baby durcheinander», rief sie in ihrem runden, singenden Englisch.

Sven begann zu trinken. Seine Frau weigerte sich, weiter als seine Assistentin zu arbeiten. Er begann, sie zu schlagen. Sie hatte beinahe eine Fehlgeburt – gebar aber dann, wenn auch etwas zu früh, einen Sohn.

Die Arbeit des Doktors war nicht mehr dieselbe. Er erfüllte nicht die Erwartungen, die in ihn gesetzt worden waren. Der Abteilungsleiter, der es zum Millionär gebracht und einen Preis gewonnen hatte, verfügte über wenig Geduld mit Männern, die Frauen gegenüber zu verwundbar waren. Sven mußte gehen. Sollte er doch zuse-

hen, wo er in Finnland die technische Ausrüstung herbekam, die er für seine Arbeit brauchte!

Was jetzt mit Sven auch immer geschehen wird, zunächst wird es geraume Zeit so weitergehen wie bisher. Das ist wahrscheinlich etwas, was Strindberg als der Verfasser von Schriften über die Ehe oder der Tolstoi der Kreutzersonate verstanden haben dürften.

Das Krankenhaus. Januar 1968. Meine Assistentenzeit. Für den Fall, daß ich von einem Bus überfahren werde, habe ich eine Liste der Krankenhäuser in meiner Brieftasche, in die ich nicht eingeliefert werden will. Das Fürsorgeamt hat überall seine Finger drin, doch *dies* ist der Ort, an den sie die Fürsorgeempfänger bringen, wenn sie im Büro eines Sachbearbeiters Amok laufen oder wenn sie auf der Straße beraubt, durch Messerstiche verletzt oder vergewaltigt werden. Hierher kommen die Leute, um Stunden, ja Tage herumzusitzen, bis sie neue Brillengläser oder falsche Zähne bekommen haben oder bis man ihnen die Gebärmutter entfernt hat. *Hier* wird zum Wohl der «Wissenschaft», zum Wohl der Karrieren von Wissenschaftlern und zum Wohl der gutzahlenden Privatpatienten an Menschen experimentiert.

Ärzte und Wissenschaftler. Meine Kollegen haben Elektroden in den lateralen Kniehöcker im Gehirn einer jungen Frau eingesetzt, die an einem unheilbaren Gehirntumor erkrankt ist. Diese Operation war «inoffiziell», und die Ärzte mußten, kurz bevor die Frau starb, die Elektroden eilig wieder entfernen. Nachdem sie mit einer Lampe die Augenreaktionen der Frau geprüft hatten, lief eine einzelne Träne über ihre Wange. Draußen auf dem Gang saß ihr junger Ehemann und wartete darauf, daß sie starb.

Die neurologische Station: Die Patienten sind bewußtlos. Sie können den plärrenden Lärm aus dem Radio der Krankenschwester nicht hören. Sie können nicht sehen, daß keine Ärzte da sind, sie können die Fragen der Sozialarbeiterin nicht beantworten, die auf ihrer Liste eine nach der anderen «Ohne Antwort» abhakt. Ein Junge namens Bobby Rice liegt im Bett und schielt nach mir; der obere Teil seiner Hirnschale ist für eine Anfängerübung in Anatomie beiseite geklappt. Rice hatte bei hundertsechzig Stundenkilometern gemeinsam mit Freunden einen Unfall und landete auf die-

ser Station. Einundzwanzig Tage lang lag er, grotesk wie eine an Haken aufgehängte, mechanische Puppe, in seinem Bett, bis seine Mutter eines Nachmittags einen anderen Jungen und nicht ihren Sohn darin vorfand. Niemand hatte ihr gesagt, daß ihr Sohn letzte Nacht gestorben war.

Noch geraume Zeit später sah ich in meinen Tagträumen Rice auf der Straße an mir vorbeifahren. Er hatte einen Strumpf über sein offenes Gehirn gezogen, trug sein eigenes Rettungsgerät mit sich herum und winkte grüßend.

Die Station für Rauschgiftsüchtige. Ich sehe Psychiater, wie sie Patienten, mit denen experimentiert wird, reines Heroin injizieren, um die «Hirnströme und das Sexualverhalten unter dem Einfluß von . . .» zu messen. Die Ärzte werden *aufgeregt*, wenn sie beobachten, wie die angeblichen Hengste, Zuhälter und Dummköpfe sich zu den impotenten, abhängigen Kindern entwickeln, die sie in Wirklichkeit sind. Dabei werden die Ärzte ihrerseits heiter und beinahe väterlich vor Erleichterung darüber, daß sie nicht so sind wie diese Spieler aus dem Getto, diese lächelnden Gefangenen.

Zum Untergang verurteilte Flippies in Baumwollunterhemden bitten die Ärzte, an diesem besonderen Experiment teilnehmen zu dürfen.

Die Station. Luis, ein «Patient» mit einem schwarzen Rollkragenlächeln. Luis, ich sehne mich nach dir, nach deiner warmen, langsamen, grausamen Kindlichkeit, nach deinem dreiminütigen Machismo bei 45 Umdrehungen pro Minute. Luis erklärte einmal einem Freund, warum ein fünfzehn Jahre altes Mädchen «verrückt» nach ihm war. «Mann», sagte er, «das ist nichts Persönliches. Sie öffnete sich einfach, wie eine Blume. Ich war zufällig da, wie die Sonne aufging, und schon ging es mit ihr los.»

Luis ist der Philosoph der Station, der hübscheste V-Mann, den wir haben.

Die 117. Straße ist wie eine Seite aus *Naked Lunch*, ein Tummelplatz von Drogensüchtigen und Dealern, die sich purpurfarben und grün gekleidet in den Straßen drängeln und vor den Häusern Würfelspiele austragen. Meine «Patienten» winken und lächeln mir hinter Cadillacs zu, die in der zweiten Reihe geparkt sind.

Juan ist verlegen, als er sieht, daß ich auf ihn warte. (Zweimal

schon habe ich ihn bisher aus dem Gefängnis herausgeholt.) Er hat beide Arme voll mit Sachen, die er jemandem gerade aus der Wohnung gestohlen hat. Er besteht darauf, mich zu einem Kaffee und zu irgendeinem überaus fettigen spanischen Essen einzuladen. Er will wissen, was zum Teufel ich in der Gegend mache. Er fragt mich, ob ich vielleicht die große weiße Frau spielen will mit einem Korb voll Rosen der Freisinnigkeit. Während der Gruppentherapie rede ich von Revolution und Musik, und sie sind höflich zu mir. Sie lachen mich nicht aus oder werden unangenehm. Sie sitzen einfach da und stellen sich vor, daß es wirklich revolutionär wäre, wenn ich ihnen Heroin besorgte, Geld geben oder für sie auf den Strich gehen würde. Sobald sie merken, daß ich das nicht tue, bezeichnen sie mich als «Votze» und fühlen sich verraten. Sie *brauchen* das Geld wirklich.

Wenn Ärzte nicht arbeiten, laufen sie Ski in den Alpen, spielen Golf in Country-Clubs, durchqueren die Stromschnellen des Colorado Rivers oder besuchen die Premieren am Broadway. Manche geben vor, in ihrem Reichtum unabhängig zu sein. Da ist zum Beispiel Lawrence, der Internist. Jeden Monat lädt er uns zum Essen ein. (*Wir* sind eingeladen. Ich gehe stets mit einem Arzt hin. Weibliche Kollegen sind nie dort – es sei denn, sie sind die Frauen von Fachbereichsvorsitzenden.) Lawrence selbst serviert mir frischen, glitzernd schimmernden Käse. Das Zimmer ist voller Ärzte.

Sie reden von Gemälden, Grundbesitz, Kunst und guten Weinjahren. Sie sprechen auch davon, wem man trauen kann und wen man fürchten muß. Sie erwähnen, für wen sie gerne arbeiten würden. Nach dem Essen gibt es dicke grüne Zigarren aus Havanna, Cognac und Kaffee aus einem Silberservice. Ihre Frauen sind jung, wissen aber bereits, wie man mit Dienstboten umgeht, wie man seine Kinder in den besten Privatschulen unterbringt und wo man am schönsten Ferien macht.

Keine zehn Straßenzüge weiter sind die Armen in der Notaufnahmestation eines Krankenhauses zusammengepfercht. Ein Patient klingelt nach einer Krankenschwester, die nicht antwortet. Ein Krankenwagen kommt zu spät. Ein junger Medizinalassistent, der zwei Tage nicht geschlafen hat, weiß sich keinen Rat.

Entschuldigung: Mindestens zwölf Jahre lang sind diese Ärzte als Studenten von ihrem Ehrgeiz, ihren Eltern, ihren Konkurrenten und von sadistischen Professoren dazu angestachelt worden, auf ihr «Leben» zu verzichten, damit sie lernen, wie man es rettet. «Dafür werden sie mir zahlen», murmeln sie wie Langstreckenläufer, die ihre Zeit kontrollieren. Und die Patienten zahlen wirklich; sie zahlen mit Geld, Respekt und Abhängigkeit.

Doch selbst das Geld ist nicht genug. Die Last, die Armut und den Tod zu bekämpfen, ist überwältigend. Jeden Tag triumphiert der Tod. Jeden Tag bestehen mehr Patienten darauf, daß die Ärzte wissen, was sie tun sollen. Jeden Tag gibt es mehr Patienten. Das zerrüttet und verwirrt alle Ärzte, außer denen, die heiligen Herzens sind oder eine Ausnahme darstellen. Die meisten Ärzte ziehen sich zurück, werden kalt und menschenverachtend. Sie sind das Schreckgespenst von Kindern.

6. Männer zu Hause

1963–1966. David. Als ich David zum erstenmal sah, trug er einen zu eng geschnürten und weit nach außen stehenden Trenchcoat. Der ließ auf etwas Weibliches, Waghalsiges und Unsicheres in ihm schließen. Im Bett machte sich die Frau in ihm an seinen spitz zulaufenden Knöcheln geltend sowie daran, wie liebevoll er mich liebt. Sie zeigt sich besonders in der Geduld, mit der er mir die Naturwissenschaften nahebringt. Auch wenn er Liebeslieder aus Spanien und Griechenland zur Gitarre singt, ist sie da.

Ach, wie er an der Frau in sich leidet! Wie sie sich hartnäckig weigert, mit den anderen Jungen zu gehen. Wie seine Mutter zieht es David vor, mit seinen Büchern, mit seinen Träumen, mit seiner Musik – und mit mir zu Hause zu bleiben.

David, ich war glücklich, während ich mit ihm lebte. Es gab Gespräche zum Frühstück und zum Mittagessen zwischen Vater und Tochter, zwischen Vater und Sohn – zuweilen sogar zwischen Mutter und Kind. Ich fühlte mich in jeder Hinsicht verstanden, außer darin, daß ich vergaß, daß ich nicht zu Hause bleiben kann und daß ich auch nicht immer nur dorthin zurückkehren mag.

Eines Abends schaute ich von meinem Buch auf und wußte, daß dies für immer weitergehen könnte, daß ich nie wieder weggehen würde. Und so ging ich weg.

David, noch Jahre später tauschen wir unsere Gedichte aus und rufen uns gegen Mitternacht an, sprechen über unsere Geliebten, unsere Arbeit, seine Melancholie und meine «Fortschritte». Langsam verändern sich die Dinge.

Jetzt veröffentlicht David wissenschaftliche Arbeiten. Ich weiß es, weil er, wenn wir uns treffen, immer häufiger kurz angebunden ist. Seine Haare, diese braunen, braunen Locken, sind ihm ausgegangen. Er fängt an, sich Frauen auszusuchen, die er nicht mag, die ihn für eigensinnig, schwierig und fordernd halten.

Mein David, jetzt fährt er niemals los, ohne den Sicherheitsgurt anzulegen und sich über die Straßenkarte zu beugen. Er hat Tabletten gegen eine Übersäuerung seines Magens im Handschuhfach und verlangt sie, indem er mit dem Finger auf sie weist, ohne seinen Blick von der Straße zu wenden. David hat unser Heim verlassen, er ist ausgezogen, seinem Tod zu begegnen. Jetzt macht er, was man machen «muß».

Ich hab genug davon, immer wieder denselben vergangenen und zukünftigen Totenschädel hinter dem Gesicht eines jeden Mannes zu finden. Von nun an werde ich Männer nur noch als Brüder oder als Söhne anerkennen.

1966–1969. Trotz allem Harold. Ich fand meine Mutter in diesem wunderschönen Arzt wieder, der rittlings auf einem Paradepferd zu sitzen schien. Er war wie Luzifer, der allein auf der Suche nach mir ist und flieht. In der Wildnis sexueller Täuschungen sucht Harold, ein jüdischer Prinz, nach seinem Vater. Er sucht ihn in allen Frauen, vermag ihn aber nicht zu finden. Immer wieder wird er in die Irre geführt, enttäuscht und verzaubert von diesen Vätern, die zu Müttern werden. Sie alle sind wie ich von der dummen Begierde erfüllt, daß er ihnen gefällt, sie sind hysterisch vor Kummer und auf eine geheimnisvolle Weise Verlassene. So wurde auch seine eigene Mutter von ihrem Mann verlassen, der starb, als Harold sechs war.

Zärtlich behält Harold seine Vergangenheit für sich selbst. Er «belohnt» mich mit kleinen Stücken von ihr, wenn ich besonders «väterlich», daß heißt unbeteiligt, distanziert und in Gedanken versunken bin. Er erzählt mir von Virgil Thomson, Edward Albee, William Flanagan – und in verehrungsvollen Andeutungen von seinem toten «Freund» Leon, einem Musikkritiker. Ich stelle mir vor, daß sie einander geliebt haben. Ich phantasiere, daß Harold im Central Park, auf U-Bahn-Stationen und in der Reitschule Männer aufliest. Ich habe unrecht damit. (Jahre später, als ich mit Harold,

der inzwischen zum Hippie geworden ist, in Kalifornien Marihuana rauche, erzählt er mir, daß er nie mit einem anderen Mann geschlafen habe und nur vorgegeben habe, es zu tun. Zum erstenmal habe er vor zwei Monaten homosexuellen Verkehr gehabt; er sei dabei jedoch unfähig gewesen, zu einem Orgasmus zu gelangen.)

Wenn Harold wütend wird, greift er mich durch sein Schweigen an. Der Anblick eines Luftbefeuchters in unserem Schlafzimmer, der nicht mit Wasser gefüllt ist, und der bloße Gedanke daran, daß dieser Luftbefeuchter über Nacht austrocknen könnte, bringt ihn zu der Überzeugung, daß ich ihm die Sauerstoffzufuhr abschneiden will. Er fragt mich, ob *ich* denn gern ersticken würde. Ich entschuldige mich und versuche, einen Witz zu machen. Ich nähere mich ihm voll nervöser Zärtlichkeit.

Harold reagiert hysterisch, verlangt eine *vollständige Antwort* und macht meine «großäugige Unschuld» nach. Dann zieht er sich, «um in Ruhe gelassen zu werden», hinter seine Zeitung zurück. Er überlegt sich eine geeignete «Strafe». Ich fülle mehrmals das Wasser in dem Luftbefeuchter nach, bis es schließlich überläuft. Ich möchte am liebsten, daß es ihm noch im Nebenzimmer über die Füße läuft. Wie gewöhnlich schläft Harold gut und macht mich gegen sechs Uhr morgens dadurch wach, daß er mehrmals nacheinander Wasser in die Badewanne laufen läßt. Meine Strafe besteht darin, daß er meinen Lippenstift, meine Labornotizen und ein Gedicht, das ich geschrieben habe, unter der Couch versteckt. Er sagt mir nicht, wo diese Dinge sind. Denn er «spricht nicht mehr mit mir».

Die längste Schweigeperiode, die er mir auferlegte, dauerte beinahe dreißig Tage. Ich bitte Harolds besten Freund, nicht mehr bei uns zu leben, sondern zu seiner Frau, seiner Freundin oder seiner Mutter zurückzukehren. Die beinahe lässige Fortdauer ihrer intensiven und komplizierten Freundschaft ist mehr, als ich ertragen kann. Über zwei Monate hinweg habe ich diese Freundschaft täglich wachsen sehen. Sie entwickelte sich in beinahe direkter Reaktion auf mein Unbehagen und meinen Neid. Es war, als hätte ich mein Mädchengesicht gegen die Scheibe ihres unausgesprochenen «Abkommens» gepreßt. Ich sehe nur, was stets existiert hat: zwei Männer, die sich gegenseitig brauchen und einander den Frauen vorziehen. Ich sehe, daß sie sich dies aber weder sagen werden noch sagen

können. Ich sehe, daß sie wollen, daß *ich* ihr Problem mit meinem (mütterlichen) Körper und meinem (väterlichen) Verstand löse. Sie wollen meinen elterlichen Segen.

Werden wir drei zusammen leben und unsere Sexualpartner anderswo finden? Soll jeder von uns die beiden anderen vor den Anforderungen fremder und schöner Mädchen schützen? Solange ich mich nicht um das Kochen kümmere, werden sie nur zu gern daran denken, überteuerte chinesische und italienische Fertiggerichte mit nach Hause zu bringen.

Macht sich Harold wirklich klar, daß er nicht für mich «da» ist? Hat er einen Freund mit ins Haus gebracht, um einen Ausgleich zu schaffen, mich zu Hause zu halten, seinen Freund nicht zu verlieren, uns beide zu haben oder um alles zu haben? Wie soll ich nur mit den Bedürfnissen dieser beiden Männer, dieser beiden Juden im Exil fertig werden! «Milton», sage ich ihm, «ich glaube, es ist besser, wenn du jetzt gehst.» – «Du hast recht, Phyllis, aber paß auf Harold gut auf, bring es ihm vorsichtig bei.»

Zur Strafe *beschuldigt* Harold mich plötzlich, die ganze Zeit über gewußt zu haben, daß er eine Geliebte hatte, die zwanzig Jahre älter ist als ich, eine weitere, die fünf Jahre jünger ist als ich, sowie ein Hotelzimmer und zahlreiche anonyme Gespielinnen. Er behauptet, daß ich mir *ausgedacht* hätte, ihn mit meiner Naivität zu quälen. Ich hätte ihn mit meiner Unschuld gelangweilt und würde immer noch mehr von ihm erwarten, als er geben könne. Einen ganzen Monat über spricht er nicht mit mir.

Als ich ihn verlasse, warnt er mich davor, es zu tun. Er sagt, daß ich es bedauern würde, beschreibt die Gefahren und Schwierigkeiten, denen ich entgegengehe, schwört, daß ich ihm gleichgültig bin, verweigert mir einen Büchsenöffner, einen Spiegel und das Bett aus dem Gästezimmer, blockiert die Toreinfahrt und schreit im Treppenhaus hinter mir her.

Wie gesagt, die Worte einer Mutter.

Bill. 1968–1969. Im Labor für Hirnforschung. Dieser scheue und ruhige Mathematiker konnte Hunderte meiner Fragen mit seinen Lippen, seinen Händen und mit einem Körper beruhigen, dessen Haut so weiß und weich war, so sinnlich bei einem so ernsthaften

Methodisten. Wir liebten uns jeden Tag und überall. Auf seinem Segelboot, unter kaltem Sternenhimmel, im Bett seiner Frau, wenn sie geschäftlich unterwegs war, in meinem Bett, wenn Harold zur Arbeit war, und immer wieder im Labor. Einer von uns beiden stellte sich mit dem Rücken gegen die Tür, um jedem den Eintritt zu verwehren, der unser Experiment hätte beobachten wollen.

Bill weinte, als ich sagte: «Das ist mir nicht genug. Mit mir willst du nur rote Ballons im Park steigen lassen. Sonntags nachts und am Weihnachtsabend, wenn sie alle zu Hause bei ihren Familien sind, bist du auch dort.» – «Ach», sagte er, «was wir miteinander haben, ist doch ganz anders als das, was ich zu Hause habe.» Traurig und prophetisch fügt er hinzu: «Es ist mehr, es ist anders als zu Hause.» Ach, Bill, du sehnsüchtiges Sonnenkind, du von deinem Vater verlassener Träumer, du hattest recht.

Eine sexuelle Beziehung wie die unsere, die sich ohne «Liebe» nirgendwohin entwickelt, weil sie schon angekommen ist in einer Freundschaft, ist gewiß eine Form von Liebe, die man zu Hause nicht findet. Warum hast du dann dein Zuhause nicht verlassen, Bill? Oder hast du an diesem Zuhause etwas gefunden, was auch ich haben sollte?

1970

John

Schwitzend
von Egoismus und Alkohol hast du in deinen Holzfällerstiefeln
für mich auf dem Klavier eines Bumslokals gespielt
und uns ein Mitternachtsessen gekocht
als lebten wir in einer Oper
im Paris des Jahres 1905.

Dumm war nur,
daß ich nicht dünn genug war oder verrückt.
Ich weigerte mich, mir die Pulsadern aufzuschneiden,
ich weigerte mich, deine Geheimnisse der Polizei zu verkaufen,
ich verweigerte dem ertrinkenden Künstler Tang und Algen
zum Begräbnis.
Geld für eine Unterkunft mit seinen verheirateten Freunden,
wo sollte ich es hernehmen? Ich war keine Wassernixe.

Dumm war nur,
daß es dir nicht gefallen hat,
wie sehr mich deine Lieder verzaubert haben.

Dumm war nur – naja, daß
es nicht genug davon gab.

1970

Arthur

Mit deinem großen Schnauzbart, deinen Schultern und deinen jüdischen Augen
hast du mir die Trauer deines Lebens überantwortet. Du warst so lange unter der Oberfläche,
daß dich ans Licht zu zerren
dich dem Selbstmord preisgegeben hätte.
(Es war, als hättest du deine Bücher und deine Haut verbrannt während der Kämpfe am Sinai.)

Aber es regte dich auf, daß ich Robert Redford sein wollte (in irgendeinem seiner Filme).
Es gab Zeiten, wo wir viel zu sehr lachten, um alles durcheinanderzubringen.

Dumm war nur,
daß ich nicht eifersüchtig war

(du warst ganz schön sauer darüber),
und daß ich morgens arbeitete
(du hast versucht, das zu beenden, indem du dich nachts mit mir gezankt hast).

Dumm war nur,
daß du mir nicht geschmeichelt hast
(deine Mutter hatte zehn Jahre lang das Haus nicht verlassen).
Ich hätte mit der Faust eine Glasscheibe durchschlagen,
wenn ich kein Mädchen gewesen wäre.
Und ich hätte aufgehört, mit dir zu reden.

1970

Ronald

Du bist plötzlich gekommen, mit einem Koffer und einer Mitleidsgeschichte,
etwas zu groß für Greta Garbo,
etwas zu alt für Ophelia
(aber immer noch zehn Jahre jünger als ich).
Ich hab dich hereingelassen und
dachte, du würdest dich mit meinem einzigen Parfüm davonmachen
und den Jungen von nebenan heiraten.

Dumm war nur,
daß du geblieben bist
und mich einmal mit Tränen in den Augen
ganz wunderbar geliebt hast.
Irgendwie
bist du vorübergehend zu meinem Schwarzen Prinzen geworden.

Dumm war nur,
daß du mich verlassen hast:
ein klassischer Fall bei Söhnen und Liebhabern.

1970

Allen

Du schienst ein Nichtsnutz,
bis du mir geraten hast, den Sommer in einem Kloster zu verbringen.
Danach erlebte ich unsere Unterhaltungen
wie einen Zauberwald
(ich war das Wild, du der Jäger
ich der Schatten des Hofnarrs, du der Henker).
Ach, es war überaus mittelalterlich.

Dumm war nur,
daß ich die erste Jüdin war, mit der du je geschlafen hast
– nach zwei WASP*-Ehefrauen.
(Ich hatte keine Chance.)
Du hast versucht, mich zum Katholizismus zu bekehren,
noch bevor du mich geküßt hast.

1970

Faisal

Aus der unwahrscheinlichsten Ecke – aus einer alten und mir vertrauten Ecke –
kam dein Verständnis.
Mit deiner die Silben verschluckenden Singsang-Stimme,
mit deinem braunen Blick,
schienst du wie ein geheimer Spielgefährte der Kindheit aus einem Versteck hervorzutreten.
Dumm war nur,
daß wir durch deinen fliegenden Teppich aus Worten

* W(HITE) A(NGLO) S(AXON) P(ROTESTANT)

und durch mein Gefühl für Gewalt auf den Boden geholt wurden (unter das Bett, auf den Grund des Sees, in jeder deiner Handlungen).

Dumm war nur,
nun ja,
daß es mir einfach zuviel wurde.

1971. Wayne. Als wir uns einmal als gute Kumpel bei der wissenschaftlichen Arbeit einen Abschiedskuß gaben, nahm ich den Geruch deines Oberhemds wahr – und stellte mir zehn solche frisch duftenden Oberhemden vor, die von einer Ehefrau liebevoll zu hellblauen Stapeln zusammengelegt worden sind. Plötzlich wollte ich das auch: ein Wohnzimmer mit einem Kamin, einen Hund, Skier und ein Erinnerungsbuch an Camping-Touren. Ich hätte mich sogar auf den Parties von Universitätsprofessoren amüsiert, bei denen es neben Quiche Lorraine immer etwas zuviel zu trinken und etwas zuviel Nichtssagendes gibt. Ich küßte deine abwesende Frau Laurie in dir und machte mir nicht klar, daß ich mich nach dem sehnte, was sie dir gab, und nicht nach dem, was du ihr gabst.

Wayne, mit neunzehn hattest du geheiratet. Du nahmst meine Herausforderung an und hast Laurie, die Hunde, das Haus, die Universität verlassen – um all das mit mir erneut aufzubauen. (Mit einer «interessanteren» Frau, die ebenfalls einen Doktortitel besitzt, Professorin, Schriftstellerin und göttlich besessene Feministin ist.) Hast du dir vorgestellt, daß wir zusammen arbeiten würden? Oder daß ich auf meine ehrgeizigen Pläne verzichten würde, um Hemden zu bügeln und dunkelgoldenen Gesundheitstee zu kochen? Wie verwirrt, wie betrogen mußt du dich gefühlt haben, wenn du an einem unserer Lagerplätze aufgewacht bist und mich schon morgens inmitten von Papieren und Büchern gesehen hast. Ich habe dann abwesend gelächelt, bevor du den ganzen Tag über allein durch die Wildnis gezogen bist.

Wayne, mit deinen schlanken Hüften und deinen merkwürdig warmen Handschuhen und Socken – du hast mir das Bergsteigen beigebracht. Ich bin dir auf immer dankbar dafür. Doch als du

gesehen hast, wie schlecht ich mich Anweisungen füge, wie schlecht ich Kajak fahren und Schlafsäcke zusammenrollen kann, als dir klar wurde, daß dein «zurückhaltendes Benehmen» bei mir nicht würde aufhören dürfen, da hast du mir nicht verziehen und mich nicht aus dem Gedächtnis unserer Gleichheit entlassen. Du bist grausam und jähzornig geworden und hast mit deiner sexuellen Freiheit geprotzt.

Jahre später sprang nach einer Vorlesung, die ich in Toronto hielt, Laurie, die dir früher die Hemden gewaschen hatte, zu mir aufs Podium. Sie trug lange Zöpfe und küßte mich. Endlich küßte ich auch sie. «Warum hast *du* mir nicht das Bergsteigen beibringen können?» fragte ich sie. «Lernen Frauen das nie von anderen Frauen?»

Ob sie etwas von Wayne gehört hätte? Laurie schüttelte den Kopf und sagte: «Ach, der. Der lebt jetzt mit einem Mädchen zusammen, das halb so alt ist wie er, sehr würzige Reisgerichte zubereitet, gut duftende Kerzen zu Hause herstellt und niemals ein Wort sagt.»

1971. Mark. Unglaubliche Sonntage im «wirklichen» Amerika. Ich beende mein erstes Buch in der MacDowell Colony in New Hampshire. Immergrüne Tannen, rot gekleidete Jäger, Schneeflocken am Fenster, der Geruch von Frühstückskaffee und von grünen Äpfeln, die in einer Apfeltorte gebacken werden. Ich habe solche Sonntage nur als die Geliebte von Christen erlebt. Es sind Männer und Jungen, die mich zu Besuch zu ihren Eltern in kleine Städte in die Adirondacks, die White Mountains oder die Colorado Rockies mitnehmen.

Mark. Blond und eigensinnig kam er aus der Kleinstadt in die Künstlerkolonie, um dort «Künstler» zu finden. Ich glaube, er hatte sich vorgestellt, Männer kennenzulernen, Maler, die wie Arbeiter gekleidet sind und mit Beton, Plastik und zehn Meter hohen Leinwänden umgehen. Er suchte Vaterfiguren, Verteidiger, die ihn vor der Arbeit in der Streichholzfabrik seiner Kleinstadt bewahren sollten. Zu Hause lachten die Männer über Marks Selbstporträts, auf denen traurige alte Männer zu sehen waren, die wie sie selbst aussahen. Andere Selbstporträts «borgten» sie sich von ihm. Auf ihnen waren üppige Frauen in schmachtenden, pornographischen Stellungen zu sehen.

«Mark ist wie ein Priester», pflegte seine Mutter zu sagen. Sie war

glücklich, ihn während zahlloser Krankheiten gepflegt zu haben. Seine älteren Brüder schlugen ihn heimlich. Sein Vater redete nie viel und verbrachte die meiste Zeit damit, zu arbeiten, zu schlafen und im Keller mit seinem Ältesten Reparaturen auszuführen.

In der Küche setzen mir Marks Mutter und Mary, seine jüngere Schwägerin, mit Speisen und Fragen zu. In der Küche, wo wir sitzen, beschweren sich die Frauen über ihre Einsamkeit. Ihre Männer sprechen nie mit ihnen und gehen nicht gern zur Kirche. Die Männer haben keinen Spaß an romantischen Filmen im Fernsehen und drehen dann lieber eine Sportübertragung an. Mary zeigt mir die blauen Flecken, die sie hat, seit sie das letzte Mal von ihrem Mann geschlagen wurde. Sie ist ebenso stolz darauf wie auf ihr Hochzeitsfoto und auf das Bild von einem Picknick im Garten beim Barbecue. «Wenn ich erst mal einen Sohn von ihm habe», sagt sie, indem sie liebkosend über ihren dicken Bauch streicht, «dann wird das wohl auch seltener vorkommen.»

Die Suppe köchelt, das Fleisch brät, eine Uhr tickt. Zu Hause. Der Geruch von Frauen, die warten, der Geruch von weiblicher Ergebenheit treibt mich nach draußen. Ich will mich den Männern anschließen und in irgendwelchen Kneipen, auf Motorrädern oder in frisierten Autos Bier mit ihnen trinken. Sie bewegen sich wenigstens und machen Lärm, lassen Motoren aufheulen, geben mit ihren Jagdgewehren an und machen Anbauten an ihre kleinen Häuser.

Sie spielen sonntags den Jagdherrn. An diesem Tag treiben und pirschen sie. Sie sterben laut und nicht bewegungslos wie ihre Frauen drinnen oder wie sie selbst ab Montag in der Fabrik.

Der Geruch von Blut vertreibt mich schließlich. Marks Haare sind so lang, daß die Polizei ihn eines Tages, als er wegen zu schnellen Fahrens angehalten wird, verprügelt, bis er blutet. Aber die Stadt macht sich zuviel Sorgen. Schon ein Jahr später fühlt er sich an irgendeinem anderen Ort zu Hause. Ein Jahr später lebt er allein in New York und zeichnet Frauen beim Geschlechtsverkehr mit anderen Frauen, mit Männern, mit Hunden – und schließlich mit Mark.

Mann lassen Geld …

… gut machen müssen Frau Jahr und Zeit. Das ist kein antifeministisches Kauderwelsch, sondern ein Auszug aus der Rangfolge der am häufigsten gebrauchten Wörter der deutschen Sprache, 14. bis 23. Stelle.

In Wirklichkeit steht das Geld nicht immer zwischen Mann und Frau. Meistens ist das Geld vor dem Mann, denn er rennt ihm oft hinterher.

Teil III

Ein Versuch über die Männer

1. Väter und Söhne

Was empfinden Söhne in bezug auf ihre Väter und woran erinnern sie sich in bezug auf sie? Psychoanalytisch gesehen wird die erste Frau eines Mannes, seine Mutter, ihm von seinem Vater weggenommen. Seine zweite Frau, die Mutter seines ersten Sohnes, wird ihm von seinem Sohn weggenommen. Mit einer solchen Rivalität ist es nicht leicht zu leben; dennoch ist dieses Drama von einem unheimlichen Schweigen umgeben. Zuweilen wird ein solches Schweigen durch ödipale Allmachtsansprüche und Rachebedürfnisse durchbrochen. «Ich bin jetzt wirklich quitt mit meinem Vater. Er kann mich überhaupt nicht mehr kontrollieren.» Zuweilen wird ein solches Schweigen aber auch durch Gefühlsausbrüche von Wut und Verachtung für die beteiligten Mütter und Frauen durchbrochen. Sehr viel weniger häufig (wenn überhaupt) durchbrechen Söhne in der Öffentlichkeit ihr Schweigen über ihr emotionales Verhältnis zu ihren Vätern.

Zumeist sind es Frauen, die sich in privater Umgebung anhören müssen, wie Männer sich daran erinnern, von ihren Vätern herabgesetzt, kritisiert, nicht ernst genommen – und gefördert worden zu sein. Solange Männer keinen Grund haben, ihre Väter zu loben, hüllen sie sich gewöhnlich in bezug auf sie angesichts einer (männlichen) Öffentlichkeit in Schweigen.

Fragt man sie danach, was zwischen ihren Vätern und ihnen selbst vorgefallen ist, sind die meisten Männer, gelinde gesagt, von einem überraschenden Gedächtnisverlust befallen. Einige sagen:

«Sie wollen wissen, was in meiner Kindheit los war? Dann lassen

Sie mich mal von meiner Mutter erzählen ... Meine Mutter hat mich nie auch nur eine Minute alleingelassen. Um mein Leben zu retten, mußte ich vor ihr, vor ihrem *Mund*, weglaufen. Die Fäuste meines Vaters waren nichts, verglichen mit den Worten, Tränen und Klagen meiner Mutter.»

Männer tun sich gewöhnlich schwer damit, allzuviel über ihre Väter zu erzählen. Sie berichten mir, wo und was ihr Vater gearbeitet hat. Sie erzählen, ob sein Leben «schwer» oder «leicht» war. Sie sagen, aus welchem Land er kam und ob er noch lebt. (Sie sind Telemach vergleichbar, der sich vorstellt, wie Odysseus wohl war, oder Ödipus, der versucht, seinen unbekannten Vater Laios zu beschreiben.)

Wenn man ihnen Fragen über ihre Väter stellt, ziehen sich viele gebildete Männer sofort in einen «theoretischen» Diskurs zurück. «Marx glaubte», «Freud sagte», «Offensichtlich dachte Nixon» oder «Forschungen an Affen haben ergeben ...» Alles und jedes scheint ihnen sicherer, und sie ziehen es einem Gespräch über ihr Verhältnis zu ihrem Vater vor.

«Hat Ihr Vater sie je geschlagen?» frage ich. Und als Antwort erörtern die meisten Männer unmittelbar die Frage einer abstrakten männlichen Gewalt, das Problem männlicher Gewaltausübung auf einem anderen Kontinent oder die Verhaltensmuster männlicher Gewaltsamkeit, wie sie von *anderen* Männern gegenüber *Dritten* praktiziert werden. Sie reden niemals davon, wie sie selbst sie praktizieren, oder davon, wie sie sie am eigenen Leibe erfahren.

Zuweilen mit leiser Stimme, häufiger aber in rauhen und realistischen Tönen erzählt mir ein Mann:

«Ja, mein Vater hat mich geschlagen. Ich hatte Angst davor. Ich habe ihn gehaßt. Aber geliebt habe ich ihn auch. All das ist nun so lange schon her. Aber er war nicht schuld daran, daß er mich geschlagen und zuviel getrunken hat, nicht nach Hause gekommen und zu früh gestorben ist – oder mir meinen Bruder vorgezogen hat.»

Ein Fünfundzwanzigjähriger sagte:

«Mein Vater? Mann, wie ich den hasse! Er ist ein Versager, ein Penner. Er schob das immer auf irgendein Geschäft, das nicht geklappt hat. Meine Mutter hat schwer unter ihm zu leiden gehabt.

Dann fing er auch mit mir an. Jedesmal, wenn ich abends zu Hause war, hat er mich zusammengeschlagen . . . Meine Mutter sagte, der Whisky sei schuld. Aber ich glaub das nicht. Ich weiß, was für ein mieser Scheißkerl er ist. Ich blieb also oft von zu Hause weg. Aber wo konnte ich schon länger bleiben?

Irgendwie tut mir der Kerl auch leid. Doch ich wünschte, er wäre tot. Ja, ich wünsche das wirklich. Was hat er denn je für mich getan! Mich zum Heulen gebracht? Mir beigebracht, daß ich mich mit jedem anlegen muß – sogar mit meinem Vater?»

Ganz gleich, wie wütend meine Informanten über die Ausbrüche physischer Gewaltsamkeit von seiten ihrer Väter waren oder wie sehr sie sie vergessen hatten, sie waren noch wütender, stummer und hilfloser, wenn ich sie fragte, ob ihr Vater sie geküßt hat. Die Frage nach Küssen zwischen Vater und Sohn gab den meisten Männern überhaupt keine Gelegenheit, sich von ihren Empfindungen zu distanzieren. (Keiner von ihnen sprach davon, daß auf irgendeinem anderen Kontinent Männer *andere* Männer küssen.) Ich entdeckte, mit anderen Worten, auf der Suche nach den psychologisch «guten» Aspekten der Vater–Sohn-Beziehung (wie vorgesehen) dieselbe Tragödie verpaßter Gelegenheiten, die die meisten Mutter–Tochter-Beziehungen bestimmt. Ein dreißig Jahre alter Mann sagte:

«Mein Vater war nicht sehr liebevoll. Er war ein kalter, alles genau nehmender Mensch . . . Ich erinnere mich nicht daran, daß er mich je geschlagen hat. Er meckerte und beschwerte sich über alles, was ich tat. Ich erinnere mich, daß er, als ich vier war, eine Garage baute und mir sagte, daß es für mich zu gefährlich sein würde, ihm zu helfen. Ich war zu jung und zu klein. Zu der Zeit begannen zum erstenmal meine Phantasien, daß ich verkrüppelt sei. Ich zog mich so an, als hätte ich nur ein Bein, und versteckte das andere in der Hose. Außerdem wünschte ich mir, daß ich eine Brille tragen könnte . . .

Meine Mutter küßt mich jedesmal, wenn ich gehe, auf die Lippen. Mein Vater dagegen schüttelt mir am Bahnhof die Hand.»

Ein anderer Mann, der etwa Mitte Dreißig war, sagte:

«Ich mag meinen Vater. Er hat wohl das Beste aus sich gemacht. Gewiß denkt er nicht viel nach. Er schlägt sich so durch, macht seine Arbeit und jammert nicht . . .

Ich glaube, daß ich meinen Vater nicht wirklich kenne . . . Mir

fällt es ziemlich schwer, mit ihm zu reden. Er regt sich sogar heute noch über alles auf, was nicht irgendwie konservativ ist. Er läuft dann rot an im Gesicht und fragt mich, ob ich ein Kommunist bin. Er hat richtig das Niveau der *Daily News*. Außerdem ist er herzkrank. Darum rede ich ganz einfach nicht mehr mit ihm über Politik.

Mein Vater hat mir immer die Hände geschüttelt. Als er älter wurde, begann ich, ihm beim Abschied einen Kuß zu geben. Ich weiß nicht genau, was er dabei tut. Denn er küßt mich nicht. Also erlaubt er es nur, daß ich ihn küsse. Das ist wohl schon alles.»

Man kann unter Männern entscheidende und einzigartige Vorteile gewinnen, indem man die Vater–Sohn-Beziehung hinnimmt oder «auflöst». Sind Söhne in das Patriarchat richtig sozialisiert, dann können sie sich mit anderen Männern zum Zweck ökonomischer Gewinne «verbünden». Sie sind dann auch in der Lage, um einer «männlichen» Arbeit willen jede Identifizierung mit ihrer Mutter zurückzuweisen. Sie können Frauen und andere Männer versklaven und sind sich dessen nur in geringem Umfang bewußt oder fühlen sich beinahe überhaupt nicht schuldig daran. Diese Vorteile sind weder geistiger noch emotionaler Natur. Männern wird nicht beigebracht, sich interpersonell in Beziehung auf andere – oder gar im Verhältnis zu sich selbst – zu sensibilisieren. Trotz des männlichen Egoismus und Narzißmus fehlen den meisten Männern die emotionalen Voraussetzungen einer Selbstbeobachtung, die es ihnen erlauben würde, sich selbst und andere zu trösten. So antwortete zum Beispiel ein Mann auf die Frage nach Gewaltanwendung von seiten seines Vaters:

«Oh, gewalttätig war er nie. Er hat meine Mutter verlassen, als ich geboren wurde. Er kam dann nur immer mal wieder zu Besuch. Das dauerte ungefähr zehn Jahre.»

Erstaunt sagte ich: «Ist Ihnen nie der Gedanke gekommen, daß es ein Akt der Gewalttätigkeit war, Ihre Mutter zu verlassen und für Sie nicht verfügbar zu sein?»

Er antwortete ohne sichtbare Betroffenheit: «Nun, gut, vielleicht kann man das auch so sehen. Aber ich kenne eine ganze Anzahl von Leuten, die sich wünschen, ihre Väter wären abgehauen.»

In der westlichen Welt werden heute Kinder zumeist von ihren

Müttern aufgezogen, ganz gleich, wieviel ihre Väter verdienen. Auch wenn ihre Väter noch so oft sonntags mit ihnen spazierengegangen sind, glauben die meisten Männer, nach allem, was sie mir erzählt haben, daß sie nur von ihren Müttern erzogen worden sind.

Ein Mann namens Edward äußerte hierzu folgendes:

«Mein Vater ist ein sensibler Mensch. Er war immer sehr scheu und in Gesellschaft stets sehr ängstlich . . . Ja, jetzt wo Sie mich danach fragen, fällt mir auf, daß das Leben meines Vaters mir nicht so klar vor Augen steht wie das meiner Mutter . . .

Mein *Großvater* war der Tyrann der Familie. Er erwartete von mir, daß ich ein guter Radfahrer und Fußballspieler werden sollte. Ich kann mich daran erinnern, wie verlegen ich war, als sich mein Vater darüber schämte, daß aus mir keine Sportskanone wurde . . . Meine Mutter schickte mich zusammen mit meiner Schwester in eine Tanzschule, in der wir Ballett und Steptanz lernten. Aber ich durfte nie jemandem erzählen, daß ich dort hinging. Mein Vater schien stolz auf mich zu sein. Doch ich hatte trotzdem das Gefühl, etwas Beschämendes oder Erniedrigendes zu tun.

In der Theorie denke ich, daß Väter auf ihre Söhne ungeheuer wütend sind. Von ihren Müttern werden Söhne zumeist bedingungslos geliebt. Väter dagegen sind eifersüchtig.»

Es *gibt* «gute» Väter und «gute» Mütter. Doch auch wenn wir uns darüber ärgern, aufregen oder schämen, müssen wir zugeben, daß «gute» Menschen zwar existieren, aber selten sind. Sie sind eher eine Ausnahme und beinahe schon wie ein Wunder. Unglückseligerweise sind die Eltern des Menschengeschlechts nicht immer, nicht überall und nicht oft genug «gute» Menschen.

Es war aufregend, von Männern, die nach ihren Vätern gefragt wurden, Antworten zu erhalten, in denen sie «sexuelle» Mitteilungen über sich selbst machten. Mindestens zwanzig Männer antworteten auf die Frage nach ihrem Verhältnis zu ihrem Vater, indem sie abrupt, aggressiv, abwehrend und verzerrt von der Sexualität sprachen. Sie sagten etwa: «Ich bin hochgradig sexualisiert.» – «Ich onaniere unersättlich.» – «Ich bin Frauen gegenüber sexuell sehr sadistisch – doch das macht mich scharf, und sie beschweren sich nicht.» – «Ich fürchte, ich bin vielleicht homosexuell.» – «Ich bin als

Homosexueller sehr glücklich.» Alle diese Antworten wurden auf eine Frage nach ihren Vätern gegeben!

Es ist, als hätten meine Interview-Partner mich vor diesem Thema warnen wollen, als erfordere das Verhältnis von Vätern und Söhnen eine genital sexuelle Lösung – die die Zivilisation zugleich verbietet.

Der Gedanke an diese befremdliche Möglichkeit ließ mich später überlegen, in welchem Ausmaß die traditionelle männliche Homosexualität auf das Verlangen zurückzuführen ist, den psychopolitischen Krieg zwischen Vätern und Söhnen zu einer Lösung zu bringen. Es könnte sich dabei um ein vor allem in jüngster Zeit aufgetretenes Verlangen auf seiten der Männer handeln, die immer weitergehende Steigerung der Rivalität zwischen Männern dadurch herabzumindern, daß Frauen als Bezugspunkte dieser Rivalität ausscheiden.

Die patriarchale Zivilisation ist, unter einem bestimmten Blickwinkel gesehen, eine Zivilisation der männlichen Homosexualität. Frauen werden in ihr nur wegen ihrer Gebärfähigkeit geschätzt. Auf allen anderen Gebieten ziehen es Männer vor, von den Frauen getrennt und in engem Kontakt mit anderen Männern zu leben. Eine Kultur, die derart separatistische, ausschließlich von Männern kontrollierte religiöse, militärische, ökonomische und politische Institutionen schafft, ist, psychologisch gesprochen, eine homosexuelle Kultur.

Selbstverständlich wird häufig das Argument vorgebracht, daß eine so strenge Trennung der Geschlechter die Verehrung oder den Neid der Männer im Hinblick auf die Fähigkeit der Frauen ausdrückt, Kinder zu gebären. Daß dies so ist, habe ich in dem Kapitel über «Männer ohne Mutterleib» zu zeigen versucht.

Beim Hören einiger Tonbänder meiner «Interviews» mit fremden Männern und bei erneuter Lektüre meiner Notizen traten einige Aspekte der Vater–Sohn-Beziehung auf, nach denen ich nicht gesucht hatte. So sagten zum Beispiel die meisten Erstgeborenen, daß sie es mit ihren Vätern schwerer gehabt hätten als die nach ihnen geborenen Söhne.

Hier sind drei typische Antworten:

«Ich habe einen jüngeren Bruder, der adoptiert worden ist. Er ist

meinen Eltern ähnlicher als ich. Ich weiß nicht, warum sie ihn adoptiert haben . . . vielleicht haben sie mich nicht gemocht . . .»

«Mein jüngerer Bruder hat meinem Vater immer Widerworte gegeben; er war ein richtiger Klugscheißer. Ich hatte das Gefühl, daß ich mich meinem Vater nur dadurch nähern konnte, daß er nichts von dem sah, was ich machte. Darum habe ich mich viel in meinem Zimmer aufgehalten.»

«Ich bewundere meinen jüngeren Bruder so sehr. Er ist der einzige in der Familie, der wirklich Erfolg hat . . . Ich hab ihn seit dem Zweiten Weltkrieg nicht mehr gesehen.»

Die älteren Männer, mit denen ich sprach, haben das Verhalten ihrer Väter vergessen, verziehen oder sich so vollständig zu eigen gemacht, daß sie weniger bereit sind, auf ihre Väter mit Wut zu reagieren oder sie zu verurteilen, als dies jüngere Männer tun. Das mag seinen Grund darin haben, daß man in bezug auf die Eltern zu Beginn des 20. Jahrhunderts realistischere Erwartungen hatte. Darüber hinaus mag die resigniertere und sentimentalere Lebensauffassung «älterer» Menschen für diesen Unterschied verantwortlich sein.

Charles, der fünfzig ist, wurde im Süden auf dem Land geboren:

«Mein Vater entstammte einer guten Familie, hatte Geld, war gebildet und hatte eine große Zukunft vor sich. Darum begann er zu trinken. Als er jung war, habe ich nicht viel von ihm gesehen. Aber auch meine Mutter ließ sich nicht blicken. Beide waren sehr beschäftigt. Auch ich war beschäftigt. Wir hatten erst Zeit füreinander, als ich erwachsen wurde . . .

Ich war nie darauf aus, Bücher zu lesen oder Sport zu treiben, obwohl ich in beidem nicht schlecht war. Ich war darin meinem Vater ebenso wie meiner Mutter, vor allem aber auch mir selbst ähnlich. Mein Vater – *seine Familie* – war stets sehr großzügig zu mir. Ich wurde den richtigen Leuten zum richtigen Zeitpunkt vorgestellt. Ich glaube, in meinem Leben das Richtige getan zu haben.

Mein Vater starb an seiner Trunksucht, als er so alt war wie ich jetzt . . . Er muß sehr einsam, unsicher und wohlmeinend gewesen sein. Ich weiß das, weil ich es auch bin.»

Frank, der sechzig Jahre alt ist, wurde in Italien geboren:

«Mein Vater war Bauer, Arbeiter und Seemann. Gewiß hat er mich geschlagen; er mußte es tun. Ich war ein sehr wilder Junge. Ich konnte kein Englisch und konnte nicht einmal Italienisch lesen. Ich trieb mich barfuß umher und stahl bei den reichen Nachbarn Obst oder Hühner ... Das war für mich Amerika. Ich mußte meiner Mutter dabei helfen, meine Schwestern zu beaufsichtigen; ich mußte zur Schule gehen und auch noch Geld verdienen ... Er ist nicht schlecht mit mir ausgekommen. Ich kann mich nicht beklagen. Ich habe mein eigenes Geschäft, eine nette Frau, wohlgeratene Kinder und Enkel ...

Ja, er lebt noch. Wir schweigen meistens, wenn wir zusammen sind. Wir essen etwas, und dann muß ich schon wieder nach Hause.»

Sam, der achtundfünfzig ist, wurde in Osteuropa geboren. «Mein Vater? Ich habe ihn nie gekannt. Er wurde bei einem Pogrom getötet, als ich sieben Jahre alt war. Meine Mutter hat nie wieder geheiratet ... Was kann ich ihnen also über meinen Vater erzählen? Daß er einen großen roten Bart hatte? Daß meine Mutter sein Tallis für mich aufhob? Völlig umsonst, denn ich trage es nicht. Daß ich nach seinem Tod die Familie zu ernähren hatte?

Lassen Sie mich Ihnen soviel sagen, daß er ein großer, sehr starker Mann und ein Raucher war. Ich erinnere mich noch heute an den Zigarrengeruch, der von ihm ausging ... Ja, er schlug mich mit seinem Ledergürtel. Was soll ein Vater sonst tun, wenn sein Junge ungezogen ist? ...»

Vielleicht, so dachte ich, bringen Söhne, die noch unter fünfunddreißig sind und ihre Väter kritisieren, eine Bitterkeit zum Ausdruck, die nicht mit der Zeit vergeht. Vielleicht sind ihr Zorn und ihre Verachtung symptomatisch für ein anderes (und blutigeres) Ende der psychopolitischen Auseinandersetzung zwischen Vätern und Söhnen.

Mehrere Männer, die Ende Zwanzig oder Anfang Dreißig waren, berichteten von einem vollständigen Bruch mit ihren Vätern, zu dem es gekommen war, weil sie ihre Väter verachteten.

«Mein Vater ist eine Unperson. Wie kann ich mich zu einer Unperson verhalten, die mir buchstäblich nichts zu sagen hat? ... Das tut mir leid, aber ich fühle mich nicht schuldig daran, daß er ins

Grab fahren wird, ohne je gewußt zu haben, wer ich bin. Er haßt, wovon er *denkt*, daß ich es bin – einen Rebellen und einen Perversen. Er liebt mich nicht, und ich hasse ihn.»

«Mein Vater versucht, mich zu verstehen. Er gibt mir Ratschläge und Geld. Aber er weigert sich zu begreifen, daß er mich nicht verstehen kann. Seine liberalen Ansichten machen mich krank. Er glaubt, man könne auch mit Mördern vernünftig reden. Ich glaube, daß er ein Dummkopf ist, der weder mir noch sich selbst oder der Welt helfen kann, um die er sich soviel Sorge macht.»

Je länger ich zuhörte, desto mehr schienen mir viele Männer denselben Vater zu haben. *Alle* Väter begannen zu einem einzigen Archetyp des Vaters zu werden. Es war ein schattenhafter Fremder, der einerseits ein Tyrann, andererseits aber ein gescheiterter Tyrann war, der durch sein Scheitern Mitleid erregte. Es war ein unbeholfener Mann, der sich zu Hause nicht wohl fühlte und dort fehl am Platz war. Es war ein ständig verkrampfter Mensch, der seine Gefühle nicht zu kontrollieren vermochte. Es war ein Mann, an dessen plötzliche, blinde Gewaltausbrüche seine Kinder sich ebenso erinnern konnten wie an seine blinde, unerwartete Zärtlichkeit. Es war ein Mensch von kindischer Kleinlichkeit und außerordentlicher Großzügigkeit. Wenn ich sie nach ihren Vätern fragte, versuchten die meisten Söhne sich mit großer Anstrengung, eher frei von Emotionen und beinahe verwirrt, an diesen Fremden zu erinnern.

Lawrence, ein junger Mann von ungefähr vierundzwanzig Jahren, sagte:

«Mein Vater hat mich sehr häufig geschlagen. Aber er hatte auch sehr viele Sorgen und eine Menge um die Ohren. Er war Preisringer, als er noch jünger war ... Als ich ungefähr fünf war, schlug er mich. Ich erinnere mich, daß ich ihn wütend angeschaut habe und ihm gesagt habe: ‹Warte nur ab, bis ich groß bin. Ich werde dann größer sein als du und dich totschlagen.› ... Es tat meinem Vater immer sehr leid, wenn er mich schlug, doch er konnte das nicht ausdrücken. Er konnte sich niemals entschuldigen. Doch er war dann immer überaus freundlich und begrüßte mich ganz unerwartet und laut, wenn er nach Hause kam ...

Ich glaube, er war den größten Teil seinen Lebens deprimiert. Er hatte niemals Zeit und war stets zu übermüdet, um sich an etwas zu

freuen . . . Er liebte es, sich selbst und anderen großes Vergnügen zu bereiten – doch er konnte es sich nicht leisten.

Jetzt sitzt er zu Hause und schaut aus dem Fenster. Mit sechzig mußte er auf Rente gehen. Aber er treibt meine Mutter in den Wahnsinn.»

William, der vierundsechzig ist und in einem ländlichen Teil von Vermont geboren wurde, verfügt über unglücklichere Erinnerungen:

«Meine Familie geht bis auf die ersten Einwanderer zurück, die mit der *Mayflower* kamen, aber ich bin sicher, daß unter meinen Vorfahren auch irgendwo eine indianische Prinzessin ist . . . Wir hatten etwas Land, einen Bauernhof und genug zu essen, aber kein Geld.

Mein Vater starb, als ich acht war. Wenn ich an ihn zurückdenke, erinnere ich mich nur an sehr wenige und nur an sehr traurige Dinge. Als ich vier war, nahmen mein Vater und mein Großvater mich mit hinaus auf die Straße und warfen mir einen großen Ball, einen Baseball, an den Kopf. Ich rannte weinend zu meiner Mutter. Ich war nach vier Mädchen ihr erster Sohn. Ich fürchtete mich (zumindest in meiner frühen Jugend) vor Bällen und vor Schlägereien . . . Ein- oder zweimal, wenn es erforderlich war, gab mir mein Vater einen Klaps.

Einmal besuchte ihn ein Freund und gratulierte ihm dazu, daß er endlich einen Sohn hatte. Mein Vater wurde verlegen, schaute zu unseren Hühnern hinüber und blickte dann auf mich hinab: ‹Wenn ein Hahn seine Hühner nicht verteidigt, sollte man ihm den Kopf abschlagen.› Schauerlich, wenn ein Vater so etwas sagt . . . Mit sieben war ich ein vollständiger Versager – zumindest in den Augen meines Vaters.»

Selbst kleine Jungen können emotionale Distanz zu ihren Vätern ebenso empfinden wie unterdrückte Gewalttätigkeit oder unterdrücktes Unbehagen. Steven, der acht Jahre alt ist, äußerte:

«Er sagt, daß ich nichts tun kann, weil ich von nichts etwas verstehe. Mein Vater hat eine laute Stimme. Ich bin verängstigt, wenn er brüllt. Mein Vater redet nicht viel, wenn er nicht gerade herummeckert, mich Hausaufgaben machen oder putzen läßt oder mich ins Bett schickt.

Mein Vater ist müde, wenn er mit Laura und mir ausgeht. Er geht ans Telefon, während wir uns einen Film anschauen ... Ich glaube nicht, daß er sich zu Hause wohl fühlt. Väter sind nun einmal so.»

Was ist denn nun der Grund für die Spannungen zwischen Vätern und Söhnen?

2. Das ödipale Drama

Zorn und (un)ausgesprochene Anschuldigungen der Väter. Ängste und (un)ausgesprochene Schuldgefühle der Söhne. Vielleicht haben wir (und die Sozialwissenschaftler) vergessen, daß es Laios, der Vater des Ödipus, war, der die Feindseligkeit zwischen beiden dadurch eröffnete, daß er anordnete, man solle seinen Sohn unmittelbar nach der Geburt töten, und daß es Jokaste, die Mutter des Ödipus, war, die dessen Leben rettete.

Florence Rush hat in einer bisher unveröffentlichten Untersuchung herausgefunden, daß in Amerika Väter sehr viel rascher als Mütter zu *körperlicher* oder physisch gewaltsamer Kontrolle und Bestrafung eines Kindes greifen – wenn die Zeit ungefähr gleich lang ist, die jedes Elternteil mit den Kindern verbringt.

Es gibt nur eine Handvoll Bücher und Untersuchungen, die die Feindseligkeiten und Gewalttätigkeiten von Vätern gegenüber ihren Kindern zum Gegenstand haben. Ich vermute jedoch, daß bald auch zu diesem Thema (wie zuvor zum Thema Vergewaltigung) eine Fülle von Büchern und Untersuchungen veröffentlicht werden wird. Wir werden dann mehr erfahren in bezug auf das schockierende Überhandnehmen unaufgedeckter inzestuöser Beziehungen zwischen Vätern und Söhnen, über den sexuellen Mißbrauch von Kindern in der Familie oder in der kommerziellen Prostitution und Pornographie. Wir werden dann mehr wissen über den emotionalen Terror, die physische Tortur und den beabsichtigten oder unbeabsichtigten Mord von Kindern durch ihre Väter und Mütter.

Glücklicher- oder unglücklicherweise hat es den Anschein, daß

Mütter dazu neigen, ihre Kinder verbal oder psychisch zu kontrollieren und zu bestrafen. Das hat seinen Grund zum Teil darin, daß Mütter solche Methoden für ihrer Rolle angemessen halten, und zum andern Teil darin, daß Mütter glauben, auf diesem Weg weniger «Schaden» anzurichten als durch physische Gewaltanwendung.

Mütter, die ihre Kinder *physisch* mißhandeln, tun dies oft erst nach einer langen Vorgeschichte. Ein solches Verhalten wird bei Frauen rasch mit einer extremen emotionalen und geistigen «Verwirrung» in Verbindung gebracht – und bei seiner Aufdeckung entsprechend behandelt. Es wird darüber hinaus wichtig, sich vor Augen zu führen, daß in zahlreichen Fällen von aufgedeckter Kindesmißhandlung Mütter «die Schande auf sich nehmen» und für Ehemänner und Hausfreunde geradestehen – damit sich die Mißhandlungen nicht in noch schlimmerem Ausmaß wiederholen, oder damit nicht eine unerläßliche Einkommensquelle verloren geht.

Kindesmißhandlung wird bei Männern eher für «normal» gehalten. Man unterstellt, daß die meisten Männer ihrer Natur nach eher aggressiv sind und in diesem Verhalten durch den Wettbewerb mit andern Männern außerhalb der Familie fortlaufend bestärkt werden. Darüber hinaus werden physisch aggressive Mittel von Kontrolle oder Bestrafung als mit der Männerrolle eher vereinbar angesehen.

In Wirklichkeit verstehen es die meisten Väter, den physischen Ausdruck ihrer Kindesmordimpulse oder Rivalitätszwänge gegenüber ihren Söhnen herunterzuspielen. Dies geschieht zumeist dadurch, daß kleine Kinder in die Obhut von Frauen gezwungen werden. Der Antrieb zum Kindesmord gegenüber den eigenen Söhnen wird darüber hinaus durch ein psychologisches Motiv neutralisiert, das jedes Gefühl der Rivalität außer Kraft setzt, nämlich durch das männliche Bedürfnis, den Tod durch Fortpflanzung zu bekämpfen. Söhne stellen die genetische Zeugungskraft ihrer Väter und deren ersehnte Lebenslinie zur Unsterblichkeit dar. Die väterliche Feindseligkeit wird ferner durch etwas herabgesetzt, aber nie vollständig aufgelöst, das häufig als «Auflösung des Ödipuskomplexes» bezeichnet wird.

Es wird oft behauptet, daß Väter sich Söhne wünschen, aber Töchter «vorziehen». Der Schriftsteller John Stoltenberg meint:

«In den Phantasien von Vätern sind alle Föten männlicher Natur, es sind für sie Aufbewahrungsorte des phallischen Lebens . . . Jeder Vater stellt sich vor, daß vergangene phallische Empfindungen in einem Fötus aufbewahrt sind und daß er sie irgendwie wiedererlangen kann. Wenn ein Säugling ohne nach außen hin sichtbare Geschlechtsteile geboren wird, endet die väterliche Projektionsphantasie von einem phallischen Leben im Fötus. Wird der Säugling dagegen als Junge geboren, wird diese Projektion eines phallischen Lebens bis ins Kleinkindalter hinein fortgesetzt.»[1]

Die erhoffte ödipale Auflösung bezieht sich sehr viel mehr auf Väter als auf Mütter. Gegenstand des ödipalen Konflikts ist nicht so sehr das Verlangen eines Sohnes, seine Mutter *sexuell* zu besitzen, als vielmehr der (wie auch immer geartete) Wunsch des Sohnes, Feindseligkeit oder Mißbilligung von seiten seines Vaters zu vermeiden. Ein Sohn kann die Identifizierung mit seiner Mutter «zurückweisen», sich mit seinem Vater identifizieren oder sich auch gerade *nicht* mit seinem Vater identifizieren. Auf jeden Fall schlägt er einen Weg ein, in dessen Verlauf er Zustimmung, Sicherheit und eine «unangreifbare» Identität erlangt und der es ihm ermöglicht, jede Art von Kastrationsangst abzuwehren.

Stoltenberg formuliert theoretisch ein bedeutsames und im Grund «unsichtbares» psychisches Ereignis, das (neben anderen) die Auflösung der ödipalen Situation vorwegnimmt oder einleitet:

«Der Junge kommt einmal hinzu, als gerade der Vater seine Frau mißbraucht. Dies kann ein einziges Mal oder es kann hundertmal geschehen. Passieren muß es nur einmal, und der Junge wird mit Angst darauf reagieren und sich unfähig fühlen, einzugreifen. Daraufhin wird der Vater auf den Jungen selbst wütend sein (und ihn bestrafen). Wut und Strafe werden im Verhältnis zu der Regelverletzung, von der der Junge wußte, übermäßig groß sein. Dies geschieht ein einziges Mal oder hundertmal. Passieren muß es nur einmal, und der Junge wird sich voller Schmerz fragen, warum seine Mutter die Wut des Vaters und seine Bestrafung nicht verhindert hat . . .»

1 John Stoltenberg: «Eroticism and Violence in the Father–Son Relationship» in: Jon Snodgrass (Hg.) *For Men against Sexism: A Book of Readings*, Albion, Calif. (Times Change Press) 1977.

Um dem Schicksal der Mutterfigur zu entgehen und um den Vater zu besänftigen, müssen Söhne dann eine Entscheidung fällen, die etwa folgendermaßen lautet:

«Ich entsage meiner Mutter. Ich verzichte darauf, wie sie zu *empfinden* und wie sie *behandelt* zu werden. Ich verleugne meinen Glauben an ihre *Macht*. All dies tue ich – damit mein Vater mich anerkennt, damit er auf seinen eigenen Antrieb, mich zu töten oder zu kastrieren, verzichtet, damit mein Vater mich vor der Gewalttätigkeit anderer Männer beschützt und damit ich gewalttätig *werde* wie andere Männer.»

Diese Erklärung zur Auflösung des ödipalen Konflikts wird nie ausreichen, um vollständige Liebe von seiten des Vaters zu erlangen oder jede Identifizierung mit der Mutter auf seiten des Sohnes zurückzuweisen. Die gierige Stimme, die einer Auflösung des ödipalen Konflikts das Wort redet, spricht in einem inneren Monolog psychisch tatsächlich ein Leben lang fort. Sie ist manchmal laut, manchmal bleibt sie ganz in Erinnerungen versunken. Stets aber ist sie an den äußeren Handlungen von Männern abzulesen.

Zumindest ein weiteres psychisches Ereignis muß eintreten (und auch dieses muß nur einmal geschehen), um eine Auflösung des ödipalen Konflikts sicherzustellen. Der Sohn muß den Versuch unternehmen, seinen Vater zu einer nachgiebigeren Form von Intimität ihm gegenüber zu veranlassen. Er tut dies, indem er ihm durch Charme oder Unterwerfung seine physische Verwundbarkeit oder seine zärtliche Nähe zeigt. Wahrscheinlich gehen Söhne zumeist ihren Müttern gegenüber so vor.[1]

Solche Anzeichen von Verwundbarkeit oder Zuneigung von seiten eines Sohnes *können* einen Vater jedoch *nicht* beeindrucken. Er *darf* sich von ihnen nicht beeindrucken lassen. Frauen können durch Anzeichen jungenhafter physischer Verwundbarkeit oder Verführbarkeit entwaffnet sein – die meisten Männer hingegen fühlen sich

1 Ob eine solche Annäherung an einen von beiden Elternteilen «sexuell» in einem erwachsenen Sinn ist, bleibt unklar. Gewiß kann es sich dabei nicht um eine bewußte sexuelle Annäherung handeln. Denn man muß sich vor Augen führen, wie verwirrt die meisten fünf- oder sechsjährigen Kinder angesichts von ausschließlich genitaler Sexualität sind.

durch sie bedroht. Sie sehen sich selbst in ihnen und kennen die Folge eines offen erotischen und «vertrauensvollen» Verhaltens gegenüber einem anderen Mann. Väter müssen ihre Söhne lehren, sich nie in dieser Weise auf andere Männer einzulassen.

Theoretisch braucht ein Sohn sich seinem Vater nur *einmal* in dieser Weise zu nähern. Wenn er zurückgewiesen wird, wenn sich seine Darbietung von Verwundbarkeit oder Verführbarkeit als unwirksam erweist, dann kann diese Form der Annäherung an andere, mächtigere Männer im Geist des Jungen für immer tabuisiert werden.

Derlei Formen der Annäherung und ihr Scheitern können zum Teil erklären, warum sich erwachsene Männer entweder mit unnötiger, abwehrbereiter Unterwürfigkeit oder voller Herrschsucht aufeinander beziehen. Männer finden überall Erleichterung darin, in einer nur aus Männern gebildeten Hierarchie entweder eine «beherrschende» oder eine «untergeordnete» Position einzunehmen – solange nur der ihnen zugewiesene Rangplatz klar umrissen ist.

Solche verdrängten und verbotenen Sexualbestrebungen führen in Verbindung mit einer *reaktiven* Mordlust zu immer neuen Waffenstillstandsversuchen oder «Verbrüderungen» zwischen Männern. («Reaktiv» sind sie in dem Sinn, daß die Feinseligkeit von den Vätern ausgeht und die Söhne entweder ihrerseits mit Feindseligkeit oder, was wahrscheinlicher ist, mit Schuldgefühlen darauf reagieren, daß sie ihre Väter zu feindseligen Handlungen «provoziert» haben.)

Erwachsene Männer schließen sich männlichen Führerfiguren an, um die fortdauernde Angst loszuwerden, nicht zu wissen, wann sie den nächsten Angriff zu erwarten haben. Sie fürchten, ihm allein ausgesetzt zu sein. Wenn erwachsene Männer einen männlichen Führer auswählen, wird ihnen zugesichert, daß sie zwar geringe, aber doch mit Gewißheit erwartbare Anteile an der Beute selbst behalten dürfen. Dadurch werden «Gefolgsleute» vor der Möglichkeit bewahrt, keinerlei Beute zu machen und noch größerer Unsicherheit, größerer Erniedrigung oder gar dem Tod preisgegeben zu sein.

Wenn mehrere Mitglieder einer Bande eine Frau vergewaltigen, fühlen sich die Gruppenmitglieder, die einen geringeren Rang einnehmen, häufig «erotisch» zu ihren Anführern hingezogen. Daß Jungen in ihrer Kindheit ihre Väter durch die Darstellung ihrer

Verwundbarkeit kontrollieren oder für sich einnehmen wollen und daß sie damit scheitern, könnte dieses Phänomen teilweise erklären. Die heterosexuelle Vergewaltigung durch ganze Banden ist ein ebenso brutaler wie klarer Ausdruck einer bestimmten Auflösungsform des ödipalen Dilemmas. Väter und Söhne schließen einen Pakt miteinander, der sie verpflichtet, was sie gemeinsam besitzen – den Penis – gegen Körper ohne Penis, also gegen weibliche Körper einzusetzen. Bei der Vergewaltigung durch Banden führt die gegenseitige Verachtung für die «andere» Art von Körpern zu einem Waffenstillstand innerhalb der Bande. In der patriarchalen Ehe stellt die «gesetzlich» geregelte Verwendung des weiblichen Körpers durch den Mann ein weiteres männerbündisches Element in unserer normalen «zivilisierten» Gesellschaft dar.

Auch die traditionelle, offene männliche Homosexualität kann eine wirksame Lösung des ödipalen Dilemmas bieten. Viele Männer gehen diesen Weg, um sich so stark wie möglich mit symbolischen Vater- oder Sohngestalten zu «verbünden». Aber diese Lösung ist gesellschaftlich nicht anerkannt. Ihre Verdrängung oder Sublimierung führt zu dem Bedürfnis der Männer nach einer sado-masochistischen hierarchischen Ordnung, wobei es ihnen gleichgültig ist, ob sich diese Ordnung nur auf Männer erstreckt oder auf Männer und Frauen.

Die männliche Homosexualität kann auch als einer der Versuche auftreten, die Gewalttätigkeit zwischen Männern einzuschränken, ganz gleich, ob es sich dabei um Gewalttätigkeit handelt, die von Vätern oder von Söhnen ausgeht. Während sie um andere Männer, um Weltreiche oder um ihr phallisches Schicksal kämpfen, kämpfen männliche Homosexuelle zumindest untereinander nicht um Frauen. In traditionellen Gesellschaften haben Männer die männliche Gewalttätigkeit (wie sie glaubten) dadurch auf ein Minimum reduziert, daß sie untereinander Frauen austauschten. Wenn ein Mann einem anderen seine Tochter zur Frau gab, dann war in diesen historischen Gesellschaften ein Krieg zwischen ihnen weniger wahrscheinlich. Frauen wurden auch dazu verwendet, mögliche Gewalttätigkeiten zwischen Männern herunterzuspielen.

Ein weiterer «Grund» für die männliche Homosexualität liegt in der Hoffnung, die Beziehung von Vater und Sohn auszuleben oder

aufzulösen; denn diese Beziehung bleibt gewöhnlich ambivalent, tragisch und unaufgelöst. Homosexualität ist eine Möglichkeit, in engen Kontakt mit einem Angehörigen des eigenen Geschlechts zu treten, der *nicht* für die unmittelbare elterliche Fürsorge verantwortlich war und dessen Körper nicht mit frühkindlicher Abhängigkeit in Verbindung gebracht wird.

Männliche Homosexualität ist wie die männliche Heterosexualität auf die patriarchale Angst, den Haß oder Neid gegenüber Frauen als den Gebärenden bezogen. Männliche Homosexuelle, Künstler, Priester und Krieger tragen angeblich in einzigartiger, individueller, transzendenter Weise zu unserer Existenz bei. Sie sind abgestoßen vom Blut der Geburt, von deren schon vorher abzusehender Gewöhnlichkeit und schließlich davon, daß sie selbst von ihr ausgeschlossen sind.[1]

Gehorsam gegenüber irdischen und himmlischen Diktatoren ist durch einen Verzicht auf offene Homosexualität erotisch bestimmt. Väterliches Wohlwollen wird, gerade weil es offenkundig fehlt, leidenschaftlich ersehnt. Trotz (oder gerade wegen) der Tragödien des Lebens bestehen die Menschen darauf, daß Gott als ihr Vater existiert, daß er gütig ist und daß man ihm gehorchen muß. Darin liegt die traditionelle männliche Unterwerfung unter eine dominantere Männergestalt.

Wir haben hier einen Grund dafür, warum es Königen und zeitgenössischen politischen Führern so wichtig ist, einer höheren himmlischen Autorität gegenüber Gehorsam zu erweisen oder zu erzwingen. Der Anblick eines Königs, Diktators oder Oligarchen, der vor einem männlichen Gott, vor einer männlichen Vaterautorität niederkniet, verdunkelt die Ungleichheit zwischen männlichen Führerfiguren und ihren männlichen Gefolgsleuten. Die Ehrerbietung eines Herrschenden vor einer «höheren Autorität» soll jedes Chaos oder jeden Aufstand unmöglich machen, der aus der Erniedrigung und Ungleichheit seiner Gefolgsleute entstehen könnte. Selbst der

1 Männer sind aus der Psychobiologie der Geburt nicht wirklich «ausgeschlossen». In der Tat haben die meisten Frauen das Gefühl, daß sie einem *Mann* und nicht sich selbst oder ihren Müttern ein wunderbares Geschenk machen, wenn sie «sein» Kind austragen.

König, sogar der Präsident, so soll gezeigt werden, akzeptiert den Willen und die Autorität einer «höheren» Männergestalt. Darum sind in Wirklichkeit alle Männer gleich.

Der Verzicht auf offene Homosexualität wird durch den gegenseitigen Sadismus unter Männern erleichtert. Wenn man Verwundbarkeit und das Verlangen, von einem anderen Mann beschützt und geliebt zu werden, zum Ausdruck bringt, kann es passieren, daß sich dieser als so fern und gefährlich erweist wie der eigene Vater. Ein anderer Mann oder eine Gruppe von Männern können einen Homosexuellen ganz genauso mißbrauchen, wie es der eigene Vater getan hat. Der männliche Homosexuelle wird häufig wie eine wertlos gemachte und gefürchtete Frau behandelt.

Weil es so wichtig für sie ist, auf das Verlangen nach offener Sexualität zu verzichten, lernen Männer, ihre wirkliche Verwundbarkeit und ihre Sehnsüchte sicherer im privaten Bereich, also einer Frau gegenüber, auszudrücken. Sie kann sich nicht einfach weigern, das männliche Bedürfnis nach Abhängigkeit zu befriedigen. Eine Frau, die auf diese Weise beherrscht wird, hat nur wenig Ähnlichkeit mit der verbotenen und in der Kindheit beherrschenden Gestalt der Mutter. Es ist also der Verzicht auf offene Homosexualität, der es Männern gestattet, Mutterleibsmänner zu ficken, zu heiraten und zu beschützen, welche sie zugleich fürchten, verachten und beneiden. Der Verzicht auf offene oder totale Homosexualität sichert die Fortpflanzung der menschlichen Rasse . . .

Wenn Männer «ihren» weiblichen Besitz mit anderen Männern teilen, so bringen sie bis zu einem gewissen Grad dadurch ihr Verlangen zum Ausdruck, verbotene homosexuelle Bestrebungen in einer gesellschaftlich tolerierten und finanziell einträglichen Weise zu befriedigen. So geben Väter in traditionellen Gesellschaften ihre Töchter Männern ihrer Wahl oder teilen sie gar mit ihnen; so bezahlen Männer andere Männer für politische und ökonomische Begünstigungen oder Transaktionen mit Frauen, das heißt mit Prostituierten; so bringt eine steigende Anzahl von Männern unter vierzig in den Vereinigten Staaten ihr «brüderliches» Verhältnis zu anderen Männern (unabhängig davon, ob sie im politischen Spektrum auf der «Linken», «Rechten» oder in der «Mitte» angesiedelt sind) dadurch zum Ausdruck, daß sie Frauen, Freundinnen oder Prostituierte se-

xuell mit ihnen teilen. Der gefährliche Hang zur Brüderlichkeit kann sicherer dadurch ausgedrückt werden, daß ein eifersuchtsfreier Austausch von (weiblichem) Besitz stattfindet, also von einem Gut, um das Männer gewöhnlich kämpfen. (Männer haben ganz andere Auffassungen von der «freien Liebe», sobald sie von Frauen ausgeübt wird, die ihrerseits eine freie Wahl treffen. Sie sind daher nicht bereit, als übertragbare «Geschenke» von einem Mann zu einem anderen herzuhalten.)

Wenn man Furcht und Schrecken der Männer vor anderen Männern mit dem männlichen Verlangen nach väterlicher Liebe in Verbindung bringt, so ist es verständlich, daß die meisten Männer vor *verwundbaren* und zeitlich nicht begrenzten intimen Verhältnissen mit anderen Männern zurückschrecken. Rigide männliche Rituale, wie zum Beispiel das Händeschütteln oder das Zeremoniell von Studentenverbindungen, die leicht als «Signale» zwischen Männern erkannt werden können, sind für ein männliches Sicherheitsgefühl wesentlich. Es ist unerläßlich, daß Männer ihre unerwiderte Liebe zu anderen Männern ebenso verleugnen wie ihre Furcht vor ihnen.

Söhne verwandeln die Angst vor ihren Vätern zu einer sichereren Furcht: sie fürchten sich vor ihren Müttern oder verachten sie. Es fällt ihnen leichter, eine anfängliche *physische* Verwundbarkeit gegenüber ihren Vätern in der Erinnerung zu behalten als eine *sexuelle* Verletzbarkeit oder Versuchung angesichts ihrer Mütter, auf die sie (sicher) verzichtet haben.

3. Einen Penis zu haben

Das schwierige Machtgleichgewicht zwischen Söhnen und Vätern beruht darauf, daß *beide* die Bedeutung dessen anerkennen, was sie gemeinsam haben, des Penis. Die einfache anatomische Tatsache macht alle Männer einander «gleich» und von allen Frauen «verschieden». Auf Grund dieser Tatsache kommen Männer zu dem Glauben, daß Frauen nicht wirklich menschliche Wesen sind. Dieser Glaube ist so entscheidend und so tiefsitzend, daß er sowohl Männern wie Frauen psychologisch «verborgen» bleibt. Aus einer Reihe von Gründen leugnen sowohl Männer wie Frauen diesen Glauben. Sie spielen seine Bedeutung herunter, bringen sie mit anderen Dingen durcheinander oder behaupten, daß sie die verborgenen Vorteile dieses Glaubens «vorziehen».

Die Folgen dieses Glaubens sind enorm. Indem sie anerkennen, daß *alle* Männer einen Penis besitzen, und indem sie erklären, daß *dies* die Wurzel sowohl wahrer Menschlichkeit wie wahrer Göttlichkeit sei, können Männer vor den Schmerzen und Beleidigungen zurückschrecken, die sie anderen Männern antun, ohne die Schmerzen und Beleidigungen überhaupt zu bemerken, die sie Frauen antun. Die Vergöttlichung des Penis erlaubt es den Männern, weibliches Leiden als *nicht* repräsentativ für *menschliches* (also männliches) Leiden zu erfahren. Weibliche Leiden werden dadurch als weniger bedeutungsvoll oder bedrohlich dargestellt als die Schmerzen, denen Männer ausgesetzt sind.

So sind etwa die meisten Männer angesichts der analen Vergewaltigung eines anderen Mannes entsetzt. Sehr viel weniger entsetzt

jedoch sind sie über die anale oder vaginale Vergewaltigung einer Frau. Dies gilt insbesondere dann, wenn diese Frau mit ihnen nicht blutsverwandt oder verschwägert ist. Die meisten Männer empfinden darüber hinaus jeden weiblichen Gefühlsausdruck als allzu intensiv und bedrohlich, als einen Angriff oder als Versuch von seiten der Frau, eine Kontrolle auszuüben. Frauen sind häufig sprachlos über die strenge Mißbilligung, die Verachtung und den Sadismus, der Männer, wenn ihre Frauen innerhalb der gemeinsamen Wohnung weinen, sich beklagen oder Forderungen erheben.

Männer verhalten sich in dieser Weise, weil sie schuldig sind. Sie sind nicht schuldig, weil sie vatermörderische Wünsche hegen, sondern weil sie ihre Mütter verraten und mit anderen Männern zusammen wie eine Kaste von der emotionalen, ökonomischen, gesellschaftlichen und politischen Kastration der Frauen profitiert haben. Männer spüren, daß weibliche «Emotionen» gefährlich sind, weil sie glauben, daß diese Emotionen letzten Endes auf blanke Wut hinauslaufen müssen. Dies zu verstehen und mit Frauen entsprechend mitzufühlen, bedeutet für einen Mann, daß er seine Mutterliebe zugeben, einen psychologischen Muttermord bekennen und das schwer errungene Schweigen des Bündnisses zwischen Vater und Sohn durchbrechen muß. Psychisch bedeutet die Aufkündigung des patriarchalen Bündnisses und der Verrat an diesem, daß sich ein Mann der Lächerlichkeit preisgibt und von Männern ebenso wie von Frauen verachtet oder geächtet wird. John Stoltenberg schreibt hierzu:

«Um von seiner Mutter so verschieden zu werden, wie er nur kann, beginnt der Sohn, seinen Körper von der Sexualität der Mutter zu befreien ... Jeder Nerv in seinem Körper ist auf der Hut gegen die Mutter, gegen eine Fortsetzung des Verhältnisses mit ihr und gegen die Fortdauer der erotischen Beziehung zu ihr ... Die gesamte erotische Gefühlswelt, die sich auf andere Lebewesen beziehen könnte, wird taub in dem Jungen angesichts des Schreckens, mit dem ihn die Vorstellung quält, sich je wieder eins mit seiner Mutter zu fühlen. Der Junge bemerkt, daß er einen Penis hat und die Mutter nicht. Wenn er seinen Penis nicht spüren kann, wird er sicher so sein wie sie. Damit beginnt die Entkörperlichung der Empfindungen in diesem kleinen Organ.

Später im Leben wird die Sexualität des Jungen ausschließlich seinen Penis bewohnen, jenen Teil von ihm, der nicht seine Mutter ist ... Er wird frustriert sein angesichts der Entdeckung, daß dieses Organ anatomisch unfähig ist, diese Obsession auf Dauer zu erhalten. Er wird nach einem Samenerguß nicht zufrieden damit sein, daß seine phallische Sexualität sozusagen abstirbt. Je mehr er die Erinnerung an seine Mutter aus seinem Körper getilgt hat, desto mehr muß seine phallische Sexualität sein gesamtes Selbstgefühl verkörpern. Dies ist die männliche Identität, wie sie durch den Vater und gegen die Mutter definiert wird. Eine solche Identität bedarf einer fortlaufenden Überprüfung in einem verzweifelten Kampf, sich nicht mit dem Körper und der Sexualität der Mutter zu identifizieren.»

Die meisten Männer respektieren das Leid von Frauen während der *Geburt* – aber sie identifizieren sich nicht mit ihm. Männer neigen dazu, die Schmerzen der Geburt über Gebühr zu dramatisieren oder aber festzustellen, daß sie mit ihnen nicht fertigwerden. Andere Männer wiederum werden dadurch mit einer Geburt fertig, daß sie sie in ihrer Bedeutung herunterspielen. Als Ärzte behandeln sie sie häufig sadistisch. Im Vergleich dazu erkennen Frauen die Leiden der Männer in den ausschließlich von Männern bestrittenen ökonomischen oder militärischen Kriegen durchaus an und identifizieren sich auch mit diesen Leiden, als wären sie eine zum *Menschen* gehörende Mühsal oder Tragödie.

Weil Männer glauben, daß Frauen, Wesen ohne einen Penis, keine Menschen sind, daß Frauen Teufel oder Engel, Göttinnen oder Huren sind, haben viele Männer ein ursprüngliches Bedürfnis, Frauen zu «beschützen». Sie «beschützen» sie davor, als außer- oder überirdische Wesen behandelt zu werden. Sie «beschützen» sie in einer Ecke, in der der Schaden, den sie anrichten können, begrenzt, klein oder auf kleine Menschen begrenzt ist.

Weil Männer glauben, daß Frauen keine Menschen sind, sind so viele Männer vollkommen perplex, distanziert und unfähig zu Mitleid oder Identifizierung angesichts von Frauen, die sich darüber «beschweren», daß sie unglücklich, gelähmt, enttäuscht oder ängstlich sind.

Frauen fällt es selbstverständlich ebenso schwer, männliche Be-

dürfnisse wirklich zu verstehen. Häufig verachten sie das Bedürfnis der Männer, «fürsorglich behandelt» und «verstanden zu werden». Aber Frauen ist beigebracht worden, alles zu schätzen, was Männer schätzen und brauchen – auch wenn es *sie* als Frauen verletzt oder verwirrt. Sobald Ehefrauen unabhängig von ihren Männern enge Freundschaft miteinander schließen, fühlen sich ihre Männer häufig durch die Möglichkeit bedroht, daß Geschöpfe, die nicht zum männlichen Geschlecht zählen, über sie tratschen oder lachen. Sie fürchten auch, daß ihre Frauen eine mütterliche Treue und Loyalität außerhalb der Familie «verschwenden», die ganz innerhalb der Familie bleiben sollte.

Freundschaften zwischen einzelnen Frauen funktionieren ähnlich wie männerbündische Zusammenschlüsse. In beiden Fällen handelt es sich darum, Konformität zu erzwingen und nichtkonformes oder sozial gefährliches Denken und Handeln einzudämmen, aufzufangen oder zu zerstreuen. Männerbündische Zusammenschlüsse dienen daneben noch weiteren Zwecken – und haben andere Folgen.

Unter Männern ist der Besitz eines Penis der Beweis einer gemeinsamen Teilhabe an der Menschheit. Es ist der Beweis eines Waffenstillstands zwischen Vater und Sohn, wie unangenehm ein solcher Waffenstillstand auch immer sein mag. Es ist der Auslöser einer wechselseitigen Identifizierung. Erwachsene Männer vergleichen sich stets mit anderen Männern in bezug auf die Größe ihres Penis und ihre psychische Stärke. Immer fühlen sie das Bedürfnis nach einem männlichen «Waffenstillstand», welche Kosten er auch immer mit sich bringt. Dies ist eine Übertragung, die sie bereits zuvor im Verhältnis zu ihrem Vater vorgenommen haben.

Söhne erfahren ursprünglich, daß sie (und ihre Penisse) klein sind angesichts der Größe des Körpers und des Penis ihres Vaters. Die männliche Vorstellung oder Furcht, sexuell kastriert zu werden, *muß* ebenso auf eine frühe Angst zurückgehen, daß der *Vater* dies tut, wie auf die Betrachtung des Fehlens eines Penis bei der angeblich kastrierten Mutter und bei allen Frauen.

Wie wir uns erinnern, können die Bereitschaft des Patriarchen Abraham, seinen Sohn Isaak zu opfern, und die darauf erfolgende Ersetzung des Opfers durch die Beschneidung so interpretiert werden, daß männliche Götter und Väter ihre jungen (und sogar gelieb-

ten) Söhne zwar zu töten vermögen, aber sich auch ebenso dafür entscheiden können, dies nicht zu tun. In dem Maße, in dem sie stärker werden, müssen die Söhne sich dankbar daran erinnern, daß sie «verschont» worden sind, und sich entsprechend verhalten, indem sie ihrerseits ihre alternden Väter «verschonen» und respektieren.

Wenn Männer von der «Kastrationsangst» sprechen, scheinen sie sie assoziativ mit einer lang andauernden oder sehr intensiven heterosexuellen Beziehung in Verbindung zu bringen. Ein allzu intensiver oder allzu «vertiefter» Kontakt mit einer Frau erinnert Männer an den Elternteil, der über keinen Penis verfügte und sie nicht vor dem anderen Elternteil mit einem Penis beschützen konnte oder wollte.

Wenn sie nach ihrer «Kastrationsangst» gefragt werden, sprechen Männer von ihrer Furcht vor einer Sterilisierung oder vor irgendeiner anderen Art von chirurgischem Eingriff, durch den ihr Körper verletzt oder verstümmelt werden könnte. Alles Männerblut, das vergossen wird, wird von Männern als etwas Sexuelles, als sexuelle Verstümmelung erfahren. (Regelmäßig vergossenes weibliches Blut erinnert Männer an ihre «Kastrations»-Angst. Es erinnert sie auch an ihr tief verdrängtes Verlangen, Kinder zu gebären, sowie an ihre Unfähigkeit, dies zu tun.) Allem Anschein nach sitzt die männliche Identität (oder vielmehr die *Zerbrechlichkeit* der männlichen Identität) tatsächlich in dem exponierten und verletzbaren Penis sowie in den Hoden. Ein fünfundzwanzig Jahre alter Vater von zwei Kindern äußerte folgendes:

«Kastriert zu werden, hat mich nie *wirklich* nervös gemacht. Ich denke überhaupt nicht daran. Aber ich könnte mich nie sterilisieren lassen. Niemals! Es kommt mir dabei nicht darauf an, daß ich mit meiner eigenen oder mit einer anderen Frau dann keine Kinder mehr haben könnte. Ich habe auch keine Angst, daß ich dabei mein sexuelles Verlangen oder sonst etwas verlieren könnte. Es ist einfach ein Gefühl, das ich nicht erklären kann. Es ist ein schreckliches, kaltes, taubes Gefühl, das man wohl hat, wenn man bei einem Unfall ein Bein verliert oder wenn einem ohne Narkose ein Bein abgenommen wird . . . Meine Frau hat eine natürliche Geburt versucht und war dazu nicht in der Lage. Ich war die ganze Zeit bei ihr und habe ihre Schmerzen gesehen. Ich hätte das nie ertragen können. So

ungefähr, nur noch schlimmer, stelle ich mir eine Sterilisation vor.»

Wenn sie nach ihrer «Kastrationsangst» gefragt werden, antworten Männer entweder mit der Feststellung, daß sie keine haben, oder sie sagen, daß sie sich davor fürchten, von ihren Müttern oder Ehefrauen «kastriert» zu werden. Nur selten erwähnen sie ihre Väter oder andere Männer. Das Schweigen über den männlichen Waffenstillstand reicht tief. Die Angst vor den Vätern wird auf die Mütter verschoben und kommt nur in Anekdoten über «kastrierende» Frauen heraus.

Wenn ich ihnen zuhöre, denke ich mir, daß sich Söhne tatsächlich «zerrissen» gefühlt haben, sobald sie sich psychisch von ihrer Mutter gelöst und auf sie verzichtet haben. Nicht zerrissen wurden sie jedoch im Hinblick auf ihre *sexuellen* Organe und ihren gesamten Körper. Ja, Söhne nehmen wahrscheinlich die weibliche Unfähigkeit übel, sie vor ihren Vätern oder vor dem Wettbewerb der erwachsenen Männer zu schützen und zu beschützen. Söhne nehmen es vielleicht übel, von Müttern gezwungen zu werden, «aus dem Haus zu gehen», die ihrerseits daheim bleiben können und angeblich vor männlichen Gewalttätigkeiten sicher sind.

Wenn man sie nach ihrem Penis (und nicht nach ihrer Kastrationsangst) fragt, antworten Männer häufig mit einem ungeheuren, angeberischen Interesse an dessen «Größe», an der «Häufigkeit» der Erektionen und an den «sichtbaren Beweisen» seiner Aktivität. Ein einunddreißig Jahre alter Mann sagte:

«Ich kann noch immer fünf Erektionen pro Abend haben, besonders wenn ich mit einer neuen Frau zusammen bin.»

Viele Männer antworteten auf diese Frage, indem sie mir erzählten, daß die Größe des Penis wirklich nicht wichtig sei. Dann aber fügten sie hinzu, wie glücklich sie seien, einen relativ großen Penis zu besitzen.

Wenn ich sie danach fragte, wie es denn sei, einen Penis zu haben, sprachen eine ganze Reihe von Männern davon, wieviel mehr Orgasmen Frauen im Vergleich zu Männern haben können. Mindestens zehn Männer lenkten innerhalb von fünf Minuten nach meiner Frage das Gespräch darauf, daß Frauen Vibratoren verwenden. Daß Männer über die weibliche Sexualität sprachen, wenn ich sie nach

ihrer eigenen befragte, ist eine Art zu antworten, die eine besonders aggressive Unsicherheit zum Ausdruck bringt. Dieser Antworttypus scheint auf den männlichen Uterusneid bezogen zu sein und (möglicherweise) auf eine neu erwachte Angst bei Männern, die sich auf moderne «Entdeckungen» über die sexuellen Fähigkeiten von Frauen gründet.

Es ist absurd, aber Männer neigen dazu, männliches Sexualverhalten als die Moral und den Bezugspunkt des menschlichen Sexualverhaltens anzusehen. Männer gehen davon aus, daß Frauen sexuell unersättlich sind. Folglich nehmen sie an, daß Frauen sich sexuell wie Männer verhalten würden, also ängstlich, untreu und stets nur sich selbst bestätigend, wenn sie so «frei» wären wie Männer.

Es ist leicht zu verstehen, warum so viele Männer sich durch neuere Forschungen über die weibliche Sexualität und die Fähigkeit von Frauen, zum Orgasmus zu gelangen, zwar bedroht, gelangweilt oder abgestoßen fühlen, aber diese Forschungen mit beinahe kindlichem Interesse verfolgen. Für Männer ist es sowohl faszinierend wie auch widerwärtig, sich neben allen anderen Männern auch *Frauen* als sexuelle Konkurrenten vorzustellen, die darüber hinaus den natürlichen Vorzug einer größeren orgasmischen Fähigkeit ebenso besitzen wie einen Uterus. «Faszinierend» ist es, weil Männer über ein ursprüngliches Interesse an allem verfügen, mit dem sie sich messen oder gegen das sie konkurrieren können, um sich ihre eigene Identität und Existenz zu beweisen. «Widerwärtig» ist es, weil sexueller Wettbewerb zwischen Männern um «Mutterleibsmänner» zwar zugelassen ist, ein Wettbewerb *zwischen* Männern und Mutterleibsmännern aber nur allzu gefährlich an den vergrabenen Uterusneid erinnert. Ein solcher Wettbewerb wäre nach Auffassung von Männern ungerecht und witzlos.

«Sex» ist für die meisten Männer undenkbar ohne die Gegenwart eines Penis. Er ist für sie von entscheidender Bedeutung, um sich in ihrer Identität zu bestätigen. Aber dennoch haben Männer einen archaischen (oder kindlichen) Schrecken vor der Macht oder dem «Mysterium» des weiblichen Körpers und der weiblichen Sexualität. Männer beschreiben ihre heterosexuellen Beutezüge als heroische, maskuline Übergangsriten. Ihren Darstellungen zufolge erfahren sie

sie als etwas Schwieriges und Angstauslösendes, das sie glorreich überstanden oder still überlebt haben.

Wenn Männer nicht verschreckt vor der Möglichkeit stünden, von den biologisch angeblich niedriger stehenden Frauen als unzulänglich erkannt zu werden, wenn Männer nicht entsetzt und eifersüchtig auf die Fähigkeit von Frauen reagieren würden, Kinder zu gebären, wenn Männer nicht angesichts von weiblichen sexuellen Bedürfnissen oder Ansprüchen angewidert wären – dann wäre die weibliche Sexualität nicht so grausam exiliert. Sie lebte dann nicht in Kolonien von (sexuell) anspruchslosen Mädchen-Bräuten und Kind-Frauen oder in den Kolonien von (sexuell) anspruchslosen Prostituierten, Konkubinen oder Sklavinnen.

Zwei Schriftsteller, Renos Mandis und Andrea Dworkin, beschäftigen sich mit dem scheinbaren Paradox, daß Männer von einem zwanghaften heterosexuellen Verlangen getrieben sind, obwohl sie Angst und Ekel vor der Heterosexualität haben. In einem unveröffentlichten Aufsatz schreibt Mandis:

«Don Juan ist ständig in Bewegung. Er kann kein Ende finden. Seine Männlichkeit erfährt er als einen ‹Mangel›. Sie ist etwas, das man haben muß, was dann eben bedeutet, daß man es nicht ‹hat›. Und ‹haben› kann man es nur, indem man es tut, das heißt, um zu wissen, daß man es hat, muß es in irgend etwas außerhalb der eigenen Person verkörpert sein. Man braucht eine Sicherheit von außen, die man immer und immer wieder erwerben muß. Man kann sich, mit anderen Worten, die eigene Männlichkeit nur durch andere Menschen bestätigen lassen. Man braucht diese Bestätigung und das Gefühl, sie haben zu müssen, um zu überleben.»[1]

Andrea Dworkin weist darauf hin, daß Männer zwanghaft den heterosexuellen Geschlechtsakt überbewerten oder entwerten. Sie schreibt:

«Wenn Männer Sexualität, Gewalttätigkeit und Tod als grundlegende erotische Wahrheiten ansetzen, so bedeutet dies, daß Sexualität oder das Ficken für sie eine Handlung ist, durch die sie ihre eigene Wirklichkeit, Identität oder Männlichkeit überaus konkret erfahren

1 Renos Mandis, «Don Juan Wants Kate Millet», unveröffentlichter Aufsatz 1974.

können. Ferner bedeutet es, daß Tod, Negation, Leere oder Beflekkung durch Weiblichkeit die Risiken sind, die sie jedesmal eingehen, wenn sie in das eindringen, was ihnen als die hohle Leere eines weiblichen Lochs erscheint ...

Was ein Mann als authentische (heterosexuelle) Lust erfährt, ist die Bestätigung seiner eigenen Identität als Mann. Jedesmal, wenn er die Gefahr eines Eindringens in die weibliche Leere überlebt, wird seine Männlichkeit verdinglicht. Er hat sich dann bewiesen, daß er nicht ist wie sie, sondern wie andere Männer.»[1]

Da der Penis der Beweis der männlichen Existenz und Macht ist, ist er ein viel zu bedeutendes und verletzliches Organ, als daß er öffentlich (insbesondere vor Frauen) gezeigt werden könnte. Während weibliche Nacktheit überall zur Schau gestellt wird – in «großer» Kunst ebenso wie in massenpornographischer Propaganda – ist die Frontaldarstellung männlicher Nacktheit verhältnismäßig tabuisiert. Was würde passieren, wenn Frauen anfingen, die Geschlechtsteile alternder Männer mit denen jüngerer, «schöner» gebauter Männer zu vergleichen? Wie könnte ein Mann es ertragen, von einer Frau mit einem *anderen*, ihm überlegenen Mann verglichen zu werden?

Es ist also kein Zufall, daß in jüngster Zeit Gemälde von Frauen, die Frontaldarstellungen männlicher Nacktheit bieten, bei Männern (und bei einigen Frauen) Entrüstung, Abscheu – und Wut erregt haben. Ich meine insbesondere Sylvia Sleighs Gemälde mit ihren Frontaldarstellungen nackter Männer (vgl. das Kapitel «Phallische Sexualität»). Oft haben bestimmte Verbände in einer Stadt verlangt, daß ihre Arbeiten aus dem Museum entfernt werden. Es gab keine vergleichbaren Proteste angesichts von Frontaldarstellungen weiblicher Nacktheit, die in derselben Ausstellung gezeigt wurden.

In einem kürzlich erschienenen Buch über Sexualität im Film schreibt Joan Mellen über Bertoluccis «Der letzte Tango in Paris»:

«Die Bilderwelt des Films ist beherrscht von der großartigen Schönheit des Machismo von Paul und von der untergeordneten Stellung von Jeanne ... Sie mag zittern vor Verlockung und Erre-

1 Andrea Dworkin, «The Root Cause», in: Our Blood, New York, Harper & Row, 1976.

gung, aber sie ist ohne Tiefe, ohne Charakter und ohne die Fähigkeit, sich zur Rolle einer Heldin zu entwickeln. Ihr gesamter Körper, sogar ihr Schamhaar, wird uns fortwährend enthüllt, denn er ist für die Dynamik des Films irrelevant. Bertolucci hat dies in seiner Erklärung darüber eingeräumt, warum er die Sequenz aus dem Film herausgeschnitten hat, die er von Marlon Brandos Geschlechtsteilen aufgenommen hat. ‹Ich habe sie einfach aus strukturellen Gründen herausgeschnitten, um den Film zu kürzen›, heuchelte Bertolucci zunächst. Da er aber zu ehrlich war, um sich diese Lüge besonders im Hinblick auf einen Film durchgehen zu lassen, der so erfüllt ist von der Gegenwart des Regisseurs, fügte Bertolucci hinzu: ‹Es ist auch möglich, daß ich die Szene herausgeschnitten habe, weil ich mich schämte. Wenn ich ihn nackt gezeigt hätte, so wäre das gewesen, als hätte ich selbst mich nackt gezeigt.›»[1]

Aber beim Geschlechtsverkehr werden die überaus privaten Teile eines Mannes den Blicken zugänglich. Was denken Männer über die Sexualität?

1 Joan Mellen, Women and Their Sexuality in the New Film, New York, Dell, Laurel Books 1973.

4. Mit Männern über Sexualität reden

Werden Männern Fragen über die Sexualität gestellt, so akzeptieren sie selten irgend etwas, das nicht für sie selbst gilt. Jeder Mann bezieht jede Aussage über die männliche Sexualität unmittelbar auf sich selbst und akzeptiert oder verwirft sie einzig und allein auf der Grundlage seiner eigenen Erfahrungen. Im Hinblick auf die Sexualität denken Männer nicht leicht über ihre eigenen Körper hinaus.[1] Fragt man sie also nach der Sexualität, nehmen Männer sofort an, daß das, was ihnen Lust bereitet, ohne Frage genau das ist, was anderen Männern und zweifellos allen Frauen Lust bereitet. Für die meisten Männer ist die bloße Möglichkeit, in sexuellen Dingen «anders» zu sein, ein unerhörter Angriff auf ihre Normalität, ihre Männlichkeit und die Menschheit in ihrer Person.

Obwohl sie vorgeben, großes Interesse an der Sexualität zu haben, haben traditionellerweise die meisten Männer ein sehr geringes Wissen auf diesem Gebiet. Zweifellos verfügen sie über fast keine Kenntnisse in bezug auf das, was anderen, nämlich weiblichen Menschenwesen Lust bereitet. Man hat Männern das Gefühl beigebracht, mit allem sexuellen Wissen, das sie brauchen, *geboren* worden zu sein. Jeder Versuch, der Natur nachzuhelfen, ist für sie bereits ein Eingeständnis von Unkenntnis, Unfähigkeit oder Schwäche.

1 Dennoch projizieren Männer, wie ich bereits bemerkt habe, in unbewußter Abwehr häufig ihre eigenen sexuellen Empfindungen auf Frauen – die sie dann scharf verurteilen.

Es ist eine traurige Tatsache, daß die meisten Menschen während eines Geschlechtsakts gezeugt worden sind, bei dem nur *ein* Elternteil einen Orgasmus hatte. Tatsächlich haben die meisten Männer Frauen gefickt, die *keinen* Orgasmus hatten, nicht einmal von ihm gewußt haben oder nicht der Auffassung waren, daß sie ihn hätten haben sollen. Die Männer wußten dies nicht, wollten es nicht wissen oder kümmerten sich nicht darum. Vielfach waren sie unfähig, ihr eigenes Verhalten zu ändern, um die sexuelle Impotenz ihrer Frauen zu «bekämpfen». Vielleicht ist es den Männern seit jeher als ausreichend erschienen, daß Frauen Kinder bekommen und (vermutlich) von ihren Männern ökonomisch unterhalten werden. Die sexuelle Lust der Frau könnte nach ihrer Auffassung leicht «zu weit», das heißt zu sexueller Freizügigkeit führen – welche die patriarchalen Gesetze in bezug auf den legalen Besitz von Kindern durcheinanderbringen würde. Weibliche sexuelle Lust ist darüber hinaus ein «ungehöriges Verhalten» im Hinblick auf die von Männern idealisierte Vorstellung der Mutterschaft.[1]

Obwohl sich Männer beschweren, daß sie sich «anstrengen» müssen, sind nicht allzu viele Männer übermäßig bereit, sich «anzustrengen», um Frauen sexuell Lust zu bereiten. Die Prostitution ist für Männer aus vielen Gründen wichtig – nicht zuletzt deshalb, weil man sich bei ihr nicht um die Lustempfindungen der Frau kümmern *muß*. Man zahlt bei ihr nur für seine eigene Lust. Selbstverständlich gibt es stets eine Minderheit von Männern, denen es wichtig ist, ob sie in der Lage sind, Frauen sexuell zu befriedigen. Sie tun es, weil sie eine Frau lieben, weil sie selbst dadurch erregt werden oder weil sie denken, daß *dies* der beste Beweis ihrer sexuellen Tapferkeit als Mann ist. Bei ihnen handelt es sich aber nur um eine *Minderheit* von Männern auf der gesamten Welt – und um eine Minderheit, die erst

1 Da Männer nicht schwanger werden können und den Wunsch nach einer Schwangerschaft vollkommen verdrängt haben, wird es für sie wichtig, sicherzustellen, daß aus ihrem Orgasmus eine Schwangerschaft hervorgegangen ist, ein besonders «sichtbarer Beweis» der Potenz, Aktivität und Existenz ihres Penis. Die Angst von Männern vor ihrem eigenen Tod wird dadurch beschwichtigt, daß sie einen Mutterleibsmann besitzen und schwängern, um Kinder zu besitzen, die sie als Hervorbringungen ihres eigenen Samens, als Beweisstücke ihrer Orgasmen ansehen können.

vor kurzem in Erscheinung getreten ist und sich Gehör verschafft hat.

Wenn ich Männern Fragen über die Sexualität stelle, warnen sie mich häufig, den Antworten anderer Männer nicht übermäßig zu trauen. «Was haben denn andere Männer Ihnen erzählt?» fragen sie mich und sind dabei voller Neugier bereit, die Aussagen von Fremden zu bestätigen oder zu leugnen. Jeder von ihnen möchte mich «belehren» – falls ihm das ohne große Mühe gelingt. Ein Mann sagte:

«Männer lügen nicht absichtlich über Sex. Wenn sie mit anderen *Männern* über Sex sprechen, übertreiben sie meist oder stimmen allem und jedem zu. Männer können vielleicht einer Frau gegenüber ehrlicher sein, wenn sie über diese Dinge sprechen, als gegenüber einer Gruppe von Männern.»

Ein anderer Mann erklärte:

«Ich glaube nicht, daß Männer gewöhnt sind, frei und ehrlich über Sex mit *irgend jemandem* zu sprechen. Was ich sagen will, ist vielleicht, daß ich nicht glaube, daß Männer unter ‹Sex› dasselbe verstehen wie Frauen . . . Es könnte sein, daß wir von zwei verschiedenen Erfahrungen sprechen und sie lediglich mit demselben Wort bezeichnen.»

Manche Männer bekommen, wenn ich sie nach ihrer Sexualität befrage, einen harten Zug um das Kinn, ihr Körper wirkt verspannt, ihre Rede wird emphatisch und ihre Handbewegungen werden noch emphatischer. Sobald sie über «Sex» sprechen, sind die Hände dieser Männer unaufhörlich und ruhelos damit beschäftigt, jedes Argument zu unterstreichen. Dies ist so auffallend, daß es nach einer Weile den Anschein hat, daß sie mir unbewußt zeigen, wie sie onanieren. Eine Kindheit voll sexueller Frustrationen ist in einen erotischen Stil umgewandelt worden, der explosiv und auf verständnislose Weise selbstsüchtig, schuldbewußt und abwehrend ist. Wenigen Männern nur scheint es gelungen zu sein, sich von der in ihrer Kindheit erzwungenen Distanz zu verbotenen Anderen oder von der Scham und der Gewohnheit heimlicher, von Phantasien bedrängter Onanie zu erholen.

Wenn ich Männer fragte: «Genießen Sie den Sex?», dann erschien ihnen die Frage als seltsam.

Jeder von ihnen sagte sehr rasch «Ja». Dann erklärten sie sich etwas näher:

«Selbstverständlich genieße ich es, wenn ich *komme.* Wer tut das nicht?»

«Vermutlich doch. Warum würde ich sonst ficken?»

«Das ist eine merkwürdige Frage. Alle Männer genießen den Sex. Frauen kommen vielleicht manchmal nicht zum Zuge – aber Männer? Man kann ebensoleicht ficken wie sich einen runterholen.»

«Unterscheidet sich der Geschlechtsverkehr von der Onanie?» fragte ich. Ein Mann antwortete:

«Ganz gewiß. Besonders dann, wenn man eine Frau dazu bringen kann, daß sie es einem mit dem Mund macht. Wenn man mit einem Frauenkörper wirklich umgehen kann, macht es der Hautkontakt viel leichter, daß man kommt, als wenn man allein ist. Manchmal kann man wirklich darauf abfahren, daß eine Frau kommt. Man braucht sich dann nicht mal vorzustellen, mit einer anderen oder mit zwei Frauen statt mit einer zusammen zu sein, wie ich das mache, wenn ich onaniere.»

Ein anderer Mann antwortete:

«Ich habe dieselben *Empfindungen*, wenn ich ficke und wenn ich onaniere. Manchmal besser allein und manchmal besser zu zweit. Manchmal ist es leichter, sich einfach einen runterzuholen, als die ganzen Spielchen mitzumachen, wenn man genau weiß, daß man bloß ficken will. Manchmal vertreibt einem die Langeweile oder die große Diskussion über die Frage ‹Hast du mich auch lieb?› jede Lust . . . Wenn ich mir einen runterhole, kann ich unmittelbar danach einschlafen, falls mir danach ist, ohne daß sich eine Frau *verlassen* fühlt.»

Ein achtunddreißig Jahre alter Mann beschrieb ein Gefühl der «Schwere» und der gelegentlichen Panik nach dem Geschlechtsverkehr mit seiner Frau.

«Sie ist für mich voller Dunkelheit, Traurigkeit und aufgeschwollenem Bedürfnis. Ich liebe sie und ich kehre immer nach Hause zurück. Doch ich fühle mich leicht, groß und mehr als *mich selbst* bei meinen Freundinnen, die gewöhnlich sehr jung sind, oder bei wirklich unabhängigen Mädchen, die nicht erwarten, geheiratet zu wer-

den. Manche jungen Mädchen sind wirklich darauf aus zu *ficken*. Das ist alles, was sie wollen.»

Ein anderer Mann von vierzig Jahren beschrieb dasselbe Bedürfnis, vor seiner «geliebten» Frau zu «wollüstigeren» Frauen zu fliehen. Seine Frau erinnerte ihn zu sehr an ihn selbst, an seine Mutter und sogar an seine Tochter.

«Wenn man mit jemandem fünfzehn Jahre zusammen gelebt hat, wird man durch seinen Anblick nicht mehr erregt. Ich denke in letzter Zeit nicht an jüngere Frauen, sondern an ältere, an Frauen, die so alt sind wie ich und die in meiner Nachbarschaft stets den Sex verkörpert haben. Wissen Sie, dunkle Typen und ganz offenherzig. Vermutlich habe ich schon immer Sex mit Frauen assoziiert, die weder weiß noch protestantisch sind.»

Viele verheiratete Männer enthüllen, wenn sie nach ihrer Sexualität befragt werden, eine beinahe universale Vorliebe für den Geschlechtsverkehr am Morgen. Bei Männern unter vierzig ist das Erwachen gewöhnlich von Erektionen begleitet. Männer können sich schnell aus einer Situation lösen, aufspringen, sich waschen, essen und (schon mit neuer Selbstbestätigung) in einen Tag entfliehen, den sie ganz in Gesellschaft von Männern verbringen, heroisch entfernt von der Intimsphäre und den Kinder zu Hause.

Männer aller Altersstufen berichteten, daß sie einen «raschen» Geschlechtsverkehr bei Prostituierten, bei Freundinnen, mit männlichen Liebhabern – und mit ihren Ehefrauen lieben. Verheiratete Männer, die in Kleinstädten leben und es sich wirtschaftlich nicht *leisten* können, Prostituierte zu bezahlen, berichteten mir, daß sie häufig mittags oder nachmittags um vier, bevor die Kinder aus der Schule kommen oder während das Essen kocht, zu einem «Quickie» nach Hause fahren. Danach gehen sie dann mit den Kindern spazieren . . .

Eine Ehefrau in einer Kleinstadt sagte:

«Er bedrängte mich zu oft, aber er will immer bloß einen ‹Quikkie›. Wenn ich das Essen auf dem Herd stehen lasse oder ein Gespräch mit meiner Mutter abbreche, dann hilft er mir anschließend sogar beim Spülen. Darum lohnt es sich wohl doch nachzugeben. Wie auch immer, ich bin seine Frau und mir macht's nichts aus.»

Ein Ehemann erzählte mir: «Ich hasse meinen Job. Ich werde

schlecht bezahlt und mache eine Knochenarbeit. Meine Wut kann ich nur dadurch unter Kontrolle halten, daß ich meine Frau ficke, sobald sich der Druck aufgestaut hat. Nachher bin ich dann weniger verspannt. Ich gehe mit einem der Jungen fischen, und die Welt sieht schon ganz anders aus. Ich trinke auch etwas weniger, wenn sie mir nachgibt.»

Das Verlangen nach Geschwindigkeit beim Geschlechtsverkehr läßt mich kalt. Vor welchem Dämon laufen denn die Männer davon? Welcher Feind ist hinter ihnen her oder will sie von innen heraus ergreifen, sobald sie sich etwas Zeit lassen, während sie sich sexuell Lust verschaffen, ohne sie vielleicht einem anderen Menschen zu bereiten? Ist dieser sexuelle Stil das unausweichliche Ergebnis einer Kindheit, in der Jungen Jahre damit zubringen, ihre Erektionen zu verbergen, in der sie immer wieder versuchen, im Dunkeln und so schnell bzw. geräuschlos wie möglich zu onanieren, um nicht entdeckt zu werden? Führt dieses lang hinausgezogene Schweigen der Kindheit Männer dazu, lauthalts geschriene «schweinische» Wörter zu mögen oder von endlos sich wiederholenden, optisch übertriebenen und angeblich detailgenauen pornographischen Darstellungen abhängig zu werden?

Nach seiner Sexualität befragt antwortete ein Mann:

«Unterschätzen Sie nicht die Bedeutung der Pornographie; Bilder und Bild*objekte* machen Männer ungeheuer an. Ich habe keine Ahnung, wie viele Männer und Jungen Pornomagazine und -filme verwenden, wenn sie onanieren, oder wie oft sie daran denken, während sie ficken.»

Es ist seltsam, daß Männer, die große (und ungemein frustrierte) sexuelle Bedürfnisse zu haben behaupten, auf der einen Seite ihre eigenen sexuellen Bedürfnisse als «schweinisch» oder bedeutungslos bezeichnen und sich auf der anderen Seite mit so vielen Stimulantien zu ihrer «Erregung»umgeben. Sowohl ihre sexuelle Bilderwelt wie auch der Alltag der Prostitution verlangen von den Männern so wenig sexuelle Anstrengung wie nur möglich.

Andere grundlegende Bedürfnisse wie das nach Nahrung oder frischer Luft werden von den Männern keineswegs heruntergespielt oder verachtet. Männer brauchen keine anderen Männer, um sich zum Atmen oder Essen zu bringen oder gar zu zwingen. Sie geben

mit diesen Bedürfnissen auch nicht an, wie sie dies mit ihrer Sexualität tun ...

Ich begann, mich nach der Bedeutung eines männlichen Sexualtriebs zu fragen, der soviel von außen herbeigeführte Erregung, soviel Hilfe und soviel Verständnis erfordert, um befriedigt zu werden.

Langsam wurde mir klar, daß zahlreiche Männer nach einem Geschlechtsverkehr Enttäuschung und Einsamkeit sowie ein unbestimmtes Gefühl von Verlorenheit und Ekel empfinden. Diese Gefühle beschleichen sie nach dem Geschlechtsakt so häufig, daß sie sich eine Veränderung wünschen und sich geradezu nach etwas anderem sehnen.

Männer haben in der Tat nach dem Geschlechtsverkehr etwas verloren, nämlich ihren Samen und ihre Erektion. Ihren Samen haben sie in einem «fremden» Körper, dem Körper einer Frau, verloren, den sie, weil er *anders* ist, fürchten und verachten. Oder aber sie haben ihren Samen im After eines anderen Mannes verloren, einem Körperteil, den sie mit Exkrementen assoziieren und tabuisieren.

Es ist keineswegs überraschend, daß so viele Männer von einer Vorliebe für «französischen» Verkehr berichten. Denn sie haben dabei einen geringeren Kontakt mit den befleckten und tabuisierten Teilen des weiblichen Körpers. Wenn es einem Mann «französisch» gemacht wird, so bedeutet das für ihn weniger «Arbeit», und seine Empfindungen nähern sich der passiven Allmacht seiner Sexualphantasien an. Es «französisch» gemacht zu bekommen, ist häufig Ausdruck der Macht über einen anderen Menschen – vor allem weil der «abgelutschte Pimmel» kulturell entwertet wird.

Obwohl die patriarchale Kultur sich auf eine Verehrung des Phallus gründet, haben die meisten patriarchalen Religionen das «Pimmellutschen» als einen nicht der Zeugung dienenden und unproduktiven Akt der Lust abgewertet. Wie der Analverkehr wird das «Pimmellutschen» traditionell als Ausdruck eines einseitigen Machtverhältnisses aufgefaßt.

Manche Männer verkehren weder mit Männern noch mit Frauen «französisch». Die Mehrzahl der Männer jedoch, mit denen ich sprach, tut es zumindest gelegentlich. Einige gaben zu, daß es ihnen

anfänglich Ekel bereitet hatte. Viele erzählten, daß sie zunächst ihren Frauen die Anweisung gaben, sich sorgfältig zu waschen, damit sie nicht schlecht riechen. Ein Mann sagte: «Eine Vagina riecht in der Tat nach Fisch oder nach Menstruationsblut.» Seine Empfindungen beschrieb er folgendermaßen: «Ich glaube, daß es nur fair ist, wenn man den Oralverkehr abwechselnd vollzieht. Ich mache es einer Frau nur dann ‹französisch›, wenn sie mir wirklich etwas bedeutet oder wenn sie nur so mit mir schlafen will. Aber keine Frau kann von mir erwarten, daß ich nur oral mit ihr verkehre oder daß es mir besonders großen Spaß macht . . . Ich mag es nicht, wenn eine Frau dabei zu lange braucht, um zu kommen.»

Beim heterosexuellen Geschlechtsverkehr fordern Männer ihren psychischen Tod dadurch heraus, daß sie mit ihrem wichtigsten und verletzbarsten Organ – ihrem Penis – ein Risiko eingehen, um zu einer neuen Überlegenheit, Selbstbeherrschung oder Selbstdefinition zu gelangen. Allzuoft aber bleiben Männer nach dem Akt unverändert und unbewegt. Noch immer sind sie sterblich, und sie haben nichts an Stelle dessen vorzuweisen, was sie riskiert und verloren haben. Sie durchleben «la petite mort», einen «kleinen Tod».

Ein Mann berichtete:

«Nach dem Geschlechtsverkehr fühle ich mich manchmal gefangen oder erstickt. Ich stehe dann gern auf, laufe in der Wohnung rum, rauche eine Zigarette oder mache das Fernsehen an . . . Ich fühle mich leicht unbehaglich, nicht deprimiert, sondern eher wütend als traurig.»

Ein anderer Mann berichtete:

«Ich werde jedesmal ohnmächtig, nachdem ich gekommen bin. Meine Frau haßt das, aber ich habe mich nicht unter Kontrolle. Das geht einfach mit mir durch, und ich bin so ohnmächtig, als wäre ich tot.»

Die meisten Männer versuchen, die einzigartige Verbindung von Trauer und Ekel nach dem Geschlechtsverkehr dadurch herunterzuspielen, daß sie diesen Empfindungen sowenig Aufmerksamkeit wie möglich widmen. Manche projizieren sie auch nach außen und geben den Frauen die Schuld daran, diese Empfindungen verursacht zu haben. Sie verhalten sich, als würden Ekel und Trauer nicht in ihnen selbst entstehen, sondern von ihren Frauen ausgehen.

Auch auf andere Weise versuchen Männer, die Empfindung eines «kleinen Todes» herunterzuspielen oder zu verdrängen. Sie suchen zwanghaft nach immer neuen und andersartigen Frauenkörpern und hoffen, dadurch einem vaginalen Zuhause, einer Muttererotik, einer vagina dentata, einer unersättlich fordernden, leicht zu verletzenden und mithin Schuldgefühle verursachenden Mutterfrau zu entfliehen.

Wenn sie nach ihrem sexuellen Genuß gefragt werden, scheinen die meisten Männer sagen zu wollen, daß das, was sie an der Sexualität im Verhältnis zu Frauen am meisten genießen, die Tatsache ist, daß man sie hinter sich bringen kann. Das gilt besonders dann, wenn sie das Gefühl haben, sich gut aus der Affäre gezogen zu haben. Sie sind dann von jedem Zweifel in bezug auf ihre Männlichkeit oder Leistungsfähigkeit befreit. Befreit sind sie auch von jedem Gefühl der Sünde oder des Stachels einer Lust. Sobald sie gekommen sind, fühlen sie sich nicht mehr «geil». Sie sind von ihrem Bedürfnis nach einer Frau, also nach einem minderwertigen oder gefährlichen Wesen, befreit. Befreit sind sie darüber hinaus von ihrer religiösen und gesellschaftlichen Zeugungspflicht. Befreit sind sie schließlich vor allem von jedem Vorwurf, unmännlich zu sein, den ihnen ihre Väter (oder andere männliche Konkurrenten aus der Welt der Erwachsenen) machen könnten ...

5. Pornographie und andere männliche Sexualphantasien

Wenn «Männlichkeit» etwas ist, das erworben und auf sexuellem Gebiet ebenso wie auf anderen Gebieten immer und immer wieder unter Beweis gestellt werden muß, wie und in welchem Umfang versetzen dann Sexualphantasien Männer in die Lage, dieses Wagnis sexuell erfolgreich zu bestehen?

Auf die Frage nach ihren Sexualphantasien beschreiben zahlreiche Männer pornographische Szenen, in denen unzusammenhängende, gesichtslose und unpersönliche Körperteile wie Brüste, Schenkel, weibliche Geschlechtsteile und Hintern auftreten. Männer aller Altersgruppen phantasieren voyeuristisch Szenen aus Hurenhäusern oder von Vergewaltigungen einzelner Frauen durch ganze Banden von Männern, Szenen von Notzucht und Verstümmelung, Szenen von Verführung und Erdrosselung, Szenen schließlich, in denen außerordentlich junge und unschuldige Kinder «clever» oder allmächtig sexuell kontrolliert werden.

All dies sind typische Sexualphantasien, wie sie sich in Pornomagazinen und -filmen finden. Es sind Bilder, nach denen Männer onanieren. Szenen wie diese versuchen Männer in Hurenhäusern auszuagieren, und Bilder wie diese sehen sie mit geschlossenen (oder offenen) Augen, während sie ficken.

Bemerkenswert ist, daß die meisten Männer (und Frauen) eine Vergewaltigung nicht so phantasieren, wie sie *tatsächlich* vor sich geht, sondern in ihrer Phantasie unrealistische und «idealisierte» Vergewaltigungsszenen sehen. Das wirft die Frage auf, welche Verbindung zwischen solchen Vergewaltigungsphantasien und der Ver-

gewaltigung als einer konkreten Form der Gewalttätigkeit besteht. Es könnte sein, daß die wirkliche Vergewaltigung von Männern, die idealisierte Vergewaltigungsphantasien sexuell «lustvoll» finden, bereitwilliger heruntergespielt oder mißverstanden wird.

Die Konsequenzen der pornographischen Phantasien im Alltagsleben sind für Männer und Frauen ebenso verschieden wie ihre psychische Bedeutung. In einer Hinsicht haben pornographische Sexualphantasien für beide Geschlechter dieselbe Funktion. Sie bieten eine vorübergehende Entlastung von sexuell verkrüppelnden Schuldgefühlen und von Langeweile. Pornographische Phantasien bieten Frauen eine Befreiung aus den Schuldgefühlen, die aus ihrem vorhandenen oder verdrängten Masochismus herrühren. Männern hingegen bieten sie eine Befreiung von Schuldgefühlen angesichts ihres vorhandenen oder verdrängten Sadismus. Im übrigen aber haben diese Phantasien bei beiden Geschlechtern eine je verschiedene Funktion. Im wirklichen Leben riskieren Frauen, nicht Männer, einen nachprüfbaren Verlust ihrer Jungfräulichkeit, eine mit sehr viel Verantwortung belastete Schwangerschaft und eine schmerzhafte Konkurrenz und Rivalität mit anderen Frauen – um die Aufmerksamkeit, Anerkennung, Liebe oder gar Leidenschaft eines Mannes.

Pornographische Sexualphantasien vertuschen oder beschönigen die weibliche Qual im Angesicht des männlichen Sadismus. Denn sie bieten heterosexuellen Frauen in der Phantasie visuellen Zugang zu *anderen* Frauen. Damit betonen und erotisieren sie die universale Gültigkeit einer Lebenslage, in der sich zumeist nur Frauen befinden. Darüber hinaus vermitteln sie Frauen die Erfahrung einer sexuellen Aggression, indem sie es ihnen ermöglichen, sich in ihrer Phantasie mit Männern zu identifizieren.

Den meisten Frauen fällt es schwer, sich eine sadistische sexuelle Aggression einem oder mehreren Männern gegenüber vorzustellen oder durch eine solche Vorstellung sexuell erregt zu werden. Während lesbische Liebe tabuisiert sein kann, liegt ein noch größeres Tabu über der weiblichen sexuellen Aggression oder einem weiblichen Sadismus.[1] Die Vorstellungen von sexueller Aggression rich-

1 Ich spreche hier nicht von jenen Männern, die Prostituierte dafür bezahlen, daß sie sie auspeitschen oder demütigen. Ich spreche nur von dem, was

ten sich bei Frauen (wenn sie sie überhaupt ausbilden) zumeist gegen andere Frauen; sie sind in ähnlicher Weise dissoziiert wie die sadistischen Phantasien von Männern. Auf Grund dieser Tatsache können Frauen ihre eigene Passivität genießen, Schuldgefühle vermeiden und sich sexueller Aggressivität in bisexuellen oder lesbischen Verhältnissen unbewußt, aber nicht ungeschützt hingeben.

Einige Männer berichteten mir von «einmaligen» Sexualphantasien, die mir zumindest bis dahin unbekannt waren. Verschiedene heterosexuelle Männer hatten sexuelle Sportphantasien. Ein Mann stellte sich vor, er sei beim Baseball in einer Position, aus der heraus er einen Ball besonders weit schlagen mußte. Als er den Ball voll traf, sei es ihm gekommen. Ein anderer Mann berichtete, er habe in seinen Sexualphantasien eine Segelregatta gewonnen. Ein dritter schwor, daß der Gedanke an ein Fußballspiel, an den Geruch von Männerschweiß, an die Erregung der Menge und an die Spannung vor dem Schuß aufs Tor, ihn schneller und intensiver zur höchsten Erregung gelangen lasse.

Viele heterosexuelle Männer berichteten von einer masochistischen Sexualphantasie in bezug auf andere Männer oder in bezug auf Frauen. Doch scheinen solche Phantasien weniger verbreitet, nicht so lebhaft und weniger zwanghaft aufzutreten als sadistische Phantasien. Auf Grund meiner eigenen Erfahrungen und aus Gesprächen mit zahlreichen Frauen scheint es mir, daß (unabhängig von ihrer sexuellen Konfession) nur wenige Frauen sadistische Sexualphantasien mit Männern als masochistischen Objekten genießen. Das gelingt nur Männern und unter diesen gewöhnlich nur den Homosexuellen. Die meisten heterosexuellen Männer können die Vorstellung nicht ertragen, sich selbst in der abgewerteten weiblichen Geschlechtsrolle gnadenlos anderen Männern ausgeliefert zu sehen.

Auf die Frage nach ihren Sexualphantasien behaupteten einige Männer ebenso wie zahlreiche Frauen mit Nachdruck, keine zu haben – und schon gar nicht während des Geschlechtsverkehrs. Ihre Aussagen erfolgten aber mit solcher Heftigkeit und mit so viel Stolz,

Frauen begehren, und von den vorherrschenden Sexualpraktiken innerhalb der Familie.

daß es schien, als glaubten sie, es sei «männlicher» oder «normaler», der aus den Masturbationen der Kindheit übriggebliebenen Bilder nicht zu bedürfen.

Ja, Männer haben ein Bedürfnis danach, die Identifizierung mit ihren Müttern aufzulösen und auf sie zu verzichten. Söhne haben das Bedürfnis, die sexuelle Konkurrenz und die übrigen Rivalitäten, die von ihren Vätern ausgelöst worden sind, zu beenden. Darüber hinaus gibt es bei den meisten Männern in der Kindheit eine lange Periode der Onanie. Schließlich bleibt die Tatsache unausweichlich, daß auch Männer sexuell «altern». Betrachtet man diese Bedürfnisse und Tatsachen in ihrem Zusammenhang, so vermögen sie zumindest einen Teil der Funktion sowohl wie des pornographischen oder sadistischen Inhalts männlicher Sexualphantasien zu erklären.

Die männliche Variante der Wechseljahre beginnt wahrscheinlich schon sehr früh – im Alter von 21 oder 22 Jahren. Ihr Hauptsymptom, der Don-Juanismus oder der Zwang zu immer neuen sexuellen «Eroberungen», ist ein Versuch, zum Übergang von der Kindheit in die Phase der jünglingshaften sexuellen Heldentaten zurückzukehren. Der Don-Juanismus will das Ende dieser Phase verleugnen. Zugleich will er vor jeder heterosexuellen Intimität fliehen. Pornographische Bildfolgen zeigen häufig ältere oder sogar «alte» Männer, die jederzeit potent sind und stets mit dem eigenen jünglinghaften Selbst ihrer Vergangenheit oder mit ihren Söhnen in einen sexuellen Wettbewerb treten können. Väter fühlen sich angesichts der Leichtigkeit und Dauer der Erektionen ihrer Söhne oder anderer junger Männer außerordentlich bedroht oder zumindest von zwiespältigen Gefühlen befallen. Ihre Wut wird durch pornographische Sexualphantasien ebenso gemildert wie durch die Realität, die in solchen Phantasien zutage tritt. An ihr zeigt sich, daß Männer, auch wenn sie altern, weiterhin Zugang zu vielen und zunehmend jüngeren Frauen haben.

Dieselben Sexualphantasien zügeln auch die Ungeduld der Söhne, die ihrerseits «abwarten» müssen, bis sie an der Reihe sind; denn in diesen Phantasien wird ihnen immer wieder versichert, daß sie für den ganzen Rest ihres Lebens an der Reihe sein werden. Sexualphantasien sind daher wie Vermächtnisse, Erbschaften oder gesetzliche Erwerbsversprechen. Ebenso wie der väterliche Besitz an

Frauen *gehört* das väterliche Eigentum den Söhnen, weil auch sie einen Penis haben, wenn sie nur noch ein wenig warten und genau das tun, was ihre Väter von ihnen verlangen.

Oft warten die Söhne machtloser Väter nicht lange genug; denn ihnen steht kein großes Erbe in Aussicht, und es ist ihnen auch nicht klar, was von ihnen erwartet wird. Den Söhnen der Machtlosen wird das Gefühl des Respekts vor ihren Vätern ebenso verweigert wie die Erbschaft irgendeines Eigentums. Daher richten sich ihr Aufruhr und ihre Wut nicht einfach nur gegen ihre Väter, sondern gegen die gesamte Kultur von Vätern, die die Dinge für sie nicht in der Weise ordnen kann, daß sie ihnen irgend etwas Erwünschtes in der Zukunft bereitstellt. Die Wut und das Leid enterbter oder machtloser Söhne entspricht den Gefühlen der meisten armen Menschen angesichts des Reichtums der Reichen. Arme Leute haben in der Regel nichts gegen die Reichen oder gegen den Reichtum. Sie sind nur verbittert, weil sie nicht selbst reich sind.

Pornographische Sexualphantasien dienen der Abwehr eines unterdrückten, reaktiven und abgewiesenen Verlangens nach einem heterosexuellen Inzest. Nur selten tauchen in den pornographischen Phantasien «ältere» Frauen als erwünschte Sexualobjekte auf. Indem sie in der Wirklichkeit ebenso wie in der Phantasie dem Inzesttabu gehorchen, fliehen Jungen vor ihrer eigenen (beschmutzten) Kindheit sowie vor der Abhängigkeit von ihrer Mutter und vor der Ähnlichkeit mit ihr. Sie fliehen darüber hinaus vor etwas, das sie verdrängt haben, vor der Eifersucht und Konkurrenz ihres Vaters in bezug auf die Fürsorge ihrer Mutter; diese Rivalität hat in einer Art von Waffenstillstand zwischen Vater und Sohn ihr Ende gefunden.

Aus diesen Gründen sind die meisten Sexualobjekte in den Phantasien der Pornographie jünger und nicht älter als man selbst. Nur kleine Jungen und allzu ungestüme Heranwachsende verspüren ein ursprüngliches und sogar romantisch getöntes Interesse am Bild älterer Frauen. Eine in Europa, nicht aber in Amerika verbreitete Tradition begünstigt sowohl die sexuelle Initiation jüngerer Männer durch ältere Frauen als auch Liebesverhältnisse von «älteren» Frauen mit Männern in den Zwanzigern oder Dreißigern. In unserer Gesellschaft beginnen Männer gewöhnlich ihr Sexualleben mit den am leichtesten erreichbaren und «attraktivsten» Frauen, also mit

jungen Mädchen und Frauen in einem offensichtlich gebärfähigen Alter.

Pornographische Sexualphantasien dienen hauptsächlich zweierlei Zwecken. Erstens verhelfen die Bilder lustvoll aktiver oder befriedigter Männer (die jedes Hurenhaus zum Leben erwecken möchte) Männern dazu, ihre Gefühle von Passivität, Angst, Ekel oder Ungenügen zu überwinden oder offen zu leugnen. Physische Erschöpfung, sexuelle Ungeschicklichkeit oder ein aus geheimnisvollen Gründen fehlendes sexuelles Interesse auf seiten der Männer werden in den «inspirierten» Sexualdarstellungen der Pornographie weggeleugnet. Vergewaltigungsphantasien – oder zuweilen auch tatsächliche Vergewaltigungen – bestärken Männer in dem Glauben, daß sie Frauen überlegen sind und, wann immer es ihnen paßt, eine Frau «haben» können.

Zweitens sind pornographische Sexualphantasien ein wichtiges Mittel, männliche Gewalttätigkeit gegenüber anderen Männern zu verleugnen, aufzufangen oder einzudämmen. Andrea Dworkin schreibt hierzu:

«Die Pornographie des männlichen Sadismus enthält beinahe stets eine idealisierte oder unwirkliche Darstellung der Gemeinschaftlichkeit unter Männern . . . Jeder Mann kann im Bewußtsein seiner eigenen tief verwurzelten Antriebe zur Barbarei eben diese Antriebe auch bei anderen Männern voraussetzen und sich gegen sie zu schützen versuchen. Die Rituale des männlichen Sadismus auf dem Gebiet der Sexualität gegenüber den Körpern von Frauen sind Mittel zur Sozialisation männlicher Aggressionen. Sie haben zur Folge, daß ein Mann sich auf andere Männer einlassen kann, ohne unmittelbar Gefahr zu laufen, deren Aggressionen auf sich zu ziehen . . . Frauen fangen, mit anderen Worten, männliche Aggressionen (sexuell) in einer Weise ab, die es Männern gestattet, eine gewisse Sicherheit voreinander zu erlangen.»[1]

In seiner Phantasie muß kein Mann angenehmer, gefälliger oder anziehender sein als irgendein anderer Mann, um sexuelle Aufmerksamkeit zu verdienen. Kein Mann muß sexuell, ökonomisch oder gesellschaftlich überaus mächtig sein, um sich in seinen Phantasien

1 Andrea Dworkin, a. a. O.

vorstellen zu können, daß ihm eine Vielzahl von Frauen zur Verfügung steht.

Tatsache ist natürlich, daß reichere und mächtigere Männer mehr sexuelle Aufmerksamkeit leichter und für längere Zeit auf sich ziehen als ärmere Männer. Aber noch der ärmste Mann glaubt irgendeinen sexuellen Besitz sein eigen nennen zu können und nährt die Illusion, alle Männer seien *sexuell gleichwertig*. Solange dies so ist und solange Männer miteinander den Glauben teilen, daß jeder Mann zumindest sexuell (und von daher auch in jeder anderen Hinsicht) *allen* Frauen überlegen ist, solange brechen die scharfen und schneidenden Rivalitäten der Männer untereinander nicht auf. Sie werden im Gegenteil durch bestimmte, von allen Männern geteilte patriarchale Illusionen ebenso entschärft wie durch das Schlafmittel eines pornographisch herbeigeführten männlichen Orgasmus.

Männliche Gefühle von Wut, Gewalttätigkeit, Eifersucht und Scham gegenüber mächtigeren Männern werden in den Betten von Frauen oder in pornographischen Sexualphantasien ausagiert oder zur Ruhe gebracht. Friedfertige sexuelle Orgasmen verhelfen Männern dazu, noch größere Exzesse, Brudermord oder Vatermord, zu vermeiden, die sonst ohne Zweifel in den «dunklen satanischen Mühlen» der männlichen Geschäftswelt oder auf den Schlachtfeldern männlicher Kriege auftreten würden.

6. Brüderlichkeit

Wenn ich sie nach ihren Brüdern, ihren Männerfreundschaften und ihren übrigen männerbündischen Zusammenschlüssen frage, starren Männer mich häufig an, verfallen in ein Schweigen, beschuldigen mich, naiv zu sein – und lachen. Sie erzählen mir, daß andere Männer ihnen nur in den Rücken fallen; sie erinnern mich daran, daß alle «großen Tiere» tödliche Einzelgänger sind und keinen Mann als Bruder anerkennen wollen.

Frage ich sie nach anderen Männern, so sprechen Männer dermaßen oft von «großen Tieren» oder «großen Kanonen», daß es mir auffällt. Neigen Männer in Amerika dazu, Grausamkeiten zu rechtfertigen, oder finden sie es (insbesondere im Mutterland des Mythos von der Demokratie) leichter, ihre Grausamkeiten den tierischen Instinkten im Menschen zuzuschreiben?[1]

Ach, all die Geschichten von «großen Tieren», die mir Männer aus der Mittelschicht erzählen! Wie sie sie beneiden, wie sie Angst vor ihnen haben und sie respektieren!

Da gibt es das schlaue und clevere «große Tier», das selbst *Männer* durch leidenschaftliche Äußerungen seines Altruismus und durch eine wilde Rhetorik in Sachen Gerechtigkeit und «Fürsorge» so lange aufs Glatteis führte, bis es das einzige bekam, um das es sich wirklich «sorgte», nämlich Geld und etwas Macht.

1 Die Rede von «großen Kanonen» spielt auf Waffen an, die keine Tiere, keine Hunde, nicht einmal Schimpansen, mit ihren schlanken Schürf- und Stoßwerkzeugen je entwickelt haben. «Große Kanonen» sind nur vom Menschen ausgedacht und hergestellt worden.

Da gibt es das mutige und kühne «große Tier», das offen und beständig ohne jede Gnade und persönliche Animosität Zug um Zug die gesamte männliche Konkurrenz ausgeschaltet hat. Wirklich eine Maschine von einem Mann, ein stets cool bleibender Meister des ökonomischen Klassenschachs.

Da gibt es das «große Tier», das zwar ein Imperium geerbt hat, aber von seinen Männern *respektiert* und nicht einfach seiner unverdienten Macht wegen *geliebt* werden möchte. Darum entwickelt es einen ungeheuer scharfen Blick für falschen Respekt, eine Aversion gegen alles wirkliche Mitleid ihm gegenüber, eine dumpfe Allergie gegen die ehrgeizigen, überaus kompetenten Männer, die für es arbeiten und sich keinerlei Unsinn durchgehen lassen. Jeder von ihnen wird darum in regelmäßigen Abständen durch jemanden ersetzt, der angeblich «besser» ist.

Da sind die Geschichten von «großen Tieren», die mir arme Männer erzählen! Geschichten von Offizieren beim Heer, deren gesamte Existenz und Funktion darin besteht, jeden Rekruten und einfachen Soldaten, den sie zufällig nicht mögen, jeden Mann, der ihnen nicht unterwürfig genug erscheint, zu demütigen und physisch zu mißbrauchen.

Sie haben die üblichen grausamen Erinnerungen an einsamen Arrest, zusätzliche Arbeitseinsätze und verweigerte Urlaubsscheine. Diese Erinnerungen hängen direkt mit dem zusammen, was ihnen später als Soldaten erlaubt wird. Denn sie erhalten dann die Lizenz zu töten, zu stehlen, zu vergewaltigen und im Krieg auf eigene Verantwortung die üblichen Grausamkeiten zu begehen.

Die Erinnerungen armer Männer an «große Tiere» erstrecken sich auf praktisch alle Personen, die sie gekannt haben. Lehrer, Ärzte, Polizisten, Richter, Gefängniswärter, Geschäftsführer und Fabrikbesitzer – in der Erinnerung dieser Männer sind sie alle so «cool» und unpersönlich in ihrem Sadismus wie die Anführer von Kriminellen oder jugendlichen Straßenbanden in der Nachbarschaft während ihrer Kindheit.

«Cool». Wenn Männer über die «großen Tiere» in ihrem Leben sprechen, so geben sie diesem Adjektiv ein besonderes Gewicht. «Cool» bezeichnet die trickreichen Aktivitäten, die hinter den stählernen Schleiern der Bürokratie eines Industriekonzerns oder hinter

einem verbissenen Pokergesicht geschickt verborgen bleiben. «Cool» ist ein plötzliches Auftauchen, schnelles Zuschlagen und ein ebenso plötzliches Verschwinden. «Cool» wie in «kalt»; «cool» wie in «auf immer eingefroren»; «cool» wie in «hart», «unnachgiebig», «aufrecht» und «unsterblich». Wo immer Männer sich selbst und andere Männer beurteilen und verurteilen, wird die Sprache des Penis gesprochen.

Wenn ich mir anhöre, was Männer auf die Frage nach ihren männerbündischen Zusammenschlüssen antworten, so wird mir klar, daß sie zumeist nur Konkurrenz und Verrat von anderen Männern erwarten. Die meisten Männer erwarten jedenfalls von anderen keine «Brüderlichkeit» oder «Sympathie». Wenn Männer über ihre Beziehungen zu anderen Männern, zu ihren Brüdern oder Arbeitskameraden, sprechen, wird mir bewußt, daß sie die Sympathie anderer Männer *brauchen.* Obwohl sie ihnen nicht allzuoft entgegengebracht wird, mißtrauen sie ihr auch. Denn sie erhalten sie selten selbstlos und ohne Bedingungen.[1]

Wenn ich sie nach ihren Blutsbrüdern frage, erinnern sich Männer zumeist eher an Auseinandersetzungen und Rivalitäten mit ihren Geschwistern als mit ihren Vätern. Ihre Antworten sind zumal dann voller Bitterkeit, wenn sie überzeugt sind, daß einer ihrer Brüder von ihrem Vater oder ihrer Mutter ihnen selbst und den anderen Geschwistern vorgezogen worden ist.

Dies gilt sogar dann, wenn die Eltern bereits gestorben sind, wenn die Brüder schon selbst Familien gegründet haben und sich als Erwachsene gegenseitig schätzen und mögen.

«Mein Problem», sagte ein einunddreißig Jahre alter Mann, «war, daß ich der Erstgeborene bin.» – «Aber», sagte ich, «erstgeborene Söhne werden doch meist besonders geliebt und sind sehr erfolgreich . . .» Aber er unterbrach mich.

«Ja, aber wir sind ganz auf uns selbst gestellt. Mein jüngerer Bruder – er ist nur *zwei Jahre jünger* als ich – wird von meiner Mutter

1 Aus diesem Grund sind Frauen von so großer Bedeutung für die Männer. Wir schenken ihnen «Sympathie», doch wir sind Mütter, keine Väter. Wir sind die Mutter Gottes, nicht Gott selbst oder Gottes Sohn. Ich habe bereits darauf hingewiesen, daß alles, was Frauen tun, Männern nicht genügt, die sich liebeshungrig nach der Sympathie ihrer *Väter* sehnen.

noch immer als ihr ‹Baby› angesehen. Sie würde ihm den Arsch abwischen, wenn er sie darum bäte. Für ihn bettelt sie bei meinem Vater um Geld. Was mich angeht, ist sie froh, daß ich keine Hilfe brauche . . .

Ich bekam immer die Prügel, wenn es zwischen uns als Kindern Auseinandersetzungen gab, auch wenn ich sie nicht begonnen hatte. Mein Bruder, das ‹Baby› meiner Mutter, log dann einfach . . . Neulich kam er mit verrückten Geschäftsplänen zu mir, die er durchsetzen will, obwohl er kein Geld hat. Meine Mutter besuchte mich daraufhin und erinnerte mich mit großen Augen daran, daß wir schon als Kinder nie miteinander ausgekommen sind. Sie meinte, es sei jetzt an der Zeit, daß *ich* erwachsen würde und mich meinem Bruder gegenüber wirklich wie ein Bruder verhalten würde . . . Ich sehe ja ein, was sie will, aber es ist nicht fair. Wann wird *er* denn erwachsen und wann kann ich mich auf ihn verlassen?»

Ein «älterer» Bruder, ein ungefähr sechzig Jahre alter Mann, berichtete mir, daß er nie mit seinem jüngeren Bruder spricht. «Warum?» fragte ich ihn.

«Warum sollte er denn mit mir reden? Er ist in der Familie der Erfolgreiche. Sicher, wir hatten beide die gleiche Chance. Nur war ich immer der Versager, und er hatte stets Erfolg . . . Er war meinem Vater ähnlicher als ich. Er war besser bei der Jagd, er war athletischer und auch männlicher als ich . . . Wir haben einfach nichts miteinander gemein. Sicher, ich denke vielleicht, daß er mir gegenüber nicht immer offen und ehrlich gewesen ist. Doch da er in der Position des Stärkeren war, fiel ihm das sicher schwer.»

Ein weiterer «älterer» Bruder, ein etwa dreißig Jahre alter Mann, sagte von seinem jüngeren Bruder, der adoptiert worden war:

«Ich weiß nicht, woher der Kerl gekommen ist. Ich glaube, vielleicht von einer Militärakademie oder so. Denn er *liebte* es, Befehle entgegenzunehmen, anderen in den Arsch zu kriechen und sich hübsch anzuziehen . . . Nein, er glaubt tatsächlich an all den Quatsch mit Gott und der Fahne des Vaterlands . . . Ich dagegen war ein Eigenbrötler. Es schien fast, als stammte ich aus einer anderen Familie oder aus dem Weltraum. Meine Eltern und mein Bruder saßen immer da, als wären sie wirklich *glücklich* miteinander.

Ich glaube, mein Bruder wollte mir einfach eins auswischen. Mei-

ne Eltern sind zu dumm, um das zu merken. Ihnen kommt es nur darauf an, was die Nachbarn denken, und daß man sie respektiert.»

«Jüngere» Brüder erzählten mir, daß sie ihren älteren Brüdern überallhin nachgelaufen sind. Trotzdem wurden sie nach Hause geschickt, ausgelacht oder gezwungen, irgend etwas Belangloses zu tun, was die älteren Jungen für unterhalb ihrer Würde hielten. Von jüngeren Brüdern hörte ich Geschichten, in denen entweder ein extremes brüderliches Schutzbedürfnis oder eine ebenso extreme Brutalität zutage tritt.

Ein fünfundzwanzig Jahre alter Mann aus der Mittelschicht erzählte mir:

«Mein nächstältester Bruder war mein Babysitter. Meine Mutter wollte immer, daß er im Haus irgendeine Aufgabe übernahm und dabei zugleich seine Schularbeiten machte. Mein Vater war nie da. Auch meine Mutter war viel außer Haus, weil sie Wohltätigkeitsarbeit machte. Also schloß mich mein Bruder in meinem Zimmer ein und schwor, mich zusammenzuschlagen, wenn ich meiner Mutter etwas sagte. Dann verließ er das Haus. Ich war sechs und er war zwölf ... Als ich Angstträume bekam, daß das Haus abbrennen könnte, begann ich ins Bett zu machen. Das ist recht poetisch, nicht wahr? Als meine Mutter meinem Bruder auf die Schliche kam, erhielt ich einen richtigen Babysitter.»

Ein weiterer «jüngerer» Bruder im Alter von dreiunddreißig Jahren erzählte mir:

«Ich habe drei ältere Brüder, die sich in allem uneins waren außer darin, daß sie mich haßten. Schon wenn sie mir guten Tag sagten, schlugen sie mich. Ich war klein und dünn. Was hätte ich gegen sie unternehmen können? Also begann ich zu stottern ... Manchmal hatte ich wochenlang ein blaues Auge. Sie stellten Dinge an, die meine Mutter umgebracht haben würden, wenn sie je davon erfahren hätte. Am Anfang schlugen sie mich, damit ich nichts erzählte. Später, als ich besser verstand, was sie machten, war das nicht mehr nötig. Denn ich hätte meiner Mutter schon allein deswegen nichts erzählt, um sie nicht zu beunruhigen.

Ein Glück, daß ich bei meinen Brüdern nicht mitgemacht habe. Heute sitzt einer von den Kerlen wieder wegen bewaffneten Raubüberfalls im Gefängnis. Sie sollten ihn ewig drinbehalten. Der zweite

ist verrückt, richtig ausgeflippt. Vielleicht war er das schon immer. Der mir dem Alter nach am nächsten ist, hat sich von den anderen beiden abgewandt. Er geht regelmäßig seiner Arbeit nach, ist verheiratet und hat ein Kind. Wir sehen uns gelegentlich und versuchen miteinander auszukommen – aber er trinkt mir noch immer zuviel. Außerdem redet er zu laut. Meine Frau kann ihn nicht leiden. So kommen wir also praktisch nur an Feiertagen zusammen, und das auch nur meiner Mutter wegen. Was kann man da schon machen?»

Wenn ich die Rede auf männerbündische Zusammenschlüsse bringe, verhalten sich die meisten Männer, wie sich Frauen verhalten, wenn die Rede auf männliche Gewalttätigkeit kommt. Sie behaupten, daß solche Zusammenschlüsse nicht wirklich existieren – oder daß zumindest die Männer, die sie kennen, «netter» sind als andere Männer. Die Männer an ihrem Arbeitsplatz sind «dufte Typen» oder «prima Kerle». Selbst wenn Männer über männliche Gewalttätigkeiten sprechen, setzen sie nur selten die vielen kleinen Details, von denen sie reden, zu dem Gesamtbild der mörderischen Verhältnisse zusammen, die in der Männerwelt herrschen.

Männer sind daran gewöhnt, in «Einzelfällen» zu denken und sich selbst jeweils als Ausnahme zu betrachten. Wenn sie noch nicht das Opfer von Gewalttätigkeiten geworden sind, so existieren diese nicht. Darüber hinaus sind Männer daran gewöhnt, in «maskulinen» Begriffen zu denken. Sie sehen manchmal einfach nicht, was Männer einander antun, oder sie weigern sich, durch das, was sie sehen, schockiert zu sein. Wenn man als Mann allzuviel am Verhalten anderer als «gewalttätig» bezeichnet oder erlebt, so kann das zu der katastrophalen Entdeckung führen, daß man anders ist als andere Männer.

Nur in Hollywood-Filmen tauchen Männerfreundschaften als mythisches Ideal auf – gerade weil sie in der Wirklichkeit nicht existieren, weil Männer sich ebenso nach ihnen sehnen, wie sie sich danach sehnen, von ihren Vätern geliebt, beschützt und als Erben eingesetzt zu werden.

Wenn Männer über Freundschaften zwischen Männern oder über männerbündische Zusammenschlüsse sprechen, so tun sie dies stets sachlich, ohne Emotionen und nach allen Seiten hin abgesichert. Sie

stellen sich ganz als Herren einer Lage dar, in der jede Bruderliebe unerwidert bleibt.

«Sehen Sie», sagte mir ein fünfzig Jahre alter Mann, «die Armee ist nicht so wie in den Kriegsfilmen aus Hollywood.» – «Aber was ist mit ihren Kameraden?» fragte ich ihn. «Was ist mit den Männern, die sich gegenseitig das Leben retten, die den Tod ihrer Freunde betrauern und nach dem Krieg gemeinsam ein Geschäft eröffnen?»

«Das klingt mir ganz so, als hätten Sie es aus dem Kino. Ich habe im Zweiten Weltkrieg und in Korea gekämpft. Ich hatte dort einige ‹Kameraden›, aber sie waren keine Freunde, wie ich sie als Kind in den Ferienlagern jeden Sommer gehabt hatte. In der Armee können es sich Männer nicht leisten, miteinander Freundschaft zu schließen. Sie dürfen sich einfach nicht zu nahe kommen. Befehle und Pflichten müssen auch gegen die eigenen ‹Favoriten› und ‹besten Freunde› erfüllt werden. Dein Leben hängt davon ab, wie sich ein Fremder oder jemand, den du nicht leiden kannst, verhält, und umgekehrt. Das hat nichts damit zu tun, ob du irgendwelche persönlichen Vorlieben mit ihm teilst ... Du kannst dich nicht allzusehr darüber aufregen, wenn direkt neben dir ein ‹Freund› stirbt. Wie könntest du sonst weiterkämpfen? Wenn du allzu deprimiert oder konfus wirst und Fehler machst, stirbt vielleicht irgendein *anderer* Kerl deinetwegen ... Es kann auch sein, daß *du* selbst dabei stirbst. Männer können ‹Kameraden› sein, wenn sie sich voneinander fernhalten und von ihrem Job was verstehen.»

Ein einundvierzigjähriger Politiker sagte mir:

«Sicher, ich habe eine ganze Menge ‹gute Kumpel›, und wir würden nicht sehr weit kommen, wenn wir uns nicht gelegentlich helfen würden. Aber diese Leute sind nicht meine Freunde. Man kann es sich nicht leisten, Freunde zu haben, wenn man es zu was bringen will. Macht wird nicht durch ein System von Freundschaften erhalten. Sie wird dadurch erhalten, daß man sich im Laufe der Zeit wechselnden Bedürfnissen anpassen kann. Man muß über ein gut organisiertes Team verfügen und in der Lage sein, jemanden fallenzulassen, wenn er nicht auf der richtigen Linie liegt oder untergeht ... Die Leute, bei denen ich mich *entspanne*, kommen aus anderen Bereichen. Doch auch ihnen, sogar den Verwandten meiner

Frau, muß ich gelegentlich eine Gefälligkeit erweisen. Ich muß halt die Ohren offenhalten . . .

Ich habe Verbündete und ich habe Feinde. Darüber hinaus habe ich meine Familie. *Freunde* habe ich keine.»

Ein Mann, Mitte Dreißig, beschrieb mir, was passiert, wenn zwei unbekannte Männer sich treffen:

«Da geht eine Menge vor sich. Es ist, wie wenn zwei Hunde umeinander herumgehen und sich gegenseitig beschnuppern. Man versucht das Einkommen des jeweils anderen zu erraten. Ist er männlich? Ist er hart? Ist er ein guter Sportler? Ist er in Ordnung? Kann er mir helfen? Kann ich ihm helfen? Wird er mich benutzen? Benutze ich ihn? Kennt er viele gut aussehende Frauen? All dies geht im Verlauf eines Händeschüttelns vor sich . . . Eine Freundschaft kann sich erst bilden, wenn einige von diesen Fragen gelöst sind und die Konkurrenz zwischen beiden entweder ausgeschaltet, kanalisiert oder akzeptiert ist.

Mir scheint, daß Männer bei ihrem ersten Zusammentreffen im allgemeinen darum wetteifern, festzustellen, wer die Führungsrolle einnimmt. In den meisten Beziehungen zwischen Männern gibt es einen, der ‹oben› ist, und einen, der ‹unten› ist. Als wären sie jeweils ein älterer und ein jüngerer Bruder oder gar Vater und Sohn.»

Ein ungefähr vierzig Jahre alter Mann antwortete:

«Ich vermute, daß die meisten Männer sich mit anderen Männern nicht wegen der positiven Begleiterscheinungen ihres Zusammenseins treffen, sondern vielmehr um etwas Negatives zu kompensieren. Sie treffen sich, mit anderen Worten, weil sie Angst haben, sexuell als unzulänglich zu erscheinen, wenn sie allein bleiben. Vielleicht haben sie auch nur Angst, den anderen unterlegen zu sein. Diese Angst bekämpfen sie durch Kompensationen. Sie treffen sich mit den anderen, erzählen Witze, spielen Billard, markieren den starken Mann oder schließen sich einem noch Stärkeren an . . . Wenn man nicht bei dem, was gerade los ist, mitmacht, wird man von den anderen aus der Gruppe ausgeschlossen.»

Ein Mann Anfang Dreißig antwortete:

«Ich habe das Gefühl, daß sehr viele Männer Angst davor haben, homosexuell zu sein. Wir unternehmen ungeheuer viel, um diese Möglichkeit abzuwehren. Wir *beobachten* uns gegenseitig, um si-

cherzugehen, daß wir in Ordnung sind. Wo ich herkomme, gilt es als ganz schrecklich, ‹schwul› zu sein. Es ist das genaue Gegenteil von *allem*, was männlich und gut ist . . . Es ist *nicht* so, wie Sie sich das vorstellen, denn man ist dabei nicht nahe daran, wie ein Mädchen zu sein. Daran ist gar nicht zu denken. Es ist viel schlimmer . . . Wir treffen uns, beobachten den Mann neben uns und hoffen, daß er uns beobachtet, damit bei keinem von uns auch nur für einen Augenblick die Aufmerksamkeit nachläßt . . . Ich weiß, das klingt verrückt. Doch genau das tun wir. Ich glaube, dies ist einer der Gründe dafür, daß Männer soviel Zeit miteinander verbringen.»

Auf die Frage nach Männerfreundschaften antwortete ein Endzwanziger mir:

«Man kann sich nach einer Prügelei auf der Straße miteinander anfreunden, wenn keiner allzu schlimm verletzt worden ist. Durch eine solche Prügelei kann man die Austragung von Konkurrenzen beendigen. Denn nach einer solchen Auseinandersetzung scheint jeder von beiden dem andern zu sagen: ‹Ich werde dich nicht ficken und du wirst mich nicht ficken›, und jedem von beiden steht es dann frei, irgend jemand anders zu ficken . . . Das ist ein möglicher Weg, auf dem sich eine Freundschaft entwickeln kann. Wenn einmal die dicke Luft vorbei ist und man herausgefunden hat, daß der andere seinen Mann stehen kann, kann man sich mit ihm, wenn man das für gut hält, verbünden.»

Ein Mann, Mitte Dreißig, sagte:

«Ich erwarte immer, daß die Leute versuchen, mich reinzulegen. Ich glaube, so ist das im Leben. Wütend werde ich, wenn mich jemand nicht nur reinzulegen, sondern mir noch näherzukommen versucht und mich fertigmachen will. Das kann ich partout nicht leiden. Das ist, wie wenn man jemanden hinfallen sieht, ihm aus Mitleid wieder auf die Beine hilft und dann von ihm dafür eins auf die Fresse gehauen bekommt. Dann ist man in der Lage, ihn einfach umzubringen. Man sagt sich, daß man besser wie alle anderen an ihm vorbeigelaufen wäre, ohne ihn zu beachten. Es macht mich jedesmal wütend, wenn ich jemandem vertraue.

Es ist leichter, eine Beziehung zu einer Frau zu haben. Frauen sind nicht so konkurrenzsüchtig. Sie sind wärmer. Sie sind nicht soviel zusammengeschlagen worden wie Männer.»

Männerbünde dienen der Eindämmung explosiver und lähmender Rivalitäten zwischen Männern, der systematischen Beschränkung wahlloser männlicher Gewalttätigkeit. Männerbünde leisten eine Eingrenzung des ödipalen Dilemmas und der Antriebe zu männlicher Homosexualität – durch die Verherrlichung des Gehorsams gegenüber «höher»stehenden Heldenfiguren oder wohlwollenden Vatergestalten, mit denen sich andere Männer identifizieren können.

Männerbünde in diesem Sinn sind nicht, was Frauen unter Freundschaften oder Liebesverhältnissen verstehen. Ein Männerbund ist ein beneidenswerter «Altherrenclub», ein System, nach dem die Mehrheit der Männer unseres Planeten zusammen mit ihrem Besitz an Frauen zum Zwecke des Überlebens, der Herrschaft und des Komforts einer Minderheit von Männern kontrolliert oder geopfert wird.

Viele der Männer, mit denen ich sprach, waren sich, zumindest nach dem, was sie sagten, dieses Opfers der Vielen zum Vorteil der Wenigen sehr wohl bewußt. Doch die meisten Männer interessierten sich mehr dafür, daß sie selbst in diesem System zu den Gewinnern zählen oder sich zumindest mit dem *Schauspiel* identifizieren konnten, das sich bot, wenn ein anderer gewann, als daß sie sich gegen die Notwendigkeit von Gewinnern und Verlierern, hätten aussprechen wollen. Tatsächlich scheinen die meisten Männer zu glauben, patriarchale Männerbündnisse seien etwas «Natürliches». Ihrer Auffassung nach geht die Herrschaft von wenigen starken Männern über die zahllosen schwachen Männer und Frauen auf Gesetze zurück, die das Verhalten der Primaten und damit auch der Menschen bestimmen. Mit diesem Zustand geben sie sich zufrieden.

Ein Mann sagte:

«Wir führen ein begrenztes Leben in einer Welt, die endlich ist und nur über begrenzte Rohstoffe verfügt. Dies sind harte Wahrheiten, die die meisten Menschen nicht wahrhaben wollen, an die sie aber tief in ihrem Innern glauben. Es gibt nicht von allem genug für alle. In jeder historischen Situation gewinnt der beste Mann oder der beste Staat, was er auf der höchsten Entwicklungsstufe seiner Kultur zum Überleben braucht.»

Ich verwies auf das hohe Niveau, das unser Jahrhundert auf den

Gebieten des Völkermords, der atomaren Vernichtung, der Folter, der totalitären Herrschaft, des Terrorismus und der Zunahme an Armut und planetarischer Umweltverschmutzung erreicht hat. (Hätte ich den Sexismus und Rassismus in den Katalog der läßlichen Sünden mit aufgenommen, so hätte mich das als *unernst* disqualifiziert.)

Seine Antwort lautete:

«Die Welt ist nicht vollkommen. Ich glaube, daß heutzutage mehr Menschen besser überleben als je zuvor in der Geschichte . . . Es hat immer Menschen gegeben, die sich Sorgen um das Ende der Welt gemacht haben – aber es ist nie eingetreten. Ich glaube, die Welt wird noch lange weiterbestehen, wenn Sie und ich ihr Lebewohl gesagt haben.»

Wieviel *Männlichkeit* steckt nicht in solch herzlosem Realismus. Er akzeptiert, ja umarmt alles Leid und alle Zerstörung ohne Schuldgefühle und falsche Hoffnungen – ohne Mitleid für sich selbst oder andere.

Solche «harten» Stimmen erinnern mich daran, wie verwundbar und zerbrechlich ich durch meinen Gerechtigkeitssinn werde. Voll kindlicher Unschuld stehe ich vor der halbblinden Äußerung dieses Mannes, daß wir in der besten aller möglichen Welten leben.

Wie der Mann, den ich gerade zitiert habe, beschweren sich die meisten Männer ebensowenig über den Zustand der Welt wie über ihre Beziehungen zu ihren Vätern oder zu anderen Männern. Selbstverständlich dienen Männerbündnisse angeblich den Männern zum Vorteil. Und vielleicht gibt es für Männer tatsächlich weniger, worüber sie sich beklagen können, als ich vermute.

Während es zahllose Beispiele dafür gibt, daß Männer alle ihre Konkurrenten vollständig zerstört haben, gibt es auch viele Gegenbeispiele, aus denen hervorgeht, daß Männer sich in lebenswichtigen Fragen gegenseitig in Schutz genommen haben.

Oft habe ich beobachtet, daß Männer der Mittelschicht einem Mann ihres Alters über eine Scheidung hinweggeholfen haben oder ihm in einer Midlife-Krise ihren Beistand angeboten haben. Sie luden ihn ein, vorübergehend die Stabilität, die Häuslichkeit und Geselligkeit ihres eigenen Hauses mit ihnen zu teilen. Oder sie versuchten, ihn sexuell oder ökonomisch abzulenken. Wie oft habe

ich ein nur aus Männern bestehendes Geschworenengericht einen Angeklagten freisprechen sehen, der sich wegen Alkoholismus, Drogensucht, Promiskuität oder Kindesmißhandlung zu verantworten hatte. Frauen gegenüber ist man gerade bei Straftaten auf diesen Gebieten weniger gnädig.

Aber im Grunde kommen Männerbündnisse doch immer nur deswegen zustande, weil sie einen Versuch darstellen, das zu verleugnen oder zumindest zu überleben, was zwischen Männern in Wirklichkeit vorgeht. Männer «verbünden» sich nur, weil (andere) Männer die grausamsten Mörder von Männern auf Erden sind. Männer «verbünden» sich nur vorübergehend, um barbarische Akte des Verrats und der Demütigung anderer Männer zu vermeiden oder zu begehen. Männerbündnisse zeigen an, wie sehr sich Männer bemühen wollen, die Unterstützung anderer Männer zu erlangen oder vielmehr männlicher Gewalttätigkeit zu entgehen. Bündnisse zwischen Männern machen deren Sehnsucht deutlich, von wirklichen oder ersatzweisen Vatergestalten eine Macht zu erben, die sich zumindest auf Frauen, wenn nicht auch auf andere Männer erstreckt.

Daß Männer von Frauen abhängig sind, ist klar – trotz «männlicher» Versuche, dies zu verleugnen, trotz «männlicher» Versuche, sich dieser Abhängigkeit zu entziehen oder sie abzuwerten, trotz «männlicher» Versuche, Frauen dafür zu bestrafen, daß sie in der Lage sind, männliche Bedürfnisse zu befriedigen. Es ist jedoch falsch, die Tatsache, daß Männer von Frauen abhängig sind, so aufzufassen, als hätten Frauen objektiv Macht gegenüber denen, von denen sie «gebraucht» werden. Die meisten Frauen sind als Industrie- oder Landarbeiterinnen, als Hausangestellte und als Sexualpartnerinnen im *Einzelfall* relativ austauschbar und daher beinahe entbehrlich. Darüber hinaus vermittelt die Abhängigkeit von den Frauen Männern ein Gefühl des Schreckens und der Scham, als müßten sie in ihre Kindheit zurückkehren. Die Frauen müssen dafür büßen.

Wenn ich höre, wie Männer über Männerbünde und männliche Gewalttätigkeit sprechen, dann frage ich mich, in welchem Ausmaß die feindselige Haltung von Männern gegenüber den Ansprüchen der Feministinnen nicht auf eine Angst der Männer zurückgeht, von

den Frauen verlassen zu werden und in einer vollkommen männlichen Gesellschaft ganz sich selbst überlassen zu sein. Trotz des männlichen Beharrens auf einer Trennung der Geschlechter brauchen die meisten Männer Transfusionen von emotionaler und physischer Unterstützung oder Sicherheit, von Intimität, menschlicher Wärme und «Mütterlichkeit», die sie bei Bedarf und nach eigenem Gutdünken abrufen können. Sie brauchen einen Zugang zu Frauen, wie sich die Männer sie zurechtgemodelt haben.

In der reinen Männergesellschaft von Gefängnissen sind Männerbündnisse am deutlichsten mit Brudermord und physischer Gewalttätigkeit durchsetzt. Dort sind Männer und Jugendliche zusammen eingesperrt, ohne daß Frauen ihnen als Blitzableiter dienen können. Ihre Wut und ihre Scham sind ausschließlich auf andere Männer gerichtet.

Männer über männliche Gewalttätigkeit: Ansichten aus dem Gefängnis I

PHYLLIS: Ich möchte, daß Sie mir etwas über Gewalttätigkeiten im Gefängnis erzählen.

J.: Ich glaube, die Gewalttätigkeiten, die ich im Gefängnis gesehen habe, unterschieden sich in bezug auf ihre Ursachen nicht von Auseinandersetzungen auf dem Schulhof. Es mag lächerlich klingen, aber die Anlässe für gewalttätige Handlungen waren immer von sehr geringer Bedeutung.

PHYLLIS: Können Sie ein Beispiel geben?

J.: Ja. Ich wurde Zeuge mehrerer Messerstechereien und einer Reihe von Morden. Sie ereigneten sich ebenso wie schwere Prügeleien wegen sexueller Geschichten – wenn um einen Homosexuellen gekämpft wurde – oder wegen Spielschulden, bei denen es oft nur um eine Schachtel Zigaretten ging. Wissen Sie, jemand verlor beim Spielen und sagte, daß er nicht zahlen würde. Daraufhin wurde der andere wütend, weil er meinte, daß es um seine Ehre ging.

PHYLLIS: Es ist interessant, daß Sie zunächst von Auseinanderset-

zungen zwischen den Gefangenen berichten. Denn die haben doch wohl gar nicht soviel Macht.

J.: Ja, die Gefängniswärter versuchen nur, Gewalttätigkeiten unter Kontrolle zu halten. Die meisten von ihnen wissen, daß sie in der Minderzahl sind, und legen sich nicht krumm . . . Die sadistische Art von Gefängniswärtern gibt es nur in alten Filmen . . . Sicher, sie haben schon mal jemanden reingelegt, aber sie strengen sich dabei nicht übermäßig an. Ich will mal sagen, daß sie immer nur die auf dem Kieker haben, die ihnen *zuerst* was eingebrockt oder sie lächerlich gemacht hatten.

PHYLLIS: Welche Art von «Männlichkeit» wird denn befriedigt, wenn es eine Million zu eins steht?

J.: Also sie fühlen sich dann in ihrer ganzen Autorität bedroht – mit ihrer Uniform, ihren Rangabzeichen . . . Weil es dann auf eine Konfrontation hinausläuft . . .

PHYLLIS: Was war die brutalste Sache, die man Ihnen im Gefängnis angetan hat?

J.: Na, das Brutalste war die Art, in der man mich hier eingelocht hat. Für mich persönlich kamen die dicksten Hämmer von der Polizei und den Gerichten. Nicht mal so sehr, daß sie mich zusammengeschlagen haben, sondern die Art, wie ich verhaftet wurde. Man hat mich unter falschen Anschuldigungen hier reingebracht, wissen Sie.

PHYLLIS: Wer?

J.: Jemand, mit dem ich vorher zusammen im Knast war und den ich für einen guten Freund hielt.

PHYLLIS: Welche Wirkung hatte es gefühlsmäßig auf Sie, als Sie entdeckten, daß ein Freund Sie reingelegt hatte?

J.: Meine erste Reaktion war, daß ich mich einfach umbringen wollte. Das war so mein erster spontaner Entschluß. Doch dann habe ich darüber nachgedacht und beschlossen, diesen Kerl zu fassen zu kriegen. Und ich habe es wirklich versucht. Als ich gegen Lösegeld freikam, habe ich mich erkundigt, wo ich eine Waffe bekommen könnte. Das habe ich gemacht . . . aber ich konnte ihn nicht finden . . . er war angeblich mein Freund – es war wirklich entsetzlich. Ungefähr zwei Jahre später hat er sich umgebracht. Er nahm eine Überdosis Tabletten. Ich las davon im Knast. Ich war wahnsinnig wütend darüber und fragte mich, wie mir der Scheißkerl das

antun konnte. Weil meine erste Reaktion so gewesen war, hatte er mir die Möglichkeit genommen . . . Aber ich hätte es gemacht.

PHYLLIS: Glauben Sie, Sie hätten ihn umgebracht?

J.: Was ich wirklich wollte, war, ihn zum Krüppel zu machen. Wissen Sie, ich wollte ihn bestrafen – aber so schwer, daß er ins Krankenhaus gemußt hätte. Ich wollte 'ne richtige Nummer abziehen. Wenn er dann noch versucht hätte, mich zu finden oder mir nahezukommen, hätte ich ihn umgebracht . . .

Männer über männliche Gewalttätigkeit: Ansichten aus dem Gefängnis II

LESTER: Knast ist gleichbedeutend mit Gewalt. Beinahe jeder im Knast ist durch den Staat fertiggemacht worden. *Ganz gleich, was er gemacht hat.* Darum machen sie sich im Knast gegenseitig fertig.

Wenn zum Beispiel ein neuer in den Knast kommt, versucht irgend jemand, ihn anzumachen . . . Jetzt hat der Gefangene die Wahl. Er kann entweder sagen, «weißt du, ich mach da nicht mit» – oder er kann sich darauf einlassen. Vielleicht versucht der andere, etwas Gewalt anzuwenden, doch wenn er sich wirklich wehrt, passiert ihm nichts. Die Gefangenen wollen sich nicht mit den Behörden anlegen. Außerdem könnte der Neue einfach zurückschlagen und den anderen verletzen.

PHYLLIS: Kommt die erste Anmache gewöhnlich von einem einzelnen?

LESTER: Nein, gewöhnlich von einer ganzen Gruppe.

PHYLLIS: Was heißt das?

LESTER: Na, ein Kerl versucht, den Neuen anzumachen. Im Gespräch kann er gleich sehen, worauf der eingeht. Dann folgt beiden ein dritter. Wenn sie glauben, daß der Neue jemand ist, mit dem sie es machen können, vergewaltigen sie ihn zu dritt oder viert in seiner Zelle.

PHYLLIS: Wie kann sich denn einer allein gegen drei oder vier Leute verteidigen?

LESTER: Natürlich kann er das in dem Augenblick nicht mehr.

Doch er ist im Gespräch auf etwas eingegangen, worauf er sich besser erst gar nicht eingelassen hätte. Einmal ist ein Junge in seiner Zelle von vier Leuten vergewaltigt worden. Er hatte ungeheure Schmerzen und blutete sehr stark. Er wurde ins Krankenhaus gebracht . . .

PHYLLIS: Hat denn niemand Mitleid mit ihm gehabt?

LESTER: Kaum. Wer vergewaltigt wird, wird nicht als Opfer angesehen, sondern als jemand, der gezeichnet ist und von dem man sich fernhält. Zu seinem eigenen Schutz wird er eine Zeitlang von den anderen getrennt. Wenn sie ihn dann wieder mit den übrigen Knastologen zusammensperren, wird er von jedem gefickt.

PHYLLIS: Sind Sie je im Knast zusammengeschlagen oder vergewaltigt worden?

LESTER: Nein. Aber Sie sehen ja, ich bin ziemlich kräftig gebaut. An mich kommt keiner ran. Sicher, auch ich kann zusammengeschlagen werden – doch im allgemeinen gucken mich die Kerle an und fragen sich, warum sie gerade mich ficken sollen.

PHYLLIS: Sie sind ein Einzelgänger . . .

LESTER: Ja, ich brauche niemanden in meiner Nähe.

Männer über männliche Gewalttätigkeit: Teenager in geschlossenen Heimen

PHYLLIS: Erzählen Sie mir etwas von den Jungen, mit denen Sie arbeiten.

BARRY: Ich bin Sozialarbeiter in einem Heim für straffällig gewordene Jugendliche. Es sind Jungen unter achtzehn, die so ziemlich alles gemacht haben. Sie haben getötet, gefoltert und gestohlen oder die Schule geschwänzt, ins Bett gemacht und sich älteren Männern prostituiert, um eine Unterkunft zu haben . . . Niemand kann etwas mit ihnen anfangen. Sie scheinen direkt aus dem Film «Uhrwerk Orange» zu kommen, aber sie sind noch *Kinder*.

Am Anfang versuchte ich, sie zu akzeptieren und sie dazu zu bringen, daß sie mich akzeptierten. Wir waren vier Sozialarbeiter für 15 Jungen, die zusammen in einem Schlafsaal schliefen. Wir kamen

miteinander aus. Doch das änderte sich, als größere Schlafsäle gebaut wurden. Auf einmal gab es 25 Jungen pro Raum und weniger Sozialarbeiter.

Wenn jetzt einer von den Jungen mir mit der Gabel ins Gesicht zu stechen drohte, sahen das 25 andere. Die Sozialarbeiter reagierten auf die veränderte Situation mit einem Verfolgungswahn und wurden immer härter. Es konnte jetzt geschehen, daß es zu einer Schlägerei in der Gruppe kam, sobald einer von den Jungen durchdrehte.

Wenn man denjenigen, der einen mit der Gabel bedrohte, nicht unmittelbar dazu bringen konnte, daß es ihm leid tat, dann sahen 50 Jungen zu und akzeptierten eine solche Bedrohung als eine *Möglichkeit* ihres eigenen Verhaltens. Das Niveau hingenommener Gewalttätigkeit steigt sehr schnell an.

Was passiert, wenn ein Zeitungsjunge reinkommt und zehn gelangweilte und frustrierte Jugendliche beschließen, ihn fertigzumachen? Einer steht auf und stößt den Zeitungsjungen an, ein zweiter kommt ihm zu Hilfe, und plötzlich sieht man zehn Menschen, die nicht mehr sie selbst sind, sondern fast so etwas wie eine Gruppenidentität besitzen. Sie vergessen sich so weit, daß sie den Zeitungsjungen einfach zu Tode trampeln, wenn man sie nicht stoppt. Etwas Wildes, Kaltes und Getriebenes kommt über sie. Sie fühlen nichts mehr. Sie führen einfach die Befehle von jemand anders aus. Vielleicht die Befehle des Teufels. Sie können nicht aufhören. Unheimlich ist dabei, daß sie nicht einmal aussehen, als würde ihnen das Freude machen. Sie sind einfach nicht ganz da.

Ich fühle mich nicht bedroht. Wirklich bedroht ist jeder, der körperlich nicht mit dem stärksten Jungen fertig werden kann. Dafür ein Beispiel: Ein Junge kommt wieder zu uns zurück. Er ist einer von denen, die immer nur «Jawoll» sagen – und in dem Augenblick, in dem man ihnen den Rücken kehrt, irgendein Gebäude zum Einsturz bringen. Dieser Junge ist dreizehn. Er ist es gewohnt, kleine Jungen zu vergewaltigen. Er sagt sich: «Im Bett kann ich jeden rumkriegen. Denn ich bin stärker.» Während er fort war, war es uns gelungen, solche Spielchen abzustellen. Wir ermutigten die Jüngeren, uns jedesmal Bescheid zu sagen, wenn etwas passiert war. Wir belohnten sie dafür und bestraften die älteren Jungen, die sie unter Druck gesetzt hatten.

Also dieser Junge war seit zwei Tagen aus dem Krankenhaus zurück, da sagt er einem Achtjährigen: «Ich will dich arschvögeln.» So nennen sie das. Der Dreizehnjährige ist 65 Kilo schwer – viel schwerer als der Achtjährige.

Sie prügeln sich. Dem kleineren Jungen werden zwei Zähne ausgeschlagen, aber er macht Lärm genug, um die Aufmerksamkeit einiger Erwachsener auf sich zu lenken. Was soll ich jetzt mit diesem Burschen anfangen? Nachdem er versucht hat, einen Achtjährigen zu vergewaltigen, habe ich ihn wieder in unserem Schlafsaal!

Ich habe ihm also gesagt: «Hör zu. Wenn du noch einmal Schwierigkeiten machst, stecke ich dich in den Schlafsaal mit den 16- und 17jährigen ... und die werden mit dir umspringen wie mit einem Achtjährigen.»

«Mensch, is ja gut. Ich will nicht vergewaltigt werden», sagte er.

Er ist der geborene Anführer. Draußen wird er eine Bande von Halbstarken bilden, die gemeinsam die Nachbarschaft unsicher machen. Sie werden Schlägereien anzetteln, andere erpressen, mit Rauschgift dealen, Frauen vergewaltigen und Betrunkene zusammenschlagen ... Wenn er das überstanden hat, wird er sich nach etwas Größerem umsehen und sich mit Männern aus der Nachbarschaft zusammentun.

Und so werden Söhne, die von ihren Vätern verwundet oder verlassen worden sind, ihrerseits zu «Vätern», zu Mördern anderer Männer, zu großen (von einer gewissen Literatur verherrlichten) Paten und zu kleinen Tyrannen. Sie sind verschreckt angesichts jeder Nähe und verzehren sich in einer unheilbaren Angst vor anderen Männern.

Epilog

Soll ich mir, liebe Leser, da wir uns nun trennen, einen Zauberspruch ausdenken, mit dem Ihr noch einmal für zehntausend Jahre in Schlaf versinkt? Ein Märchen vielleicht, das von einer verzauberten Prinzessin, einem bösen Drachen, einem großen Schatz und einem tapferen jungen Prinzen handelt? Ein Märchen, in dem noch einmal wie auf einem alten Wandteppich die ganze bunte Prozession erscheint, all die Bäcker und Schneider, die Triumphwagen und buntgefiederten Vögel, die Taschenspieler und Hofnarren, die Pferde und Kirchtürme? Und dann die unvermeidlichen großen Damen und Herren, die von weither kommen, um im Licht der aufgehenden Sonne die Vermählung zweier Königreiche zu feiern . . .

Ach, diese Lieblingsgeschichte der Kinder vor dem Einschlafen hat viel von ihrem Zauber verloren. Denn es gibt zum Beispiel mehr ungebetene Hochzeitsgäste in dieser Geschichte als je zuvor. Es sitzt nicht mehr nur *eine* drohende Gestalt wartend am Tor, und nicht mehr nur eine Figur kommt verkleidet daher. Hier, schaut sie euch an, sie marschieren in ordensgeschmückten Uniformen durchs Land. Sie sind alle viel älter als der Prinz, der sie nicht einmal in sich selbst bezwungen hat, und darum kann es in dieser Geschichte kein glückliches Ende geben.

Ich bin vor allem deshalb nicht bereit, ein Märchen zu erzählen, weil wir keine Kinder sind und mehr brauchen als Märchen, um uns zu beruhigen oder zu retten. Wir alle, die wir ins 20. Jahrhundert hineingetrieben wurden, sind unausweichlich erwachsen. Alle unter uns, die nach 1918, gewiß diejenigen, die nach 1933, und insbeson-

dere diejenigen unter uns, die nach den Explosionen von 1945 geboren worden sind, sind alt geboren und wissen zuviel vom Tod.

In unseren Genen, wenn schon nicht in unserem Bewußtsein, wissen wir, daß etwas falsch ist. In unseren Genen wissen wir, daß wir eine gefährdete Art sind, die zu früh an den Pforten von 1984 angekommen ist. Wir sind dorthin durch einen viel zu schnellen und unkontrollierten «Fortschritt» getrieben worden, der es immer mehr Menschen erlaubt, systematisch und immer wissenschaftlicher mehr Menschen zu verstümmeln, zu foltern und zu töten als je zuvor in der Geschichte. Vernunft und Überleben sind die beiden Prinzessinnen, die schlafend im Schloß der Geschichte liegen, umgeben von der dichten Dornenhecke eines ausufernden Fotschritts.

Nie zuvor haben wir dringender einen Helden gebraucht; denn unsere gewöhnliche menschliche Habgier und Feigheit sind eng mit der Möglichkeit eines katastrophalen Endes der Geschichte verknüpft. Nie zuvor haben wir dringender ein Wunder gebraucht – wo wir doch wissen, daß es keine Wunder gibt. Jetzt wissen wir, daß es der Friede und nicht der Kieg ist, der «ausbricht», ohne uns den Blick auf etwas zu lassen, was nachher kommt.

Wir brauchen einen Helden, der nicht auf Befehl seines Vaters stirbt, der seine Mutter nicht verläßt, der nicht sein eigener Vater oder ein unpersönlicher, diktatorischer «Vater» der übrigen Menschen wird, der nicht von seinen Brüdern getötet und nachher verehrt wird. Wir brauchen einen Helden, wie wir nie einen gehabt haben, in dessen Namen die Jugend nicht ausgeschlachtet und zerbrochen wird, in dessen Namen keine Kriege erklärt, Länder kolonialisiert, Völker versklavt und Frauen vergewaltigt werden. Wir brauchen einen Helden, zu dessen Lebzeiten Armut, Analphabetentum, Einsamkeit und Konformismus unbekannt sind . . . Das aber, meine Freunde, ist wirklich ein Märchen, einfach, ernsthaft und durchaus nicht bezaubernd. Es ist nicht der Stoff, aus dem schnelle Industrialisierungen, präventive Abschreckungen und lächelnde, ziemlich unmögliche Handelsdelegationen gemacht sind.

Liebe Leser, ich muß Euch etwas gestehen. Ich sammle Zeitungsausschnitte. Ich klebe sie auf die Seiten von Notizbüchern und hefte sie dann in beschriftete Aktenordner ein. Warum ich das tue? Weil Zeitungsausschnitte die Vergangenheit in sich bergen und die Zu-

kunft unverfrorener und verführerischer vorhersagen als jede Wahrsagerin. Zeitungsausschnitte sind wie die ganz feinen Linien, die auf dem Handteller der Zeit hin- und herlaufen. Immer wieder lese ich in ihnen auf der Suche nach Anhaltspunkten, Erinnerungen und Beweisen.

Meine Sammlung von Zeitungsausschnitten, diese Chronik der «laufenden» Ereignisse, ist der wirkliche Grund dafür, daß ich kein erfundenes Märchen erzählen möchte. Ich mache diese Chronik blutiger Taten, die schwarz auf weiß vor mir liegt, für die Dringlichkeit verantwortlich, mit der ich spüre, was alles auf uns zukommen kann.

Ich weiß, Zeitungen berichten selten von «guten» Ereignissen. «Nachrichten» handeln von Unfällen, Tragödien und Katastrophen, die sehr viel schlimmer sind als das, was uns selbst zustößt, und die uns darum mit unserem Schicksal (und sei es auch noch so schlimm) versöhnen. Sie erlauben es uns, daß wir uns zum größeren Mißgeschick anderer gratulieren. Doch nicht nur Lügen stehen in den Zeitungen. Die Informationen, mit denen sie uns überschütten, fordern in zunehmendem Ausmaß unsere menschliche Phantasie und unsere gemeinsame Verantwortung heraus.

Ich habe also in den Zeitungen die Geschichte wie das wichtigste aller Märchen gelesen. Ich war gewohnt zu glauben, was man mir sagte, daß nichts sich je verändert. Doch im Gegenteil! Während meiner Zeitungslektüre begann ich zu sehen, daß sich in der einen oder anderen Meldung etwas zeigt, was den Blicken gewöhnlich entzogen bleibt und vollkommen neu ist! Lange bevor ich dieses Buch über die Männer zu schreiben begann, liebe Leser, hatte ich «unbewußt» aus den Zeitungen bestimmte Ereignisse der Geschichte als eine Abfolge des «Seines-Gleichen» ausgewählt. Wenn ich jetzt all diese Ausschnitte wieder betrachte, dann sehe ich in ihnen die entsetzlichen Kämpfe zwischen Vätern und Söhnen toben, die die meisten Söhne seit jeher verloren haben. Ich sehe, wie Eva Tag für Tag für den Schmerz eines Mannes angesichts des verlorenen Paradieses ebenso bestraft wird wie für ihre Fähigkeit, Kinder zu gebären.

Ich lese zumindest einmal jede Woche, daß Kain seinen Bruder Abel erschlägt, daß Joseph verkauft wird, daß die Juden versklavt

oder ins Exil geschickt werden und daß Christus ermordet wird. Konzerne verschmutzen die Länder, Lüfte und Meere ihrer Brüder. Aus Stolz oder um des Geldes wegen belügen Wissenschaftler ihre Brüder in bezug auf Heilmittel für ihre Krankheiten – während schon Raumschiffe für die Flucht der Reichen zu neuen Planeten gebaut werden. Sobald sie starten können, und nur dann, werden die Armen die ausgebrannte Erde wirklich erben.

Die Plünderungen von Beirut und die vollständige Zerstörung von Vietnam, welch ein erschreckender Anblick des Chaos, der Habgier und dessen, was die Väter inzwischen als «begrenzte Kriegführung» bezeichnen. Die gefährliche Zunahme des «illegalen» Terrorismus der Söhne wird übertroffen durch die noch gefährlichere Zunahme des «legalen», systematischen Terrorismus der Väter.

Das, wovon ich in diesem Buch geschrieben habe, wird durch die folgenden Ausschnitte aus New Yorker Zeitungen sowie aus einer Handvoll anderer Publikationen «illustriert» und aktualisiert. Man stelle sich vor, welches Bild sich ergeben hätte, wenn ich Ausschnitte aus Tausenden von Zeitungen zusammengetragen hätte!

Väter töten ihre Söhne

Junge (3) in der Bronx zu Tode geprügelt – Vater verhaftet

Ein drei Jahre alter Junge wurde gestern nacht zu Tode geprügelt. Sein 28 Jahre alter Vater wurde unter Mordanklage verhaftet.

Gegen den Vater laufen bereits polizeiliche Ermittlungen, weil er seinen älteren Sohn, den vier Jahre alten Eric, mißhandelt haben soll, der ebenfalls gestern nacht schwer verletzt in das Fordham Hospital eingeliefert wurde. Erics linker Arm und rechter Fuß waren gebrochen. Er hatte Prellungen am ganzen Körper und Verbrennungen an den Füßen.

New York Times,
13. Februar 1973

Blinder Junge (13) beschuldigt Vater des Kindesmords

Jacksonville, Fla. (AP) – Ein dreizehn Jahre alter Junge, der nach Angaben der Polizei von seinem Vater geblendet wurde, sagte aus, sein Vater habe zwei weitere Kinder getötet und ihre Leichen in Müllsäcke gestopft.

Der Sohn sagte aus, sein Vater habe ihn und die beiden anderen Kinder gefoltert. Er habe sie gewürgt, ihnen

Finger in die Augen gedrückt, sie mit einem Besenstil auf die Füße geschlagen und ihren Kopf auf den Boden geschlagen.

«Er drückte mich in der Badewanne unter Wasser und schlug mich. Er würgte mich und trat mich, ich weiß nicht wie oft. Er brach mir den Arm, doch ich weiß nicht wie, weil ich im Badezimmer bewußtlos zu Boden fiel, als ich mich festzuhalten versuchte», sagte der Junge.

New York Post, 28. März 1974

Junge wurde indischer Gottheit geopfert

Neu Delhi (AP) – Die Polizei im Bundesstaat Uttar Pradesh berichtet, daß ein Kaufmann gestanden hat, einen zwölf Jahre alten Bettlerjungen in der Hoffnung getötet zu haben, Millionär zu werden.

Nach Angaben der Polizei in der Stadt Lar, zweihundert Meilen südöstlich von Neu Delhi, sagte der Kaufmann, er habe den Kopf des Jungen während eines dem Gott der Zerstörung, Shiwa, gewidmeten Festes im Juli vom Rumpf abgetrennt, nachdem er den Jungen zuvor eine Woche lang ernährt habe, damit dieser Fett ansetze.

Ein Sadhu, ein heiliger Bettelmönch, habe ihm in Aussicht gestellt, zum Millionär zu werden, wenn er dem Gott ein Menschenopfer darbringe.

Einen Monat zuvor waren nach einem ähnlichen Ritualmord an einem zwölfjährigen Jungen in Radjastan vier Menschen festgenommen worden, deren Gerichtsverfahren noch aussteht.

New York Post, 12. September 1968

Gewalttätigkeiten und Schwerstarbeit bei Waldarbeitern

Ein Mann stand am hinteren Teil eines LKWs, der zum Transport von Baumstämmen für die Herstellung von Zeitungspapier diente. Der Mann bediente eine Winde. Schweiß rann ihm über das Gesicht.

Sein neunzehn Jahre alter Sohn Bob verhakte die Zangen der Winde in einem dicken, fünf Fuß langen Baumstamm, der mehrere hundert Kilo schwer zu sein schien. Ein zweiter Sohn, der dreizehn Jahre alte Luther, der klein für sein Alter ist, saß am Steuer des LKW und sollte den Motor der Winde auf Touren bringen.

Der Vater schrie etwas. Daraufhin ließ der Junge den Motor wieder an. Die Winde stöhnte und ächzte. Auch nach dem dritten Versuch blieb der Motor stehen, obwohl sich Luther alle Mühe gab.

Der Vater rannte zum Fahrerhaus vor, zog den Jungen heraus und schleuderte ihn auf den Boden. Dann begann er, zunächst mit den Händen und später, als er noch wütender wurde, mit den Fäusten auf sein Gesicht und seinen Kopf einzuschlagen. Schließlich griff er nach einem Kiefernast und schlug dem Jungen damit so lange auf den Hintern, bis seine Kraft nachließ, seine Flüche verstummten und der Junge aufhörte laut zu schreien . . .

New York Times, 30. Juni 1974

Drei US-Piloten bestraft – irrtümlich 105 Menschen getötet

Saigon, 12. April (AP) – Die U.S. Air Force hat wegen des schlimmsten irrtümlichen Bombardements im Vietnamkrieg drei ihrer Piloten einen Verweis erteilt, ihnen das Gehalt gekürzt und vorübergehend Flugverbot erteilt.

Dem Bombardement fielen 105 Montagnards, also Angehörige eines Bergstammes, zum Opfer. Weitere 250 wurden in dem Dorf Lang Vei im Nordwesten von Südvietnam verletzt.

Es ist dies das erste Mal, daß Disziplinarmaßnahmen gegen Angehörige der US-Streitkräfte durchgeführt werden, die für ein irrtümliches Bombardement im Vietnamkrieg verantwortlich sind. Bisher sind ungefähr ein Dutzend solcher Zwischenfälle bekanntgeworden, denen etwa 500 Menschen zum Opfer fielen.

Die beiden zweisitzigen F 4 C-Phantombomber warfen Splitterbomben ab, die ausschließlich gegen Menschen wirksam sind. Sie trafen nicht, wie geplant, ein Lager des Vietkong, sondern fielen in ein nahegelegenes Dorf.

New York Post, 12. April 1968

Söhne töten ihre Väter

Mord an I.B.M. Manager – Sohn verhaftet

Vestal, N. Y., 16. September (UPI) – Nach Angaben der Polizei wurde gestern nacht Norman Madsen sen., ein Manager von I.B.M. World Trade, in seinem Haus in dem Vorort Binghampton erstochen aufgefunden. Sein Sohn, Norman jun., 20 Jahre alt, wurde später verhaftet und unter Mordanklage gestellt.

Der Polizei zufolge waren Mr. Madsen (47) und sein Sohn offenbar im Verlauf des Abends in Streit geraten . . . Mr. Madsen ist angeblich von hinten erstochen worden.

New York Times, 17. September 1973

Junge tötete Eltern und beging dann Selbstmord – Doppelleben voller Zweifel und Qualen

Vier Tage bevor Gregg Sanders, ein fünfzehn Jahre alter Junge aus Mountainside, N. J., seine Eltern mit einer Axt tötete und sich dann selbst von einem Wasserturm zu Tode stürzte, erhielt er einen Verweis von seinem Geschichtslehrer. Er war darüber sehr verwirrt und besorgt.

Gregg griff nach einer langen Axt und tötete zunächst seinen Vater mit mehreren Schlägen auf den Kopf. Danach tötete er in gleicher Weise seine Mutter.

Die größte Enthüllung im Zusammenhang dieses Verbrechens war die Existenz einer Geheimkammer, die offenbar von Gregg gebaut worden war. Auf einer holzgetäfelten Wand war in ihr ein großes Hakenkreuz zu sehen, das die Inschrift trug «Amerikanische Nazi Partei». Außerdem wurden Armbinden mit Hakenkreuzen und ein sechs Seiten langes handgeschriebenes Manuskript mit Zitaten von Adolf Hitler gefunden.

New York Times, 3. Februar 1975

Von einer Bande in der Bronx verstümmelt und getötet

Im Südteil der Bronx starb gestern abend ein Mann, mehrere Stunden nachdem er in der Nähe seines Hauses von etwa einem Dutzend Jugendlicher überfallen worden war, die ihn geschlagen und sexuell verstümmelt hatten.

Die Kriminalpolizei identifizierte das Opfer als den einunddreißig Jahre alten William Battles. Sie ließ verlauten, daß Battles Frauenkleider trug, als er angegriffen wurde.

Nach Angaben der Polizei glauben mehrere Augenzeugen, daß die Jugendlichen im Alter zwischen vierzehn und zwanzig Jahren Mitglieder einer Bande von Halbstarken sind.

New York Times, 25. November 1973

Dreijähriger in Brooklyn erdrosselt. Dritter Kindermord innerhalb kurzer Zeit

Am Montag wurde ein drei Jahre alter Junge aus Brooklyn angeblich von einem vierzehn Jahre alten geistesgestörten Jugendlichen erdrosselt. Es handelt sich dabei um den dritten Kindesmord innerhalb kurzer Zeit.

In einem anderen Mordfall wurden gestern zwei Jugendliche verhaftet. Ihnen wird vorgeworfen, ein neun Jahre altes Mädchen aus der Bronx vergewaltigt und ermordet zu haben ... Das Mädchen wurde mit gezogenem Messer gezwungen, den Tätern in den zwanzigsten Stock eines Gebäudes zu folgen. Dort wurde sie mehrmals vergewaltigt und anschließend aus dem Fenster gestoßen.

New York Times, 27. Juni 1973

Zehnjähriges Mädchen wegen einer Wette um $ 10 erstochen

«Es war eine Wette. Sie starb, weil jemand gewettet hatte, daß jemand anders nicht den Mut haben würde, sie umzubringen.» Mit diesen Worten erklärte ein Kriminalpolizist aus Vancouver heute, warum die zehn Jahre alte Kelly McClain ermordet in einer Badewanne aufgefunden worden war. Die Leiche des Mädchens wies siebenundvierzig Einstiche auf.

Weil jemand eine Wette um $ 10 mit zwei jüngeren Freunden, die nach deren Angaben nur zum Scherz angeboten worden war, ernst nahm, wurde das Mädchen erstochen. Sie hatte sich in dem Glauben, mit den anderen Versteck zu spielen, in der Badewanne unter einer Decke verborgen. Nach dem letzten Messerstich ging der mutmaßliche Mörder, ein angeblich sechzehn Jahre alter Junge, zum Telefon und rief die Polizei.

«Wir stießen auf keinerlei Anhaltspunkte dafür, daß es sich bei ihm um einen Gewalttäter handelt.»

Vancouver Sun, 24. August 1976

Tornados über Chicago Jugendliche Halbstarke töten Frau in steckengebliebenem Auto

Tornados wüteten gestern nacht über einem Vorort von Chicago. In ihrem Gefolge wurden zwei Menschen getö-

tet und 23 verletzt. Wolkenbruchartige Regenfälle gingen über der Stadt nieder. Banden von jugendlichen Halbstarken durchstreiften den Südteil der Stadt und griffen steckengebliebene Autofahrer an. Nach Angaben der Polizei wurde eine Frau in ihrem Wagen getötet. Mindestens 15 andere Personen wurden überfallen. Phyllis Anderson (51) wurde erschossen und ihr Mann Leo (51) lebensgefährlich verletzt, als sie sich weigerten, einer Bande $ 10 dafür zu zahlen, daß die Jugendlichen ihnen ihren Wagen über eine unter Wasser stehende Brücke schoben . . .

Nach Angaben der Polizei erlitt Edward Rosen (35) bei einem anderen Überfall einen Kieferbruch und Wunden an der linken Wange, als er von Jugendlichen angegriffen wurde, die Baseballschläger trugen . . .

New York Post, 14. Juni 1976

Brüder

Zwilling verhaftet wegen Brudermord

In der Bronx hat die Polizei einen Mann verhaftet, dem vorgeworfen wird, in einer heruntergekommenen Mietwohnung, die sie gemeinsam bewohnten, seinen Zwillingsbruder erstochen zu haben.

Die Polizei behauptet, daß Byron Frowner (39) während einer längeren Auseinandersetzung in der vergangenen Nacht seinen Bruder mehrfach am Brustkorb und an den Gliedmaßen so schwer verletzt hat, daß sein Bruder infolge dieser Verletzungen starb . . .

New York Post, 24. November 1976

Firmen hielten Daten über Krebs zurück

Washington – Mehr als ein Jahr haben Chemiefirmen in den USA und Europa wichtige wissenschaftliche Ergebnisse der Öffentlichkeit vorenthalten. Diese Ergebnisse stellen einen Zusammenhang her zwischen Leberkrebs und einem Gas, das bei der Herstellung eines der am weitesten verbreiteten Plastikkunststoffe verwendet wird . . . Auch die Handelskammer der amerikanischen Chemieindustrie, die Manufacturing Chemists Association, hielt diese Ergebnisse geheim.

New York Post, 22. Mai 1974

Student in New Jersey bei rituellem «Begräbnis» gestorben

New Jersey, 12. November – William Flowers, ein neunzehn Jahre alter Student am Monmouth College, erstickte heute in den frühen Morgenstunden, als ein «Grab» aus Sand, in dem er lag, über ihm zusammenbrach. Als Teil eines Aufnahmezeremoniells in eine Studentenverbindung hatte man von ihm als Mutprobe verlangt, im regennassen Strand ein Grab auszuheben und sich hineinzulegen.

Das Opfer des schikanösen Vorfalls war angeblich der erste Schwarze, dem es gestattet wurde, um Aufnahme in diese Studentenverbindung nachzusuchen.

New York Times, 13. November 1974

Wird Gefängnisreformer in Arkansas zum Sündenbock gemacht?

Cummins Prison Farm, Ark. – Thomas O. Murton, der Gefängnisdirektor, der drei Skelette, auf einem, wie er glaubt, Friedhof für ermordete Strafgefangene zutage gefördert hat, läuft jetzt Gefahr, zum Sündenbock der eigenartigen Affäre zu werden.

Es war nicht auszumachen, ob die Abgeordneten, die sich zu der Angelegenheit geäußert haben, wütender darüber waren, daß Murton die Grabfunde öffentlich bekanntgemacht hat, oder darüber, daß die Personen, deren Todesursache ungewiß ist, in rohen Holzsärgen begraben worden waren.

«Was können wir auf Grund dieser ganzen Sensationsmache beweisen?» fragte Rockefeller.

New York Post, 6. Februar 1968

Student bei Initiationsritus getötet

Ein zwanzig Jahre alter Student aus Queens wurde gestern nacht im Verlauf eines Initiationszeremoniells erstochen. Das Zeremoniell wurde auf einer kleinen Insel in der Great South Bay von einer Verbindung studentischer Reserveoffiziersanwärter durchgeführt.

Edward Fitzgerald, das Opfer, wurde vorgeblich «gefangengenommen». Ihm wurde eine Platte aus Holz um den Hals gehängt, auf der das Wort «Kriegsgefangener» zu lesen war.

Savino, einem der Studenten, wurde die Rolle eines russischen Offiziers zugewiesen, dessen Aufgabe es war, Fitzgerald zu verhören, um geheime Informationen von ihm zu erhalten.

Offensichtlich benutzte Savino dazu ein längeres Militärmesser. Er bedrohte Fitzgerald, indem er wiederholt auf die Platte einstach, die an dessen Hals hing. Beim letzten Stoß drang das Messer in Fitzgeralds Brustkorb ein.

New York Post, 6. November 1976

Rechtsextremisten in Salvador drohen Jesuiten mit dem Tod, wenn sie das Land nicht verlassen

San Salvador, 17. Juli (AP) – Rechtsgerichtete Terroristen haben damit gedroht, fünfzig Jesuiten zu ermorden, wenn sie El Salvador nicht verlassen. Die Jesuiten gaben bekannt, daß sie im Lande bleiben wollen, um mit den Bauern gegen die, wie sie sagen, Ausbeutung zu kämpfen.

In einer Erklärung, in der die Priester der «kommunistischen Subversion» bezichtigt werden, droht die rechtsgerichtete Union Weißer Krieger damit, alle Mitglieder des Jesuitenordens in diesem mittelamerikanischen Staat umzubringen, wenn sie das Land nicht bis Donnerstag verlassen haben.

«Die Hinrichtungen werden unmittelbar und systematisch durchgeführt», heißt es in einer heimlich verteilten Erklärung der Gruppe, die sich angeblich aus pensionierten Offizieren und Sicherheitsbeamten der Regierung zusammensetzt . . .

El Salvadors Militärregierung regiert das Land seit 1932 beinahe ununterbrochen. Sie wird von einigen wenigen Familien kontrolliert, die 60% des Landes in diesem Staat be-

sitzen, in dem 4,5 Millionen Menschen leben, von denen 90% Katholiken sind.

Seit die Jesuiten sich am Kampf der Bauern beteiligt haben, sind nach kirchlicher Darstellung 15 Priester ausgewiesen worden, 5 von ihnen wurde die Wiedereinreise verweigert, 2 wurden getötet und 8 von der Polizei gefoltert. Die meisten der Opfer waren Jesuiten.

New York Times, 18. Juli 1977

Plünderungen in Beirut vergleichbar denen von Paris

Beirut – Seit Adolf Hitler und Hermann Göring während des Zweiten Weltkriegs Paris systematisch ausgeplündert haben, haben in keiner Stadt der Welt, die sich im Kriegszustand befunden hat, Plünderungen in dem Ausmaße stattgefunden, wie sie sich in den letzten Tagen in Beirut zugetragen haben.

Die Raubüberfälle und Plünderungen in Beirut sind nach Zahl und Umfang so groß gewesen, daß es nach Angaben von Bankiers, Geschäftsleuten und Schwarzmarkthändlern Jahre dauern dürfte, bis sie in ihrem vollen Umfang bekannt sind. Es wird jedoch mit einem Gesamtschaden von 1 Milliarde Dollar gerechnet.

Allein im Hafen von Beirut schätzt man den durch Plünderungen angerichteten Schaden auf über 300 Millionen Dollar.

Nach zuverlässigen Berichten sind zwei Drittel des geplünderten Materials von rechtsgerichteten Kreisen dazu verwendet worden, Waffenkäufe zu finanzieren und sich persönlich zu bereichern. Der Rest fiel linksgerichteten Palästinensern zu. Nach Aussagen eines Schwarzmarkthändlers gab es auf beiden Seiten Einzelgänger, die den Hafen ausschließlich auf eigene Rechnung überfielen.

Einem Augenzeugenbericht zufolge stießen in einer britischen Bank zwei Gruppen von christlichen Milizen, Angehörige der Chamounisten und der Falangisten, im selben Augenblick auf einen Tresor, der randvoll mit Bargeld und verkäuflichen Reiseschecks gefüllt war, die von anderen Banken im Nahen Osten stammten und in Beirut verrechnet werden sollten. Nach einem kurzen Feuergefecht, in dessen Verlauf sechs Männer getötet wurden, einigten sich die beiden «verbündeten» Parteien auf einen Waffenstillstand und sprengten den Zugang zum Tresor. Die Falangisten nahmen 6 Millionen in bar und die Chamounisten 12 Millionen in Reiseschecks an sich, die später in der Schweiz eingelöst wurden.

Die meisten der leichtverkäuflichen Waren, wie zum Beispiel teure Rundfunk- und Fernsehgeräte, sind bereits auf dem Landweg nach Syrien, Jordanien und den Staaten am Persischen Golf oder auf dem Seeweg nach Griechenland und Zypern exportiert worden.

Lastwagenladungen voll Kühlschränken, Elektroherden und anderen Küchengeräten sind auf der Straße von Beirut nach Damaskus in Richtung Syrien gesehen worden. Es ist nicht sicher, daß syrische Truppen, die fast die gesamte Friedenstruppe dort stellen, unmittelbar an dem Schmuggel beteiligt sind. Doch es ist unvorstellbar, daß diese Konvois oh-

ne ihr Wissen die Straße passiert haben können.

Einige der plündernden Einzelgänger, von denen ein Schwarzhändler sagt, daß sie ungeheuer mutig sind, benutzten die Hotels der Innenstadt von Beirut, als handle es sich bei ihnen um die Verkaufsräume von Warenhäusern. Später aber wurden die Gebäude durch Granaten vollständig zerstört.

New York Post 1976

Söhne töten ihre Mütter

Frau ermordet. Sohn verhaftet

New York City – Eine kranke sechsundsiebzig Jahre alte Frau wurde heute früh erschlagen und erwürgt in ihrer Wohnung auf den Washington Heights aufgefunden, nachdem ihr sechsundvierzig Jahre alter Sohn der Polizei telefonisch mitgeteilt hatte, daß er sie ermordet habe.

Die Nachbarn sagten, der Sohn habe sich nach seiner Rückkehr aus einer Nervenheilanstalt merkwürdig verhalten. Doch seine Mutter habe sie beruhigt: «Er ist mein Sohn. Er wird mir schon nichts tun.»

New York Post, 1975

Sohn wegen Mord an seiner Mutter verhaftet

New York City – In Queens wurde ein fünfundzwanzig Jahre alter Mann in Untersuchungshaft genommen, nachdem er angeblich seine Mutter in ihrer gemeinsamen Wohnung getötet hatte. Ein jüngerer Bruder, der verkrüppelt und stumm ist, hatte sich vergebens bemüht, Hilfe zu holen.

Als man die Mutter fand lag sie kopfüber in einer Badewanne voll blutigem Wasser.

New York Post, 30. Dezember 1974

Früherer Strafgefangener nennt in Zusammenhang mit sieben Morden auf der West Side Einzelheiten

Calvin Jackson, ein sechsundzwanzig Jahre alter ehemaliger Strafgefangener, der angeblich in elf Morde auf der West Side verwickelt ist, hat den Behörden gegenüber Details von sieben Mordfällen genannt, die nach Angaben der Kriminalpolizei nur dem Mörder bekannt gewesen sein können.

Mr. Jackson ist formell des Mordes angeklagt wegen der Erdrosselung von Mrs. Pauline Spanierman, einer neunundsechzig Jahre alten Witwe, die in ihrer Wohnung ermordet wurde . . . (Jackson) verwickelte sich in mindestens zehn Mordfälle – Mabel Martmeyer (60); Blanche Vincent (71); Eleanor Platt (64) . . . Winifred Miller (47) . . . Kate Lewisohn (65), die mit einem Schädelbruch am 19. Juli 1973 tot aufgefunden wurde, und Yetta Yeshnefsky, die am 29. April 1974 erstochen wurde.

New York Times, 15. September 1974

Zwei Jugendliche gaben Mord an Mutter und Schwester (9) zu

Frederick, Md. (AP) – Die Polizei fand die Körper der beiden Opfer – die Mutter und eine jüngere Halbschwester eines der beiden Verdächtigen – an der von den beiden Männern bezeichneten Stelle. Die mutmaßlichen Mörder im Alter von 18 und 20 Jahren «waren keineswegs aufgeregt. Sie lachten beide darüber», sagte der Polizeichef Charles V. Main.

«Sie hatten kein Motiv, sondern behaupteten einfach, daß sie sie nicht mochten. Sie erdrosselten sie mit einer Wäscheleine.»

New York Post, 16. April 1974

Verhaftet wegen Mord an einer Frau (66)

Ein vierundzwanzig Jahre alter Mann, der früher in einer Nervenheilanstalt war, wurde heute unter der Anklage verhaftet, eine sechsundsechzig Jahre alte Frau erstochen zu haben, die ein paar Zimmer weiter im selben Fürsorgeheim auf der West Side wohnte wie er.

«Sie war wie eine Mutter zu ihm, sie ernährte ihn und gab ihm manchmal sogar Geld», sagte Mrs. Jean Sands (62), die auf derselben Etage lebt. «Er machte allerlei Besorgungen und ging für sie einkaufen. Mir ist das unfaßbar.»

New York Post, 11. Oktober 1974

Junge berichtet über seine Rolle beim Mord an seinen Schwestern

Detroit (AP) – Ein vierzehn Jahre alter Junge aus Detroit sagte heute vor einem Richter am Kriminalgericht aus, daß er mit drei anderen Jugendlichen an einem Vergewaltigungsversuch teilgenommen hat, der dazu führte, daß seine beiden elf Jahre alten Zwillingsschwestern am 30. Juni mit einem Messer erstochen worden sind.

New York Post, 22. August 1968

Wieder Handschellen für Mörder von Long Island?

De Nicola, der angegeben hatte, auf Befehl des Teufels getötet zu haben, brach gestern im Gerichtssaal zusammen, als ein Psychiater der Verteidigung die Motive seines Handelns auf sein Verhältnis zu seiner jüngeren Schwester zurückführte. Auf eigenen Wunsch wurden ihm Handschellen angelegt, weil er fürchtete, «jemanden zu töten, wenn ich mir die Geschichte mit meiner Schwester anhören muß».

«Sie war für ihn rein, vollkommen und gottähnlich», sagte Dr. Brian P. Lipton, 67 Park Ave., der Jury, die aus elf Männern und einer Frau besteht.

Doch unmittelbar vor der Hochzeit seiner Schwester wurde De Nicola enttäuscht. Er mußte zur Kenntnis nehmen, daß seine Schwester schwanger war ... «Das verstörte ihn», sagte der Psychiater. «Er war wütend auf seine Schwester wegen ihrer Sexualität, des Verlusts ihrer Selbstkontrolle und Jungfräulichkeit ...» – «Neun Tage nach der Hochzeit seiner Schwester», sagte Dr. Lipton, «ermordete er infolge einer überwältigenden Triebregung eine andere Frau, die ebenfalls den Namen Patricia trug, als symbolische Stellvertreterin seiner moralisch

verdorbenen Schwester und seines eigenen weiblichen Selbst . . .»
New York Post, 24. April 1974

Gebete bei Kerzenlicht, Folter und Tod in einem Schweizer Chalet

Zürich, 20. Mai (AP) – Sie saßen in ihrem kleinen Chalet zusammen und beteten bei Kerzenlicht zur Jungfrau von Fatima um Frieden in der Welt.

Um die Macht ihrer Gebete zu erhöhen, tranken sie Champagner. In den Pausen zwischen ihren Gebeten peitschten sie die Tochter ihres früheren Präsidenten, die siebzehn Jahre alte Bernadette Hasler, die letztes Wochenende starb, nachdem sie einen Monat lang systematisch gefoltert worden war.

Der Polizei gegenüber gestanden sie, das Mädchen geschlagen zu haben, «um ihr den Teufel auszutreiben».

Unter den Verhafteten befinden sich Bernadettes Eltern, der Bauer Josef Theodor Hasler (41) und seine Frau Leni (39).

Nach Angaben der Polizei sagte Hasler, daß er seine Tochter von sexuellen Zwängen heilen wollte. Er vertraute sie der Obhut von «Pater» Josef Stocker (60), dem Oberhaupt der Sekte, an, der ebenfalls verhaftet worden ist.

Stocker, ein Deutscher, wurde, wie die Polizei festgestellt hat, als römisch-katholischer Priester vor einigen Jahren wegen Betrugs exkommuniziert. Stocker leitete zusammen mit seiner deutschen Geliebten, Maria Magdalena Kohler (52), die meisten der Gebete und Auspeitschungen.

Angehörige der Sekte behaupteten, Bernadette habe «immer nur schmutzige Gedanken im Kopf gehabt».

Um sie von diesen Gedanken zu reinigen, wurde sie nach Angabe der Polizei an eine Couch gefesselt und regelmäßig geschlagen. Drei bis fünf Personen sollen jeweils an diesen Auspeitschungen teilgenommen haben.
New York Post, 21. Mai 1967

Frauenleben und «Ehre» in Arabien

Beirut (CDN) – Frauen, die «Schande» über ihre Familien bringen, werden sogar in der modernsten aller arabischen Städte von ihren Brüdern oder anderen männlichen Verwandten mit alarmierender Häufigkeit umgebracht.

. . . Ein junger Mann enthauptete seine unkeusche Schwester und übergab den Behörden ihren Kopf als Beweis dafür, daß er die Familienehre wieder hergestellt hatte.

Eine Untersuchung ergab, daß Morde an Frauen von seiten männlicher Verwandter wegen wirklichen oder vermeintlichen Ehebruchs oder vorehelichen Geschlechtsverkehrs sowie wegen wirklicher oder vermeintlicher Prostitution mehr als 6% aller verurteilten Mordfälle in Beirut und etwas weniger als 8% aller verurteilten Mordfälle im gesamten Libanon ausmachen.
New York Post, 22. März 1974

Männer ohne Mutterleib

Ehemaliger Geliebter verklagt seine Freundin, um Abtreibung zu verhindern

Ein arbeitsloser Bauarbeiter, der mit einer einstweiligen Verfügung seiner früheren Freundin eine Abtreibung hatte untersagen lassen, erklärt, daß er die Frau noch immer liebe.

Durch die einstweilige Verfügung ist es Wendy Chasalow (19) untersagt, eine Abtreibung vornehmen zu lassen, bevor nicht der Oberste Gerichtshof am Montag die Einwände ihres früheren Freundes zur Kenntnis nimmt. Frau Chasalow hatte geplant, die Abtreibung gestern durchführen zu lassen.

«Ich mache mir Sorge um sie, denn sie könnte dabei verletzt werden», erklärte der Bauarbeiter. «Ich klage nicht nur meinetwegen, sondern ihretwegen. Sie hat eine Menge zu verlieren, nämlich eine Familie und eine College-Erziehung. Nur bei mir hat sie etwas zu gewinnen.»

New York Post, 22. April 1977

Samenspender will gegen den Willen der Mutter «sein» Baby sehen

Bridgeton, N.J. – Ein Richter muß entscheiden, ob ein Samenspender trotz Einwänden der Mutter das Kind besuchen darf, dessen Vater er auf dem Wege künstlicher Befruchtung geworden ist.

Aus den Gerichtsunterlagen geht hervor, daß die Mutter weder heiraten wollte noch zum Geschlechtsverkehr bereit war, sondern sich lediglich ein eigenes Kind wünschte.

New York Post, 22. April 1977

Gepäckträger wegen Mord an seiner Frau verhaftet

Ein fünfunddreißig Jahre alter Gepäckträger vom zentralen Busbahnhof wurde heute des Mordes angeklagt, nachdem er im Familiengericht angeblich seine Frau erstochen hatte, während beide auf eine Gerichtsverhandlung warteten, in der darüber entschieden werden sollte, wer von beiden das Sorgerecht an ihrem gemeinsamen Sohn erhalten sollte.

New York Post, 30. November 1976

Zerhackte Leiche. Fall bleibt trotz Anhaltspunkten mysteriös

Fernridge, Pa. (AP) – Der Fall steckt voller Anhaltspunkte: ein in zehn Teile zerhackter Körper, ein Fötus, drei Koffer und durchnäßte Seiten der Ausgabe der «New York Daily News» vom 26. November.

Die Überreste des Körpers und der Fötus waren in die Koffer verpackt und dann von einer 10 Meter hohen Brücke ins Wasser geworfen worden . . .

Die Frau war zwischen 18 und 22 Jahren, hatte braunes Haar, braune Augen, war 1,65 m groß und wog 65 Kilo. Der Fötus war weiblich und beinahe voll ausgetragen . . .

New York Post, 7. Januar 1977

Weibliche Säuglinge aus Samen «herausgefiltert»

In nächster Zeit werden mehrere Dutzend ganz besonderer Säuglinge in mehreren Teilen der Welt geboren. Denn es wird erwartet, daß bis zu 90% von ihnen männlich sein werden. Dies ist das Ergebnis von Forschun-

gen, die Dr. Ronald Ericsson, ein Fortpflanzungsphysiologe aus Sausalito, in den letzten fünf Jahren durchgeführt hat und die durch fünf unabhängig voneinander verlaufene Untersuchungen bestätigt worden sind. Nach Angaben von Ericsson bietet seine Methode «das Beste, was heutezutage angeboten werden kann».

Die Säuglinge werden in Asien, Europa und Nordamerika (insbesondere in Kalifornien und Illinois) geboren.

Das Population Reference Bureau, eine gemeinnützige pädagogische Organisation, erklärte heute, daß die Methode Ericssons «weitreichende Auswirkungen auf die Bevölkerungsplanung insbesondere in den Ländern haben könnte, in denen eine große Vorliebe für männliche Kinder herrscht».

«Diese Technik», so fügte das Population Reference Bureau hinzu, «bietet den Eltern von Söhnen, die sich nach einer Tochter sehnen, keine Aussichten.» Das Büro räumte ein, daß diese patentierte Methode als Eingriff in die Natur angesehen werden könnte.

Ericsson dagegen besteht darauf, daß ein solcher Eingriff nicht vorliegt. «Wir bieten lediglich das Beste an, das gegenwärtig zu haben ist.»

San Francisco Examiner, 28. September 1976

Kommentierte Bibliographie

AESCHYLOS. *Agamemnon.* in: Aeschylos, dt. in den Versmaßen der Urschrift von J. J. C. Donner, Bd. I, Stuttgart: Hoffmannsche Verlags-Buchhandlung, 1854.

BAKAN, DAVID. *Slaughter of the Innocents: A Study of the Battered Child Phenomenon.* Boston: Beacon Press, 1971.

Bakan zitiert Darwin mit der Bemerkung, daß die Zivilisation in dem Augenblick einsetzte, als der Kindesmord begann. In diesem kleinen Werk über Kindesmord und Kindesmißhandlungen vertritt Bakan die These, daß Kindestötung und Kannibalismus die Themen sind, die hinter dem Mythos vom Garten Eden verborgen sind. Bakan stellt darüber hinaus dar, daß Kinder in ihren Märchen die Bedeutung der Ambivalenz und Feindseligkeit des Vaters ihnen gegenüber symbolisch verarbeiten. Ich stimme ihm darin voll zu.

BALDWIN, JAMES. *Nobody Knows My Name.* New York: Dell Books, 1961

Die Autobiographie eines amerikanischen Negerschriftstellers.

BALSWICK, JACK O. «Attitudes of Lower-Class Males Toward Taking a Male Birth Control Pill.» *The Family Coordinator*, April 1972.

Balswick bemerkt, daß «Männer der Unterschicht vielleicht das Gefühl haben, daß ein Eingriff in ihre eigene Sexualität und Zeugungsfähigkeit eine stärkere Verletzung der Natur oder der Sexualität darstellt, als dies bei einer Beeinflussung der weiblichen Sexualität der Fall ist . . . Der häufigste Einwand gegen die Sterilisierung von Männern lautete ‹Ich will nicht, daß an mir herumgeschnitten wird› oder ‹Ich will nicht, daß irgend so ein Arzt an mir herumdoktert› . . . Für weiße und schwarze Männer der Unterschicht gilt es häufig als ein Zeichen von Männlichkeit, Kinder großzuziehen . . ., während es als unmännlich gilt, Eingriffe in die Aufzucht der Kinder zu dulden.» Wo sind dann aber die Untersuchungen über Männer der Mittel- und Oberschicht? Werden nicht auch *ihre* Einstellungen durch diese Sätze sehr schön dargestellt?

BARKER-BENFIELD, G. J. *The Horrors*

of the Half-Known Life: Male Attitudes Toward Women and Sexuality in Nineteenth Century America. New York: Harper & Row, 1976.
Eine bemerkenswerte historische Untersuchung der Ursprünge der patriarchalen Geburtshilfe und Gynäkologie sowie der sexuellen Unterdrückung und der frauenfeindlichen, barbarischen Chirurgie im Amerika des 19. Jahrhunderts.

BART, PAULINE. «Portnoy's Mother's Complaint.» *Women in Sexist Society: Studies in Power and Powerlessness.* New York: Basic Books, 1971.

BEELS, C. CHRISTIAN. «Whatever Happened to Father?» *The New York Times Magazine,* August 1974.

BELLOW, SAUL. *Die Abenteuer der Augie March.* Köln–Berlin: Kiepenheuer & Witsch, 1956.
Die fiktive Autobiographie eines Schriftstellers jüdischer Herkunft.

BERGLER, EDMUND. «The Clinical Importance of ‹Rumpelstiltskin› As Anti-Male Manifesto.» *American Imago* 18 (1961).

BEUKENKAMP, CORNELIUS. «Phantom Patricide.» *Archives of General Psychiatry* 3 (1960).
Der Ton dieses Aufsatzes ist typisch für psychiatrische Zeitschriften sowohl im Hinblick auf die Darstellung der Sexualität wie auch im Hinblick auf den Versuch, Mütter für alles verantwortlich zu machen.

Die BIBEL *oder die ganze Heilige Schrift des Alten und Neuen Testaments nach der deutschen Übersetzung Martin Luthers.* Witten: v. Cansteinsche Bibelanstalt, 1967.

BILLER, HENRY R., und BORSTELMANN. «Masculine Development: An Integrative Review.» *Merrill-Palmer Quarterly* (1968).
Wichtig ist an diesem Aufsatz vor allem die Bibliographie.

BOYLE, MARGARET TAYLOR. «Bibliographic Review of the Literature on Incest.» Unveröffentlichte Bibliographie, 1975.

BRONER, E. M. *Her Mothers.* New York: Holt, Rinehart & Winston, 1975.
Broner zeichnet einige wundervolle Skizzen von Männern als Vätern und Liebhabern sowie von Frauen als Müttern und Töchtern.

BRONTË EMILY. *Die Sturmhöhe.* Leipzig: Insel 1968

BROWN, NORMAN O. *Zukunft im Zeichen des Eros.* Pfullingen: Neske 1962.

BROWNMILLER, SUSAN. *Gegen unseren Willen. Vergewaltigung und Männerherrschaft.* Frankfurt a. M.: S. Fischer 1978

BUGLIOSI, VINCENT, und CURT GENTRY. *Helter Skelter.* New York: Bantam, 1975.
Eine ausgezeichnete Darstellung der Morde von Charles Manson und seiner Familie sowie des späteren Gerichtsverfahrens.

CAMPBELL, JOSEPH. *Der Heros in tausend Gestalten.* Frankfurt a. M.: S. Fischer 1953.

–. *The Masks of God: Occidental Mythology.* New York: Viking Press, 1964.

–. *The Masks of God: Creative Mythology.* New York: Viking Press, 1968.

CASTANEDA, CARLOS. *Reise nach Ixtlan. Die Lehre des Don Juan.* Frankfurt a. M.: S. Fischer 1975.

CONROY, FRANK. *Stop-Time.* New York: Dell, 1965.
Die Autobiographie eines amerikanischen Protestanten.

DANSKY, STEVEN. «A Night Song for Rose, My Mother.» *Double-F: a magazine of effeminism*, no. 3 (Winter, 1975–76).

DOSTOEVSKIJ, FEDOR MIHAJLOVIČ. *Die Brüder Karamasoff.* Berlin, Darmstadt: Deutsche Buchgemeinschaft 1957.

DUMÉZIL, GEORGES. *Heur et malheur du guerrier. Aspects mythiques de la fonction guerrière chez les Indo-Européens.* Paris: Presses universitaires de France, 1969.

–. *Mythe et épopée.* 3 Bde. Paris: Gallimard, 1968–1973.

DWORKIN, ANDREA. *Our Blood: Prophecies and Discourses on Sexual Politics.* New York: Harper & Row, 1976.

EXLEY, WILLIAM. *A Fan's Notes.* New York: Random House, 1974.
Der erstaunliche autobiographische Roman eines literarisch überaus gebildeten Amerikaners. Ein erwachsener Mann wird als ewiger Jüngling dargestellt, anbetungswürdig und rührend selbst in seinem Sexualverhalten, selbst in seiner göttlichen Verehrung für Barhocker und Fußballspiele.

FANON, FRANTZ. *Die Verdammten dieser Erde.* Frankfurt a. M.: Suhrkamp 1967.

FARRELL, WARREN. *The Liberated Man: Beyond Masculinity.* New York: Random House 1974.

FEIGEN FASTEAU, MARC. *The Male Machine.* New York: McGraw-Hill, 1974.

FERRACUTI, FRANCO. «Incest Between Father and Daughter.» *Sessuologia.* 1967. Übersetzt von G. McLaughlin. Report No. 21, Office of the Prison Psychologist, England, 1968.

FIRDAUSI. The Shahnamah. In: YOHANNAN, JOHN D., *A Treasury of Asian Literature.* New York: New American Library, 1959.
Ein mittelalterliches persisches Epos, in dem ein Vater aus Versehen oder aus «unbewußten» Motiven seinen Sohn in einer Schlacht tötet.

FRADKIN, HOWARD E. «Incest.» *Family Practice News*, Januar 1975.
In meinem Buch «Frauen, das verrückte Geschlecht» habe ich das vorherrschende psychosexuelle Verhaltensschema gegenüber Frauen als eine Folge von Vergewaltigung, Inzest und Zeugung beschrieben. Erst in jüngster Zeit ist der Inzest zwischen Vater und Tochter als weit verbreitet und in hohem Maße zerstörerisch anerkannt worden.

FRAZER, SIR JAMES GEORGE. *Der goldene Zweig. Eine Studie über Magie und Religion.* Köln–Berlin: Kiepenheuer & Witsch 1968.

FREUD, SIGMUND. *Gesammelte Werke.* Chronologisch geordnet, Bd. 1–17, London: Imago, 1946–1952.

FROMM, ERICH. «Der Oedipuskomplex». In: *Analytische Sozialpsychologie und Gesellschaftstheorie.* Frankfurt a. M. 1970.

–. *Anatomie der menschlichen Destruktivität.* Stuttgart: DVA, 1974.

GAGER, NANCY, und SCHURR, CATH-

LEEN. *Rape: One Every Two Minutes.* New York: Grosset & Dunlap, 1976.

GIL, DAVID. *Violence Against Children.* Cambridge, Mass.: Harvard University Press, 1970.

GONČAROV, IVAN ALEKSANDROVIČ. *Oblomow.* München: Winkler, 1960.

GREEN, RICHARD. *Sexual Identity Conflict in Children and Adults.* New York: Basic Books, 1974.

HELFER, R. E., und KEMPE, C. H. *The Battered Child.* Chicago: University of Chicago Press, 1968.

HENDEN, HERBERT. «Black Suicide.» *Archives of General Psychiatry* 21 (October 1969).

HENLEY, NANCY. «On Sexism and Racism.» Veröffentlicht als Teil des Report of the Sub-Committee on Women of the Committee on Equal Opportunity in *Psychology,* Februar 1971.

HERRMANN, KENNETH J., Jr. *I Hope My Daddy Dies, Mister.* Philadelphia: Dorrance, 1975.
Dieses kurze, anekdotenhaft geschriebene Buch stellt eine Arbeitswoche eines Sozialarbeiters dar, der in der Kinderfürsorge beschäftigt ist. Er sieht, daß Mütter ihre Kinder verlassen, mißhandeln und quälen. Zwar verachtet er diese Mütter, doch mindestens so groß wie seine Verachtung ist sein Glaube an ihre eigene Verzweiflung und Unfähigkeit, etwas zu verändern. Was Vätern anzulasten ist, wird nicht mit dem gleichen Ton der Verachtung und Erwartung beschrieben. Es scheint, als handele es sich bei einem Machtmißbrauch von seiten der Väter um eine unveränderbare Form abweichenden Verhaltens. Herrmann beschreibt, wie die Polizei ihm nur zögernd erlaubt, «ein sechs Jahre altes Kind aus der Familie zu nehmen und in ein Heim zu stecken, das von seinem Vater verschiedentlich mit Fäusten geschlagen und mit dem Kopf auf die Betonstufen der Treppe vor dem Haus geschmettert worden war». Er beschreibt einen Vater, der seine fünf Töchter zum Geschlechtsverkehr mit ihm zwingt – und sie so lange schlägt, bis sie ihm zu Willen sind. Da drei der Töchter viel zu verängstigt sind, um gegen ihren Vater auszusagen, ist das Gericht machtlos. Es kann lediglich die Tochter, durch deren Beschwerde es zu einer Anklage gekommen ist, zu Pflegeeltern geben. Herrmann beschreibt eine schreckliche Szene, in der ein Vater von zehn Kindern, der nur selten nach Hause kommt, betrunken dort auftaucht und das gesamte Geld verlangt, das der Familie von der Fürsorge per Scheck überwiesen worden ist. Als er kein Geld findet, «schlägt er seiner Frau mit der Faust auf den Mund. Daraufhin läuft der sechs Jahre alte Jimmy auf ihn zu. Sein Vater wirft den Jungen zu Boden und tritt ihm ins Gesicht. Dann greift er nach dem nächsten Kind, einem sieben Jahre alten Mädchen, hebt sie an einem Arm empor und wirft sie in einen Sessel ... Jimmy wurde mit gebrochenen Zähnen, einer gebrochenen Nase und Gesichtsverletzungen in ein Krankenhaus eingewiesen.» Der Vater ist nie wieder aufgetaucht. Herrmann beschreibt einen

Vater der Mittelschicht, der seine Selbstkontrolle verliert und seinen vier Jahre alten Sohn zusammenschlägt und in den Magen tritt. Der Vater suchte das Weite, nachdem sein Sohn sich geweigert hatte, nach Hause zurückzukehren. Die Mutter beschrieb den Vater als «einen im Grunde guten Menschen, der jedoch Hilfe braucht. Er hat das nicht tun wollen, aber er kann sich doch auch nicht immer kontrollieren». Ein anderer Vater tötete seinen sechs Monate alten Sohn, indem er ihn um 1 Uhr morgens die Treppe hinunterwarf. «Der Säugling weinte und weinte immer weiter. Er konnte nicht aufhören zu weinen . . . Da wurde der Vater wütend.»

HORNEY, KAREN. *Die Psychologie der Frau.* Zürich: Kindler, 1977.

HOUGH, ROBERT. «The Male Mythology of War Ecstasy in a Gynandrous-Androgynous Universe». Unveröffent. Aufsatz, 1974.

JANEWAY, ELIZABETH. «The Weak Are the Second Sex.» *Atlantic Monthly*, Dezember 1973.

JANIS IRVING L. «Groupthink.» *Psychology Today.* November 1971.

Sehr informativ in bezug auf Gedanken über den männlichen Konformismus.

JUNG, C. G. *Die Archetypen und das kollektive Unbewußte.* In: Ges. Werke, Bd. 9/1, Olten: Walter, 1976.

Es ist von Interesse, daß Jung bemerkt, daß sich eine Frau direkt mit der Mutter Erde identifizieren kann, ein Mann aber nicht (außer in psychotischen Zuständen). Der (normale) Mann identifiziert sich nach Jungs Auffassung mit ihrem Sohn und Geliebten.

FREUD, S., und JUNG, C. G. *Briefwechsel.* Frankfurt a. M.: Fischer 1974.

18. XII. 1912

Lieber Herr Professor!

Darf ich Ihnen einige ernsthafte Worte sagen? Ich anerkenne meine Unsicherheit Ihnen gegenüber, habe aber die Tendenz, die Situation in ehrlicher und absolut anständiger Weise zu halten. Wenn Sie daran zweifeln, so fällt das Ihnen zur Last. Ich möchte Sie aber darauf aufmerksam machen, daß Ihre Technik, Ihre Schüler wie Ihre Patienten zu behandeln, ein *Mißgriff* ist. Damit erzeugen Sie sklavische Söhne oder freche Schlingel (Adler – Stekel und die ganze freche Bande, die sich in Wien breitmacht). Ich bin objektiv genug, um Ihren Truc zu durchschauen. Sie weisen rund um sich herum alle Symptomhandlungen nach, damit setzen Sie die ganze Umgebung auf das Niveau des Sohnes und der Tochter herunter, die mit Erröten die Existenz fehlerhafter Tendenzen zugeben. Unterdessen bleiben Sie immer schön oben als Vater. Vor lauter Untertänigkeit kommt keiner dazu, den Propheten am Barte zu zupfen und sich einmal zu erkundigen, was Sie denn zu einem Patienten sagen, welcher die Tendenz hat, den Analytiker zu analysieren anstatt sich selber? Sie fragen ihn doch: «Wer hat denn eigentlich die *Neurose*?»

. . . Wann Sie dann selber einmal ganz komplexfrei geworden sind

und gar nicht mehr Vater spielen an Ihren Söhnen, denen Sie beständig auf die schwachen Punkte zielen, indem Sie sich selber einmal dort aufs Korn nehmen, dann will ich in mich gehen und meine lasterhafte Uneinigkeit mit mir selber Ihnen gegenüber mit einemmal ausrotten ... Ich werde öffentlich mich zu Ihnen halten, unter Wahrung meiner Ansichten, und werde insgeheim in meinen Briefen anfangen, Ihnen einmal zu sagen, wie ich wirklich über Sie denke. Ich halte diesen Weg für den anständigsten.

Sie werden über diesen sonderbaren Freundschaftsdienst schimpfen, aber vielleicht tut es Ihnen doch gut.

Mit besten Grüßen

Ihr ganz ergebener

Jung

3. 1. 1913

Lieber Herr Professor!

Obschon Sie meinen ersten Geheimbrief offenbar entweder sehr gründlich oder sehr schief aufgefaßt haben, kann ich doch nicht umhin, unter Umgehung des Geheimkapitels, Ihnen meine freundschaftlichen Neujahrswünsche darzubringen ...

Ich bitte Sie, wenn es Ihnen paßt, mir mitzuteilen, ob Sie auf meine Geheimbriefe verzichten. Ich kann's auch ohne Geheimbriefe machen ... Wenn ich also ungeschminkt offen gegen Sie bin, so soll das zu Ihrem Besten geschehen, auch wenn's weh tut.

Ich denke, meine ehrenhafte Absicht ist völlig klar, so daß ich keine Worte mehr beifügen muß. Das Weitere sei Ihnen überlassen ...

Mit besten Grüßen

Ihr ganz ergebener

Jung

Lieber Herr Professor!

Ich werde mich Ihrem Wunsche, die persönliche Beziehung aufzugeben, fügen, denn ich dränge meine Freundschaft niemals auf. Im übrigen werden Sie wohl am besten selber wissen, was dieser Moment für Sie bedeutet. «Der Rest ist Schweigen» ...

Ihr ergebener

Jung

Kafka, Franz. *Brief an den Vater.* München: Piper, 1960.
Eine bemerkenswerte, schmerzhafte Darstellung der eigenen Person und der des Vaters.

Kazantzakis, Nikos. *Griechische Passion.* Berlin: Herbig, 1963.

Kierkegaard, Søren. *Furcht und Zittern.* In: Ges. Werke, Bd. 3, Jena: Diederichs, 1923.

–. *Die Krankheit zum Tode.* In: Ges. Werke, Bd. 8, Jena: Diederichs, o. J.

Knoebel, John. «Toward the Unmaking of a Catholic Priest.» *Double-F: a magazine of effeminism,* no. 3 (Winter, 1975–76).

Knox, William, E. und Kupferer, Harriet J. «A Discontinuity in the Socialization of Males in the United States.» *Merrill-Palmer Quarterly* (1971).
Die Autoren bemerken, daß «männliche Jugendliche in den Vereinigten Staaten heutzutage durch die Gegenstände, Prozesse

und Symbole ihrer kulturellen Erfahrungen sehr schlecht auf ihre spätere Erwachsenenrolle in der Familie vorbereitet werden. Sehr früh wird ihnen der tiefsitzende und über Gebühr verallgemeinerte Glaube eingepflanzt, daß weibliche Züge und weibliches Verhalten bei Männern auf etwas Unmännliches schließen lassen.»

KOESTLER, ARTHUR. *The Case of the Midwife Toad.* New York: Random House, 1971.
Eine Geschichte über den Wettbewerb und die Konkurrenz zwischen Männern sowie über die Grausamkeiten «zivilisierter» Männer.

KRIM, SEYMOUR. *You and Me.* New York: Holt, Rinehart & Winston, 1968.

LEAR, MARTHA WEINMAN. «Is There a Male Menopause?» *The New York Times Magazine*, Januar 1973.

LEDERER, WOLFGANG. *The Fear of Women.* New York: Harcourt Brace Jovanovich, A Harvest Book, 1968.

LEGMAN, GERSHON. *Rationale of the Dirty Joke. An Analysis of Sexual Humour.* New York: Grove Press, 1968.

LERMAN, RHODA. *Call Me Ishtar.* New York: Doubleday, 1973.
Brillant erzählt Lerman Mythen und Märchen. Sie sollten insbesondere wegen ihrer literarischen und theatralischen Beschreibung der vollen weiblichen Sexualität gelesen werden, bei der es auch um heilige Riten und junge (oder jüngere) Männer geht. Es sind dies Beschreibungen, die sehr weit von unserer eigenen Kultur entfernt sind. Ich bin Lerman für ihre Darstellung der Thora als einer Göttin verpflichtet, die sie während einer Podiumsdiskussion im Juni 1976 in Detroit, Michigan, vorgetragen hat.

MALINOWSKI, BRONISLAW. *The Father in Primitive Psychology.* New York: W. W. Norton, 1927.

MANDIS, RENOS. «Don Juan Wants Kate Millett, or Men in Trouble.» Unveröffentlichter Aufsatz, 1973.

MANN, THOMAS. *Joseph und seine Brüder.* Frankfurt a. M.: S. Fischer, 1964.
Eine außerordentliche literarische Leistung, eine langdauernde Sinfonie, gedankenvoll, leidenschaftlich, zeitlos und ganz den Männern – und ihren Brüdern gewidmet.

MARIN, PETER. *In a Man's Time.* New York: Simon and Schuster, 1974.
Eine männliche Autobiographie aus Kalifornien.

MEAD, MARGARET. *Mann und Weib.* Hamburg: Rowohlt, 1959.

MENNINGER, KARL. *Selbstzerstörung.* Frankfurt a. M.: Suhrkamp, 1974.

MILGRAM, STANLEY. *Das Milgram-Experiment. Zur Gehorsamsbereitschaft gegenüber Autorität.* Reinbek bei Hamburg: Rowohlt, 1974.
Dieses Buch bietet Aspekte des männlichen Konformismus, des Gehorsams innerhalb von Hierarchien und bei der Ausführung von Befehlen.

MILLER, JEAN B. «Sexual Inequality: Men's Dilemma. A Note on the Oedipus Complex, Paranoia, and other Psychological Concepts.» *American Journal of Psychoanalysis* 32 (1972).
Miller stellt fest, «daß Männer, wenn sie paranoid werden, häufig

davon sprechen, daß sie von anderen Männern verfolgt werden ... Auch Frauen neigen dazu, wenn sie paranoid werden, sich durch Männer und nicht durch andere Frauen angegriffen zu fühlen ... ‹Normale› Männer träumen doppelt so oft von Männern wie von Frauen. Frauen träumen nicht entsprechend häufig von Frauen ... Wenn es zu einem Angriff kommt, ist die angreifende Gestalt sowohl in den Träumen von Männern wie auch in denen von Frauen am häufigsten ein Mann ... Diejenigen, mit denen Männer den engsten Umgang suchen und von denen sie die meiste Bestätigung erhoffen, sind zugleich für sie überaus bedrohlich und beängstigend. Männer scheinen im allgemeinen ständig auf der Suche nach der Wertschätzung von seiten anderer Männer und sie scheinen sich zugleich vor der Gefahr zu hüten, die ihnen daraus erwächst, daß sie sich durch das geringste Anzeichen von Schwäche anderen Männern auf Gedeih und Verderb ausliefern.»

MOLONEY, JAMES CLARK. «The Psychosomatic Aspects of Myths.» *American Imago* 18 (1969).

MYERS, STEVEN A. «The Child Slayer.» *Archives of General Psychiatry* 17 (August 1967).

Die Untersuchung erstreckt sich auf 83 Morde an Kindern, die in Detroit zwischen 1940 und 1965 begangen wurden. Sie kommt zu dem Ergebnis, daß 30 «Mütter» 35 Kinder getötet haben und beinahe alle als «geisteskrank» verurteilt und entsprechend behandelt worden sind. Ferner haben 41 «Menschen» (deren Geschlecht nicht angegeben wurde), unter ihnen 10 «Väter», 48 Kinder getötet. Sie wurden ebenso häufig ins Gefängnis gesteckt wie in eine Irrenanstalt eingewiesen. Myers stellt fest, «daß tätliche Angriffe im allgemeinen von den Vätern der Opfer oder von jüngeren Männern ausgingen, die auf die Opfer aufpassen sollten. Diese Angriffe waren häufig eine Reaktion auf einen plötzlichen, intensiven und unkontrollierbaren Wutausbruch auf seiten des Angreifers, nachdem ein Kind seine Notdurft auf dem Fußboden verrichtet hatte oder nachdem es trotz einiger Beruhigungsversuche nicht aufgehört hatte zu weinen.» Im Untersuchungszeitraum wurden 46 Jungen und 37 Mädchen ermordet. 48 von ihnen waren von weißer, 35 von schwarzer Hautfarbe.

NASH, JOHN. «The Father in Contemporary Culture and Current Psychological Literature.» *Child Development*, Juni 1973.

NEUMANN, CHARLES P. «Health Breakdown May Be Price of Corporate Success Syndrome.» *Family Practice News* 5 (Januar 1975).

NICHOLS, BEVERLY. *Father Figure*. New York, Simon and Schuster, 1972.

OZICK, CYNTHIA. «The Hole Birth Catalog.» Ms., 1973.

Ein ausgezeichneter Aufsatz über die Entwertung der Mutterschaft im Patriarchat.

PIERCY, MARGE. *Living in the Open*. New York: Alfred A. Knopf, 1976.

Lesenswert sind «The Homely War» sowie die Gedichte in dem

Abschnitt, der den Titel trägt «The Provocation of the Dream».

PITCHFORD, KENNETH. *Color Photos of the Atrocities.* Boston: Little, Brown & Co., Atlantic Monthly Press Book, 1973.
Eine überzeugende und einmalige Sammlung von Gedichten. Sie beschreiben das Leben als Künstler, Mensch, Mann, Feminist, Schwächling, Schwuler, Vater, Liebhaber, Ehemann und Hausmann.

–. «A Triptych of Sonnets.» *Double-F: a magazine of effeminism*, no. 3 (Winter, 1975–76).

PLECK, JOSEPH. «My Male Sex-Role – and Ours.» *WIN*, April, 1974.

–. *Resource Guide for the Study of Men.* Bibliography 4th Edition, Januar 1974. Unveröffentlicht. Vom Autor erhältlich, Ann Arbor, Michigan.

REED, EVELYN. *Woman's Evolution.* New York: Pathfinder Press, 1975.
In diesem gewaltigen und faszinierenden Buch vertritt Reed die These, daß das ursprüngliche Tabu der Zivilisation nicht den Inzest oder die weibliche Keuschheit betraf, sondern die Nahrungsaufnahme und den Kannibalismus – insbesondere den *männlichen* Kannibalismus.

REICH, WILHELM. *Christusmord.* Olten & Freiburg: Walter, 1978.

–. *Die sexuelle Revolution. Zur charakterlichen Selbststeuerung des Menschen.* Frankfurt a. M.: Europäische Verlagsanstalt, 1966.

–. *Massenpsychologie des Faschismus. Zur Sexualökonomie der politischen Reaktion und zur proletarischen Sexualpolitik.* Kopenhagen: Verlag für Sexualpolitik, 1933.

REIK, THEODOR. *Ritual: Four Psychoanalytic Studies.* New York: Grove Press, 1946.

RESNICK, PHILLIP. «Child Murder by Parents: A Psychiatric Review of Filicide.» *American Journal of Psychiatry*, September 1969.
Die Daten dieser Arbeit sind überaus umstritten und unvollständig. Von Interesse ist (wenn es stimmt) das Ausmaß, in dem Mütter einen Tochter-Mord und/oder einen Tochter-Mord mit anschließendem Selbstmord aus rein «altruistischen» Motiven begehen, während Väter einen Tochter-Mord angeblich auf Grund einer «Psychose» begehen oder weil die Tochter «ein Kind bekommt», weil es sich bei dem Mord angeblich um einen «Unfall» handelt oder weil sie sich «an ihrer Frau rächen» wollen. Die Mütter wurden in der Nachfolge Medeas als verrückt und schizophren angesehen und in Nervenheilanstalten eingewiesen. Die Väter wurden entweder hingerichtet oder ins Gefängnis gesteckt. Es gibt keine männliche Entsprechung zur «Medea», die den Vater als den Mörder seiner Tochter darstellen würde.

ROKEACH, MILTON. *The Three Christs of Ypsilanti.* New York: Alfred A. Knopf, 1964.

ROLLMAN-BRANCH, HILDA S. «The First-Born Child, Male Vicissitudes of Preoedipal Problems.» *International Journal of Psychoanalysis* 47 (1966).
Rollman-Branch bemerkt, daß bei der Geburt eines Geschwisters der «privilegierte» erstgeborene Sohn

«so schwer frustriert werden kann, daß er einen zerstörerischen Neid auf die Fähigkeit seiner Mutter entwickelt, Kinder zu gebären. Unter ungünstigen Umständen können die Fähigkeiten des Erstgeborenen zur Liebe und zur Arbeit ernsthaft beeinträchtigt werden. Unter günstigen Umständen können eine Steigerung seiner schöpferischen Fähigkeiten und der Befriedigung, die er aus Liebesbeziehungen zu Frauen zieht, die Folge sein.»

ROSSMAN, MICHAEL. «Masturbation and Consciousness Raising Groups as Adjunctive Therapy in the Treatment of Male Sexual Dysfunction.» Unveröffentlichter Aufsatz, 1975.

ROTH, PHILIP. *Portnoys Beschwerden.* Reinbek: Rowohlt, 1974.

ROWE, MARY. «Human Studies Bibliographies.» Unveröffentlicht, Massachusetts Institute of Technology, Humanities Library.

RUETHER, ROSEMARY BRADFORD (Hg.) *Religion and Sexism: Images of Women in the Jewish and Christian Traditions.* New York: Simon and Schuster, 1974.

SANDERS, ED. *The Family. Die Geschichte von Charles Manson und seiner Strand-Buggy-Streitmacht.* Reinbek: Rowohlt, 1972.
Eine frühe Darstellung der Morde Mansons.

SARRAUTE, NATHALIE. *Tropismen.* Frankfurt a. M.: Suhrkamp, 1973.

SCHATZMAN, MORTON. *Soul Murder: Persecution in the Family.* New York: Random House, 1973.
Eine wirklichkeitsgetreue und gut erzählte Geschichte einer außerordentlich konsequenzenreichen Verfolgung eines Sohnes durch seinen Vater. Die Geschichte spielt im präfaschistischen Deutschland.

SCHNIER, JACQUES. «Dragon Lady.» *American Imago* 4 (1946).
Schnier stellt fest, daß «das Geschlecht des Drachen von entscheidender Bedeutung ist. Stets kämpft der Held mit einem weiblichen Drachen ... Kein junger Mensch kann (bei manchen Stämmen) als Mann angesehen werden, der nicht zuvor eine alte Frau getötet hat.»

SCHWAB, GUSTAV. *Die schönsten Sagen des klassischen Altertums.* Nach seinen Dichtern und Erzählern. Berlin, München, Wien: Herbig, 1968.

SEIDENBERG, ROBERT. «Oedipus and Male Supremacy.» *Radical Therapist,* 1972.
Eine gute Neuinterpretation des Freudschen Ödipusmythos unter dem Aspekt der Macht der Väter und des Patriarchats.

SELBY, HUBERT, Jr. *Letzte Ausfahrt Brooklyn.* Reinbek: Rowohlt, o. J.
Eine ausgezeichnete Sammlung von Kurzgeschichten, in denen (zuweilen etwas schematisch) die Unmenschlichkeit machtloser Männer anderen Männern – und Frauen gegenüber dargestellt wird.

SHAW, GEORGE BERNARD. *Pygmalion.* Frankfurt a. M.: Suhrkamp, 1976.

SHELEFF, SHASKOLSKY LEON. «Beyond the Oedipus Complex. A Perspective on the Myth and Reality of Generational Conflict.» Unveröffentlichter Aufsatz, Tel-Aviv University, 1974.
Sheleff schlägt an Stelle des Ödipuskomplexes einen «Rustum-

komplex» vor. Rustum tötet – unabsichtlich wie Ödipus – seinen Sohn Sohrab im Verlauf einer Schlacht. Der Aufsatz bietet einen ausgezeichneten Überblick über die psychologische und mythologische Literatur in bezug auf Väter und Söhne. Er zeigt die systematische Verleugnung von väterlichen Ambivalenzen, Feindseligkeiten und Todeswünschen gegenüber den eigenen Kindern innerhalb der etablierten psychiatrischen Lehre.

SLATER, PHILIP E. *The Glory of Hera: Greek Mythology and the Greek Family.* Boston: Beacon Press, 1968.

SMITH, HOMER W. *Man and His Gods.* New York: Grosset and Dunlap, 1952.

SNODGRASS, JON. «The Women's Liberation Movement and the Men.» Referat auf dem Pacific Sociological Association Meeting, Victoria, British Columbia, 1975.

SOLANAS, VALERIE. *Manifest der Gesellschaft zur Vernichtung der Männer, SCUM.* Darmstadt: März, 1969.
Ein heftiges, scharfes und leidenschaftlich radikales Manifest.

SOLŠENICYN, ALEKSANDR ISAEVIČ. *Der Archipel Gulag.* Bern, München: Scherz, 1974–1976.
Eine ausführliche Darstellung der Unmenschlichkeit mächtiger und machtloser Männer gegenüber anderen Männern. Nachdem ich beide Bände gelesen hatte, wiederholte ich mir selbst gegenüber immer wieder eine Zeile aus Wertmullers Film «Seven Beauties»: «Die einzige Hoffnung des Menschen liegt in der Unordnung.»

SOPHOKLES. *König Oedipus*, in: Werke, Bd. 2, Berlin: Weidmann, 1897.

–. *Antigone.* In: Werke, Bd. 4, Berlin: Weidmann, 1880.

STANNARD, UNA. «The Male Maternal Instinct.» *Trans-action*, November–Dezember 1970. Nachgedruckt durch KNOW Inc., Pittsburgh, Pennsylvania.

STANTON, ELIZABETH CADY, et al. *The Woman's Bible.* Seattle: Seattle Coalition Task Force on Women and Religion, 1974.
Eine bewegende, genaue und wunderbar theologische Neuinterpretation des Alten und Neuen Testaments durch frühe Feministinnen und feministisch orientierte Theologen.

STERN, KARL. *Die Flucht vor dem Weib. Zur Pathologie des Zeitgeistes.* Salzburg: O. Müller, 1968.

STOLTENBERG, JOHN. «Eroticism and Violence in the Father-Son Relationship.» In: JON SNODGRASS (Hg.). *For Men Against Sexism: A Book of Readings.* Albion, Calif.: Times Change Press, 1977.

–. «Toward Gender Justice.» In: JON SNODGRASS (Hg.). *For Men Against Sexism: A Book of Readings.* Albion, Calif.: Times Change Press, 1977.

STONE, CHUCK. «Psychology and the Black Community: From Arthur 1853 to Arthur 1969.» Referat vor der American Psychological Association, September 1971.

–. «The Male Menopause: For Some, There's a Sense of Panic.» *The New York Times*, April 1971.

–. «There Comes a Will to Live.» *The New York Times Magazine*, Januar 1974.

TILLICH, HANNAH. *From Time to Time.* New York: Stein and Day, 1973.

TOLSTOJ, LEV NIKOLAEVIČ. *Die Kreutzersonate.* Berlin, Darmstadt, Wien: Deutsche Buch-Gemeinschaft, 1967.

TRESEMER, DAVID, und PLECK, JOSEPH. *Sex Role Boundaries and Resistance to Sex Role Change.* Bd. 2. *Women's Studies.* New York: Gordon & Breach Science Publications, 1974.

VANGGAARD, THORKIL. *Phallos: A Symbol & Its History in the Male World.* New York: International University Press, 1969.

VERGIL (Publius Vergilius Maro). *Aeneis.* Berlin: de Gruyter, 1967.

WATSON, JANE DUNCAN, und DUNCAN, GLEN M. «Murder in the Family: A Study of Some Homicidal Adolescents.» *American Journal of Psychiatry,* Mai 1971.
Die physische Brutalität der Eltern wird für die Morde von Jugendlichen verantwortlich gemacht.

WELLISH, ERICH. *Isaac and Oedipus: A Study in Biblical Psychology of the Sacrifice of Isaac, the Akedah.* London: Routledge & Kegan Paul, 1954.

YOUNG, ALLEN. «Some Thoughts on How Gay Men Relate to Women.» *After You're Out. Personal Experiences of Gay Men and Lesbian Women.* New York: Links Books, 1976.
Young stellt fest, daß «es leichter war, sich Frauen gegenüber zur Homosexualität zu bekennen als gegenüber Männern. Dies ist eine Erfahrung, die alle männlichen Homosexuellen machen. Auch in unseren Familien fällt es uns leichter, es unseren Schwestern und Müttern zu sagen, als unseren Brüdern und Vätern . . . Es scheint bei Frauen eine Sympathie, ein Verständnis und eine Zustimmungsbereitschaft zu geben, zu der Männer nicht fähig sind (wenn sie sich in ihrer Männlichkeit bedroht fühlen). Das ist nicht weiter erstaunlich, denn man hat bisher noch von keiner Frau gehört, daß sie einen Mann zusammengeschlagen hat, weil er schwul ist.»

YOURCENAR, MARGUERITE. *Mémoires d'Hadrien. Suivi des carnets de notes des ‹Mémoires d'Hadrien›.* Paris: Plon, 1962.

Bücher, die ich gelesen habe, nachdem ich dieses Buch abgeschlossen hatte

BARAHENI, REZA. *The Crowned Cannibals, Writings on Repression in Iran.* Mit einer Einleitung von E. L. Doctorow. New York: Random House, Vintage Books, 1977.
Dies ist ein außerordentliches und ausgezeichnetes Buch. Es ist eine Anklage gegen die Folterungen und Unterdrückungen in Persien und berichtet darüber hinaus von

der Gefängnishaft, von den Qualen und von der Exilierung seines Autors. Es enthält ferner einen Auszug aus Barahenis Buch «Masculine History», in dem er sowohl die Unterdrückung der Frau wie auch den theoretischen und praktischen Kindesmord und Kannibalismus darstellt, den Väter an ihren Söhnen und Vaterfiguren an Sohnes- und Tochtergesellschaften vornehmen. Ich zitiere aus diesem Buch:
«Eine Definition der Könige Persiens lautet, daß sie Mörder von Jugendlichen sind. Unsere gekrönten Kannibalen finden das Fleisch junger Männer und Frauen sehr schmackhaft. Unsere Geschichte ist eine Geschichte von Kindesmorden. Die persische Literatur ist in einem solchen Ausmaß von Beispielen einer Greisenherrschaft, von Kindesmord und Kannibalismus durchdrungen, daß wir mit Sicherheit sagen können, daß das wichtigste Charakteristikum aller Gattungen der persischen Literatur in der Ermordung junger Menschen zur Aufrechterhaltung der Macht aller besteht. Die oberste Gottheit der Mythen, Legenden und Geschichten in Persien ist ein alter Mann – der schon immer die Jugend verschlingt.
Es gibt in der epischen Literatur des Landes nichts, was über jene vier Geschichten hinausgeht, die von Vätern erzählen, die ihre Söhne oder andere jüngere Männer töten oder töten lassen.
Der Vater ist in der Literatur einer durch und durch männlichen Geschichte eine so mächtige Gestalt, daß sich die Söhne ihm gegenüber nur dadurch erhalten können, daß sie ihrerseits zu Vätern werden . . . Die Söhne zerbrechen also unter dem Gewicht der Väter . . . Es gibt in dieser Welt nur Väter, die an die Stelle von Vätern treten, eine langweilige Abfolge von blutbesudelten Männern mit aufgekrempelten Ärmeln, die die Menschen ganzer Jahrhunderte dahinraffen.»

DINNERSTEIN, DOROTHY. *The Mermaid and the Minotaur: Sexual Arrangements and Human Malaise.* New York: Harper & Row, 1976.
Eine sehr gute Darstellung der männlichen und weiblichen Psychologie unter dem Patriarchat. Dinnerstein formuliert einige Thesen, die ich ebenfalls vertrete, etwas ausgewogener und akademischer. Sie achtet darauf, daß jedem Versagen, jeder Sünde und jeder Zwangslage der Männer auf seiten der Frauen etwas Ähnliches entspricht.

HENLEY, NANCY. *Body Politics: Sex, Power and Nonverbal Communication.* Englewood Cliffs, N. J.: Prentice-Hall, 1977.
Eine gute akademische Darstellung der Politik von Berührungen und der männlichen (und weiblichen) Körpersprache.

HITE, SHERE. *Hite-Report. Das sexuelle Erleben der Frau.* Gütersloh: Bertelsmann 1977.
Ein ausgezeichneter Überblick über die weibliche Sexualität. Das «Warum» des männlichen Sexualverhaltens, wie es in dem Buch von Hite beschrieben und erschlossen ist, wird in dem Kapitel meines Buches eingehender erforscht, das

von Gesprächen mit Männern über Sexualität handelt.

Janus, Sam, Bess, Barbara und Saltus, Carol. *A Sexual Profile of Men in Power.* Englewood Cliffs, N. J.: Prentice-Hall, 1977.
Reza Barahenis Analyse der persischen Gesellschaft als eines von alten Vater-Kannibalen beherrschten Gesellschaftssystems (vgl. oben Baraheni) unterscheidet sich in ihren Ergebnissen nicht vollständig von dem, was im Rest der patriarchalen Welt der Fall ist. Die Autoren des vorliegenden Buches haben festgestellt, daß Kongreßabgeordnete, Senatoren und Präsidenten (außer wenn sie ermordet werden) länger leben als die meisten anderen Männer. Sie erreichen ein Durchschnittsalter von 71 Jahren. Noch wesentlicher aber ist ihre folgende Feststellung:
«Dank des Anciennitätsprinzips erhält man im Kongreß mit zunehmendem Alter mehr Autorität und Einfluß. Die älteren Abgeordneten gehören den wichtigeren Ausschüssen an und treffen grundlegendere Entscheidungen als die jüngeren . . .
90% der Kongreßabgeordneten werden wieder und wieder gewählt. Auf Grund dieser Tatsache gewinnen sie Autorität und bilden das Establishment. Nur 10% der Kongreßabgeordneten wechseln jeweils und müssen ihren Sitz im Senat oder Abgeordnetenhaus nach Ablauf ihrer Amtszeit ihren Nachfolgern überlassen . . . Trotz zahlreicher intensiver Konkurrenzen und Kämpfe arbeiten diese Männer innerhalb einer Art Altherrenvereinigung, die ihnen ein gewisses Ausmaß an Sicherheit und Schutz gewährt. Wenn man einmal das nötige Alter erreicht hat, vermittelt einem die Zugehörigkeit zum Kongreß die Zuversicht, daß man auch noch einige weitere Jahre als Senator oder Abgeordneter tätig sein wird . . .
Die jüngeren Abgeordneten unterstützten Hays während der Wahlversammlungen der Demokraten von 1974–1975, während die älteren Abgeordneten ihm seine Ämter als Vorsitzender nehmen wollten. Als es zum Skandal kam, unterstützten die jüngeren Abgeordneten Hays noch sehr viel länger als irgendeiner der älteren.»

McGrady, Mike. *The Kitchen Sink Papers. My Life as a House Husband.* New York: New American Library, Signet, 1976.
Eine vollkommen ehrliche Darstellung des Lebensgefühls eines Mannes, der die tägliche Verantwortung für das Haus und die Kinder übernimmt und dabei von dem Geld abhängig ist, das ihm seine Ehefrau überläßt.

Marquez, Gabriel Garcia. *Der Herbst des Patriarchen.* Köln: Kiepenheuer & Witsch 1978.
In diesem Porträt eines totalitären Diktators beschwört Marquez den Todestrieb herauf, der zur Lebensquelle unserer atomaren und zunehmend technologisch totalitären Welt geworden ist. Das Bedürfnis, zu besitzen, zu kontrollieren und zu töten, wird von Feministinnen häufig als «phallisch» dargestellt und angeprangert. Marquez beschreibt es großartig von innen. Vielleicht

würde er es als «diktatorisch», gewiß aber als «patriarchalisch» bezeichnen. Man muß diesen Roman lesen, um festzustellen, daß Marquez wie nur wenige Männer den Verfall spürt und verabscheut, den auch ich bemerkt habe.

Ochs, Carol. *Behind the Sex of God. Toward a New Consciousness – Transcending Matriarchy and Patriarchy.* Boston: Beacon Press, 1977.

Eine sorgfältige und durchdachte Ausarbeitung der Psychologie und Ethik der Religionsgeschichte. Es war von Interesse für mich festzustellen, daß die Autorin zu einer ähnlichen Interpretation der Bedeutung von Sohnes-Opfern im Alten Testament gelangt wie ich. Zitiert sei die Passage über das Opfer Isaaks und über die Bedeutung der männlichen Unsterblichkeit:

«Was haben Isaak und Ismael miteinander gemein, was den anderen Söhnen Abrahams fehlt? Die überraschende Antwort lautet, daß beide von ihrem Vater beinahe dem Tod preisgegeben worden sind . . . Im Matriarchat besteht auf Grund der Blutsverwandtschaft ein unmittelbares Bündnis zwischen einem Elternteil und dem Kind. Im Patriarchat Abrahams gewinnt der Vater eine vertiefte Beziehung zu seinen Söhnen erst dadurch, daß er sie opfern will . . .»

Die Beziehung eines Vaters zu seinem Sohn, wie sie am Beispiel Gott Vaters und seiner Kinder, des Volkes Israel, dargestellt wird, ist ein Grundthema des Alten Testaments . . . Die Bibel drückt, wie Bakan schreibt, «die Anstrengungen der Männer aus, ihre Ichgrenzen soweit auszudehnen, daß sie ihren ‹Samen› umfassen. Dieses besondere Bild des Samens ist insofern interessant, als es nicht nur auf Eigentum und Nahrung verweist, sondern darüber hinaus die männlichen Anteile an der Fortpflanzung wichtiger erscheinen läßt als die weiblichen. Der Same ist der bestimmende Faktor der Natur einer Pflanze, während Boden, Wasser und Sonne nur eine untergeordnete Rolle spielen.»

Zwei Probleme stellen sich den Patriarchen: Wie verhalten sie sich gegenüber ihren Söhnen? Erkennen sie sie als ihre eigenen an? und: Wie behandeln sie ihre eigene Sterblichkeit? Können sie ihre Ich-Grenzen soweit ausdehnen, daß sie in ihrem Samen weiterleben, oder «erkaufen» sie sich Unsterblichkeit zum Nachteil ihrer Kinder?

Roth, Philip. *My Life as a Man.* New York: Bantam, 1975.

Russell, Diana E. H., und van de Ven, Nicole. *Crimes Against Women: The Proceedings of the International Tribunal.* Millbrae, Calif.: Les Femmes Press, 1977.

Dieses unglaubliche Buch stellt ein einmaliges Ereignis dar. Frauen aus vierzig Ländern bezeugen in quälenden, schrecklichen und zugleich objektiven Berichten von Vergewaltigung, Prügeln, Sterilisierung, ungesetzlicher Abtreibung, Folter an politischen Gefangenen, Prostitution, erzwungener Mutterschaft, Verfolgung von Lesbierinnen, chirurgischen Grausamkeiten und unfreiwilliger Einweisung in psychiatrische Anstalten

beinahe überall auf der Welt.

SALTER, KENNETH W. *The Trial of Inez Garcia.* Berkeley, Calif.: A Justa Publication Book, 1976.
Das Gerichtsprotokoll der Verhandlung gegen Inez Garcia, die verurteilt wurde, weil sie einen Mann getötet hatte, der sie festhielt, während ein anderer Mann sie vergewaltigte. Ein Hauptzeuge der Anklage gegen Garcia war der Vergewaltiger selbst. Sie wurde zu einer Haftstrafe von fünf Jahren bis lebenslänglich verurteilt. Männer werden in der Regel mit mehr Mitleid und weniger Publicity behandelt, wenn sie andere Männer töten, die «ihren» weiblichen Besitz vergewaltigen. Wenn aber der Besitz sich selbst und seine Ehre zu verteidigen sucht . . . dann ist das schon eine ganz andere Sache. Wenn man dieses Buch liest und sich dazu Yvonne Wanrows Zeugenaussage vor dem Tribunal in Brüssel sowie die Zeitungsberichte über das Verfahren gegen Joanne Little vor Augen führt, dann muß man sich wirklich fragen, was Vergewaltigung bedeutet und was mit den Frauen geschieht, die sich tatsächlich verteidigen wollen.

SMEDLEY, AGNES. *Portraits of Chinese Women in Revolution.* Herausgegeben und mit einer Einleitung von Jan MacKinnon and Steve MacKinnon, Nachwort von Florence Howe. Old Westbury, N.Y.: The Feminist Press, 1976.
Dieses Buch ist ebenso schonend, scharf, durchdringend und gut geschrieben wie das von Jean Rhys. Auch hier werden Männer sowohl wie Frauen porträtiert.

SNODGRASS, JON. «Four Replies to Radical Feminism: Marxism, Revolutionary Effeminism, Gay Marxism and Men's Liberation.» Rede in San Diego, March 1976.

– (Hg.). *For Men Against Sexism: A Book of Readings.* Albion, Calif.: Times Change Press, 1977.
Eine gelungene Anthologie mit Schriften von Männern über sich selbst, über Frauen und über die Sexualität.

Bildquellenverzeichnis

Seite 25	UNESCO und the New York Graphic Society, Ltd., New York
27	Museo del Prado, Madrid
31	Museum of Fine Arts, Boston
36–37	The Tate Gallery, London
43	Columbia University, New York
51	Musée du Louvre, Paris
53	Musée du Cluny, Cluny
56	Bibliothèque Nationale, Paris
58	La Biblioteca Mediceo Laurenziana di Firenze, Florenz
62	Sixtinische Kapelle, Vatikan
63	The Tate Gallery, London
69	Musée du Louvre, Paris
73	Bibliothèque Royale Albert 1er, Brüssel
79	Eberhard Kronhausen, Paris
81	The Metropolitan Museum of Art, New York
84	Cambridge University, Cambridge
89	Palazzo Pitti, Florenz
97	Oslo Kommunes Kunstsamlinger, Munch-Museet, Oslo
101	Museum Boymans van Beuningen, Rotterdam
107	The Trustees, The National Gallery, London
113	Moravské Muzeum, Brünn
121	Diogenes Verlag AG, Zürich
125	Musée du Louvre, Paris
130	Kunsthistorisches Museum, Wien
133	Musée Granet, Aix-en-Provence
134–135	Walther Schünemann Verlag, München
138	The Metropolitan Museum of Art, New York
143	Museum of Fine Arts, Boston
144–145	Museo del Prado, Madrid

148 Palazzo Pitti, Florenz
149 Musée du Louvre, Paris
153 eeva-inkeri, New York
160–161 Richard S. Levitt Foundation, Des Moines
165 Prints Division, The New York Public Library, Astor, Lenox and Tilden Foundations